Prüfungsbuch Hauswirtschaft

Fragen und Antworten
für die Vorbereitung
auf die Abschlußprüfung

Sabine Klug
Dorothea Simpfendörfer
Klaus Steffens

Best.-Nr. 7400
Holland + Josenhans Verlag Stuttgart

Quellennachweis:

Altmann-Gädke u. a.: „Haushaltsführung und Haushaltspflege“, Hamburg, S. 10, 13, 18, 23, 61, 140, 143, 147, 150, 169, 174, 180, 182, 196, 200; Barthel u. a.: „Hygiene – Krankheitslehre, Krankenpflege, Säuglingskunde“, Hamburg, S. 28, 31, 34; Dettmer u. a.: „Gastgewerbliche Berufe“, Hamburg, S. 25, 89, 96, 142; Kastner: „Der gedeckte Tisch“, Hamburg, S. 112; Schlegel/Heite: „Nähen mit der Maschine“, Hamburg, S. 162, 163; Ungerer: „Der gesunde Mensch“, Hamburg, S. 35

Dieses Buch ist auf Papier gedruckt, das aus 100 % chlorfrei gebleichten Faserstoffen hergestellt wurde.

Gestaltung: Ursula Thum, 70599 Stuttgart

Gesamtherstellung: Oertel + Spörer GmbH + Co., 72764 Reutlingen

ISBN 3-7782-7400-7

Geleitwort der dgh Deutsche Gesellschaft für Hauswirtschaft e. V.

Ein großes Stück Lebensqualität wird gesichert durch hauswirtschaftliche Dienstleistungen in Großhaushalten und durch ambulante hauswirtschaftliche Dienstleistungen in privaten Haushalten. Die Qualität dieser Dienstleistungen ist weitgehend abhängig vom Wissen, von den Fähigkeiten und Fertigkeiten der ausführenden Fachkräfte.

Wir begrüßen deshalb das Erscheinen dieses *„Prüfungsbuches Hauswirtschaft"* in der Reihe der *„Prüfungsbücher"*. Es fördert eine bundesweite Orientierung und Standardbildung bezüglich des Umfangs und der Inhalte hauswirtschaftlicher Handlungsfelder und erlaubt Auszubildenden und Prüfungsanwärterinnen/Prüfungsanwärtern in unterschiedlichen Situationen und bei verschiedenen Ausbildungsträgern, ihren Wissensstand zu überprüfen, zu messen und zu sichern. Im Prüfungsbuch werden Inhalte sowohl aus dem theoretischen als auch aus dem praktischen Teil der Prüfung aufgenommen. Zudem wird deutlich ausgewiesen, daß sozialpflegerische und sozialpädagogische Kenntnisse bei der Aufgabenerfüllung im Haushalt zunehmend gefragt sind.
Für Auszubildende und Prüfungsanwärterinnen/Prüfungsanwärter aus anderen Vorbereitungsmaßnahmen kann das „Prüfungsbuch Hauswirtschaft" Informationsquelle bei selbstgesteuertem Lernen sein, zum Wiederholen sowie zur Selbstkontrolle und Partnerabfrage anregen und somit – richtig eingesetzt – einen Beitrag zum Erwerb von Schlüsselqualifikationen leisten.
Ausbilderinnen/Ausbilder und Lehrerinnen/Lehrer werden das Prüfungsbuch als Ergänzung zum Lehrbuch und bei der Umsetzung neuer Lehrmethoden einsetzen und sich damit im Unterricht Freiraum schaffen, um ganzheitlich und handlungsorientiert zu arbeiten, um Strukturen aufzuzeigen und das Denken und Arbeiten in Zusammenhängen/Systemen zu fördern.

Wir freuen uns über das Erscheinen dieses Prüfungsbuches, weil es einen Beitrag leistet, die Bedeutung der Hauswirtschaft und den Umfang hauswirtschaftlicher Berufsbildung zu unterstreichen, und wünschen ihm einen hohen Wirkungsgrad.

Eva Brinkmann

Vorsitzende des Fachausschusses Haushalt und Bildung
der Deutschen Gesellschaft für Hauswirtschaft (dgh)

Vorwort

Das „Prüfungsbuch Hauswirtschaft" ist eine ausbildungsbegleitende Lernhilfe; sie deckt alle Wissensgebiete ab, die in Klausuren, Zwischen- und Abschlußprüfung verlangt werden.

Die Fragensammlung beschränkt sich aber nicht nur auf theoretisches Wissen, sondern bezieht praxisbezogene Inhalte ein, ohne die die Fertigkeitsprüfung nicht denkbar ist.

Zugrunde liegen die Rahmenlehrpläne der Bundesländer, die Verordnung über die Berufsausbildung zum Hauswirtschafter/zur Hauswirtschafterin und das – den Anforderungen der Berufspraxis entsprechende – Niveau der Abschlußprüfung.

Bewußt werden auch Fragen gestellt, die über das erforderliche Maß hinausgehen. Sie sollen zum Weiterlernen motivieren und dazu anregen, sich mit manchen Sachverhalten intensiver zu beschäftigen.

Zudem gehen die Antworten teilweise über die Fragestellung hinaus, um die Lernenden nicht nur abzufragen, sondern auch zu informieren.

Durch den zweispaltigen Aufbau wird eine sinnvolle Selbstkontrolle ermöglicht, da der Lernende durch Abdecken der rechten Spalte seinen jeweiligen Kenntnisstand überprüfen kann. Falls eine Antwort auf der folgenden Buchseite ausläuft, wird dies entsprechend kenntlich gemacht.

Ein umfangreiches Sachwortverzeichnis rundet das Werk ab.

Wir wünschen allen Nutzern viel Erfolg beim Arbeiten mit diesem Buch.

Winter 1995

Sabine Klug
Dorothea Simpfendörfer
Klaus Steffens

Inhaltsverzeichnis

2 Haushaltstechnik

1 Haushaltskunde

1.1 Arbeitsorganisation

Arbeitsgestaltung

1 Wie setzt sich der Energieumsatz des Menschen zusammen?

1. Grundumsatz = Energiebedarf zur Aufrechterhaltung der Körperfunktionen
2. Arbeitsumsatz = Energiebedarf beim Arbeiten
3. Freizeitumsatz = Energiebedarf während der Freizeitaktivitäten

2 Zählen Sie vier Arbeiten auf, die einen hohen Energieverbrauch haben (mehr als 15 kJ pro Minute).

a) Fußboden naß wischen
b) Wäsche aufhängen
c) Fensterputzen
d) Betten überziehen

3 Finden Sie die richtigen Aussagen zu den Merkmalen der biologischen Leistungskurve heraus.

a) Der biologische Tagesrhythmus ist individuell verschieden.

b) Die Leistungskurve zeigt deutlich je zwei Höhe- und Tiefpunkte im Tagesverlauf.

c) Die höchste Leistungsbereitschaft besteht zwischen 13 und 14 Uhr.

d) Die Schwankungen der Tagesrhythmik beruhen auf körperlichen Ursachen.

e) Der Verlauf der Leistungskurve gilt nur für den Tagesablauf.

a) Tagesrhythmus ist individuell verschieden.
b) Kurve zeigt je zwei Höhe- und Tiefpunkte.
d) Schwankungen beruhen auf körperlichen Ursachen.

4 Für die Arbeitsgestaltung hat die Unterscheidung in statische und dynamische Muskelarbeit eine grundlegende Bedeutung.

Vergleichen Sie die beiden Arten anhand der Zeichnungen.

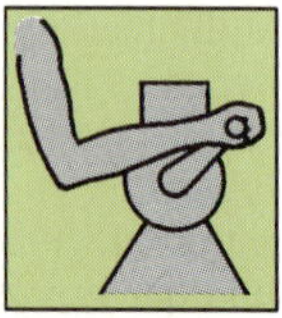

- **statische Muskelarbeit = Haltearbeit**
  Muskeln werden angespannt, bleiben längere Zeit in gleicher Haltung.
  Schlechte Durchblutung, dadurch raschere Ermüdung der Muskeln.
- **dynamische Muskelarbeit = Bewegungsarbeit**
  Muskeln werden in ausgeglichenem Rhythmus angespannt und gelockert.
  Blutbedarf und Durchblutung sind ausgeglichen, gute Sauerstoffversorgung, dadurch langsamere Ermüdung.

5 Wie wirkt sich Ermüdung auf die Arbeitsleistung aus?

a) Der Zeitverbrauch nimmt zu.
b) Das Konzentrationsvermögen nimmt ab.
c) Die Arbeitsbewegungen werden ungenauer.
d) Das Unfallrisiko wird größer.
e) Die Arbeitsfreude läßt nach.

6 Nennen Sie Ursachen für eine rasche Ermüdung während der Arbeit.

Schlechte Arbeitsbedingungen wie
- schlechte Beleuchtung,
- zu großer Zeitdruck,
- starke Geräusche

können zu rascher Ermüdung führen.

7 Erklären Sie die verschiedenen Arten von Ermüdung.

- **biologische Ermüdung** – sie tritt in einem bestimmten Rhythmus auf und ist von der jeweiligen Arbeitsbeanspruchung unabhängig.
- **Arbeitsermüdung** – sie entsteht durch die körperliche und geistige Beanspruchung während der Arbeit, wird auch als körperliche Ermüdung bezeichnet. Sie ist abhängig von der Schwere der statischen und dynamischen Muskelarbeit. →

▷ *Fortsetzung der Antwort* ▷

- **Antriebsermüdung** – Ermüdung aufgrund geistig-nervöser Anspannung, kann auch geistige Ermüdung genannt werden. Sie ist vor allem abhängig von Arbeitsbedingungen wie Monotonie oder schlechter Arbeitsatmosphäre.

8 Pausen sind zur Erholung notwendig. Machen Sie Vorschläge für eine gute Pausengestaltung.

a) Mehrere kurze Pausen einlegen.
b) Arbeitsraum verlassen.
c) Ausgleich zur Körperhaltung schaffen.
d) Mit Kolleginnen plaudern.
e) Frische Luft tanken.
f) Keine Nebenarbeiten erledigen.

9 Worauf achten Sie bei der richtigen Beleuchtung eines Arbeitsplatzes?

a) auf blendfreies Licht
b) Lichteinfall von links oben bzw. seitlich
c) gleichmäßige Lichtverteilung im Raum
d) einzelne Arbeitsplatzbeleuchtung soll Raumbeleuchtung ergänzen

10 Kennzeichnen Sie an dieser Zeichnung die Stellen, an denen Sie eine gute Körperhaltung im Sitzen erkennen können.

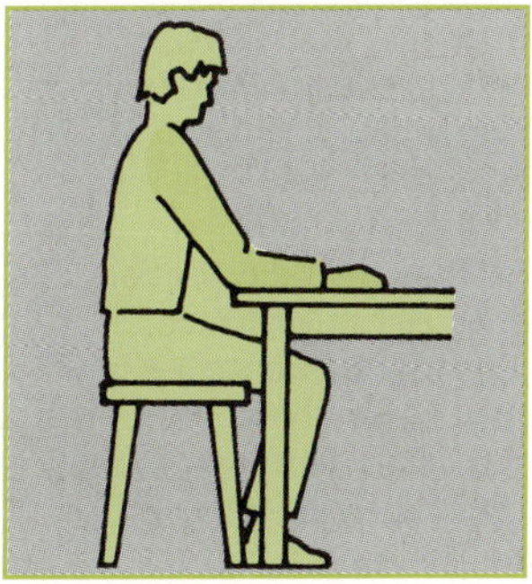

- Füße stehen flach auf.
- Wirbelsäule wird im Lendenbereich abgestützt.
- Oberarm/Unterarm bilden einen Winkel von ca. 90°.
- Schultergürtel ist entspannt.

[11] Stellen Sie die Vor- und Nachteile der Körperhaltung „Stehen“ gegenüber.

Vorteile:
- gute Übersicht
- höherer Krafteinsatz
- größere Beweglichkeit für Ortswechsel
- größere Reichweiten

Nachteile:
- starke Belastung der Wirbelsäule
- Blutstauungen in den Beinen
- höherer Energieverbrauch

[12] Warum ist die Körperhaltung „Bücken“ in besonderem Maße ermüdend?

Beim Bücken ist die Belastung und damit der Energieverbrauch besonders groß, weil
- viele Muskelgruppen stark angespannt werden.
- Gelenke stark belastet werden.
- Bücken zu Blutandrang im Kopf führt.

[13] Beschreiben Sie, wie Sie eine Kiste rückenschonend heben können.

1. In Hockstellung gehen.
2. Körperhaltung mit leicht gespreizten Beinen ausbalancieren.
3. Oberkörper gerade aufrichten.
4. Lasten mit beiden Armen körpernah heben.

[14] Sie sollen einen Arbeitsstuhl einkaufen.

Auf welche Ausstattungen legen Sie besonderen Wert?

- Sitzfläche und Rückenlehne müssen verstellbar sein (Höhe und Neigung).
- Sitzfläche muß zum Knie hin abgerundet sein.
- Rückenlehne muß die Wirbel des Lendenbereiches abstützen.
- Fünf Räder gewährleisten Kippsicherheit.
- Material des Polsterbezuges muß dem Einsatzbereich entsprechend sein.

15 Bei der Arbeitsplatzgestaltung sind verschiedene Höhenmaße zu beachten.

Wählen Sie die richtigen für eine normal große Frau aus.

a) Arbeitshöhe im Stehen: 110 oder 90 oder 70 cm
b) Arbeitshöhe im Sitzen: 85 oder 70 oder 55 cm
c) Sitzhöhe: 65 oder 50 oder 35 cm.

a) Arbeitshöhe im Stehen: 90 cm
b) Arbeitshöhe im Sitzen: 70 cm
c) Sitzhöhe: 50 cm

16 Beschreiben Sie die Gesichtspunkte, nach denen dieser Arbeitsplatz eingerichtet worden ist.

a) Unterteilung erfolgte in inneren und äußeren Greifraum.
b) Im inneren Greifraum ist die Anordnung in der Reihenfolge der Verwendung und Zuordnung entsprechend der Arbeitshand.
c) Im äußeren Greifbereich befinden sich die Dinge, die seltener gebraucht werden.
d) Direkt vor der Arbeitsperson muß gearbeitet werden.

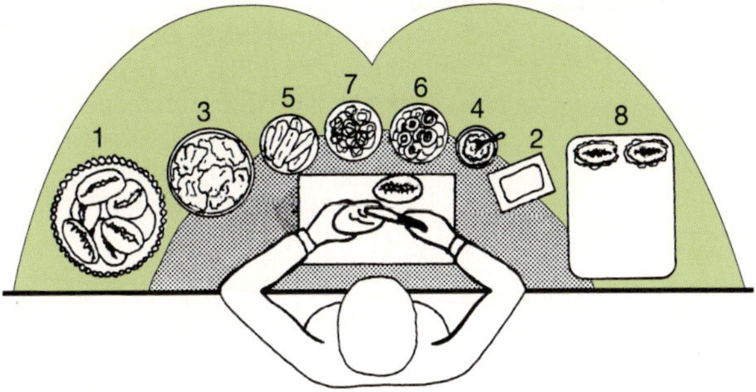

17 Warum sind Ordnungseinrichtungen in Schränken ein Mittel zur Arbeitsplatzgestaltung?

- Schränke können übersichtlich eingeräumt werden.
- Arbeitsgeräte können griffbereit aufbewahrt werden.
- Schrankraum kann besser ausgenutzt werden.

18 Zählen Sie verschiedene zweckmäßige Ordnungseinrichtungen auf.

Reinigungswagen, Ablagekästen, Messerleiste an der Wand, Sammelsystem für Schmutzwäsche, Wandhalterung für Besen

19 Arbeitsgestaltung ermöglicht Arbeitserleichterung, indem Belastungen verringert werden. Machen Sie Vorschläge zur Arbeitsgestaltung für folgende Arbeiten:

a) Hefeteig von Hand kneten
b) Kochtopf kniend in das unterste Schrankfach einräumen
c) schweren Wäschekorb tragen

a) Zur Teigherstellung Maschinen einsetzen oder fertiges Hefegebäck kaufen.
b) Kochtöpfe in ausziehbaren Schüben aufbewahren.
c) Wäschekorb möglichst dicht am Körper tragen oder auf Vorrichtung mit Rollen setzen.

20 Was bedeutet der Begriff „rationell arbeiten“?

Rationelles Arbeiten bedeutet, beim Arbeiten alle Möglichkeiten der Arbeitsgestaltung zu nutzen, um Zeit und Kraft sinnvoll einzusetzen.

21 Nennen Sie Erkennungsmerkmale für rationelles Arbeiten.

Rationelles Arbeiten erkennt man daran,
- daß gleiche Arbeitsschritte zusammengelegt werden (Serienarbeit),
- daß richtige Arbeitsmethoden und -verfahren ausgewählt werden,
- daß Wege eingespart werden,
- daß kein Leerlauf entsteht.

22 Rationelles Arbeiten hängt auch von der Auswahl der Arbeitsgeräte ab.
Zählen Sie Gesichtspunkte auf, die Sie bei der Auswahl eines Betriebsmittels zum Raspeln von Möhren berücksichtigen.

Berücksichtigt werden muß
- die Menge, die zerkleinert werden soll,
- der Zeitbedarf zum Aufbauen des Gerätes,
- der Reinigungsaufwand,
- die technische Leistungsfähigkeit,
- die Handhabung.

23 Was versteht man unter dem Begriff „Arbeitsverfahren“?

Das Arbeitsverfahren ist die ausgewählte Technologie, mit deren Hilfe man eine Arbeit ausführt.

24 Nennen Sie mögliche Arbeitsverfahren zum Geschirrspülen.

a) Doppelbeckenspüle
b) Haushaltsgeschirrspülmaschine
c) Korbdurchschubspülmaschine

25 Was versteht man unter dem Begriff „Arbeitsmethode"?

Die Arbeitsmethode legt die Regeln zur Ausführung einer Arbeit fest. Sie ergibt sich aus der Wahl des Arbeitsverfahrens.

26 Welche der folgenden Aussagen stammen aus Beschreibungen von Arbeitsmethoden?

a) der Reihe nach zugeben
b) Zutaten exakt abwiegen
c) auf dem Tablett tragen
d) mit dem Feuchtwischgerät reinigen
e) Gläser bis 1 cm unter den Rand einfüllen

Aussagen zu Arbeitsmethoden sind in a), b) und e) enthalten. Sie beschreiben die Ausführung.

27 Die Aufteilung der Arbeit kann nach zwei Gesichtspunkten erfolgen, nämlich nach der Mengen- oder der Artteilung.

Erklären Sie dieses Prinzip an einem Beispiel: Mit 4 Personen sollen 100 belegte Brote gerichtet werden.

Bei der **Mengenteilung** belegt jede Person 25 Brote komplett.
Sie führt alle Arbeitsschritte an 25 Teilen aus.

Bei der **Artteilung** wird folgendermaßen vorgegangen:
Erste Person bestreicht 100 Brote mit Butter.
Zweite Person belegt 100 Brote.
Dritte Person garniert 100 Brote.
Vierte Person halbiert 100 Brote und legt diese auf Platten.
Artteilung bedeutet, daß jede Person einen Arbeitsschritt an allen Teilen durchführt.

28 Welchem der beiden Prinzipien entspricht die sogenannte „Serienarbeit" im Privathaushalt?

Serienarbeit entspricht dem Prinzip der Artteilung.

29 Bewerten Sie das Prinzip der Artteilung.

positiv:
Beim Arbeiten nach dem Prinzip der Artteilung werden immer gleiche Bewegungen ausgeführt. Dadurch ergibt sich eine gewisse Übung, und das Arbeitstempo wird schneller. Außerdem entfällt der Wechsel von Arbeitsgeräten.

negativ:
Gleiche Bewegungen über einen längeren Zeitraum hinweg können zu einseitigen Muskelbelastungen und zu Monotonie führen.

Arbeitsplanung

30 Nennen Sie verschiedene Pläne, die für eine gute Arbeitsorganisation wichtig sind.

a) Tagesplan
b) Wochenplan
c) Jahresplan
d) Zeitpläne für Arbeitsabläufe

31 Welchen Zweck erfüllt die Erstellung eines Planes?

Jeder Plan ist eine Zielvorgabe und bestimmt, wie die zur Verfügung stehenden Ressourcen (Arbeitskraft und Arbeitszeit) eines Haushaltes zur Erledigung der anfallenden Arbeiten eingesetzt werden.

32 Zählen Sie die Vorteile einer guten Arbeitsplanung auf.

a) Man erhält einen Überblick über die Arbeitsaufgabe.
b) Bei der Aufstellung des Planes kann der Arbeitsablauf gedanklich vorweggenommen werden.
c) Wichtiges wird nicht vergessen.
d) Es kann ohne Zeitdruck gearbeitet werden.
e) Die Arbeit wird rechtzeitig fertig.

33 Welche Angaben können in einem Tagesplan enthalten sein?

a) Was = Tätigkeit
b) Wann = Uhrzeit oder Zeitraum
c) Wer = Name der Person, die diese Tätigkeit zu erledigen hat.

34 Nach welchen Gesichtspunkten gestalten Sie einen Tagesplan?

- Eintragen der zeitlich gebundenen Arbeiten.
- Verplanen der restlichen Arbeiten nach dem Gesichtspunkt ihrer Dringlichkeit.
- Vom Arbeitsinhalt darauf achten, daß sich „leichte“ und „schwere“ Arbeiten abwechseln.
- Monotonie vermeiden.
- Zeitliche Freiräume lassen für unvorhergesehene Ereignisse.
- Soweit möglich die biologische Tagesrhythmik beachten.

35 In vielen Haushalten dient eine Kombination aus Tages- und Wochenplan als Arbeitsgrundlage.

Begründen Sie die Zweckmäßigkeit dieses Vorgehens.

In einem Wochenplan sind alle die Arbeiten enthalten, die regelmäßig im Laufe der Woche zu erledigen sind und von daher direkten Einfluß auf den Tagesplan haben.

36 Einzelne Arbeitsabläufe, etwa die Herstellung eines Mittagessens, können durch einen Zeitplan vorbereitet werden. Bringen Sie die dafür notwendigen Planungsschritte in eine richtige Reihenfolge:

- **Arbeitsschritte nach dem Arbeitsinhalt „Verrichten“ oder „Überwachen“ unterscheiden.**
- **Arbeitsablauf und Arbeitsschritte gliedern.**
- **Entwickeln eines Zeitplanes in der Reihenfolge des Arbeitsablaufes, wobei die Arbeitsschritte ineinandergefügt werden.**
- **Bestimmen des Zeitbedarfes für die einzelnen Arbeitsschritte und die notwendigen Rüstarbeiten.**

1. Arbeitsablauf gliedern.
2. Zeitbedarf schätzen.
3. Arbeitsinhalte bestimmen.
4. Zeitplan aufbauen.

37 Nennen Sie zeitlich gebundene Ereignisse, die in einem Jahresplan zu berücksichtigen sind.

- Feste wie Geburtstage, Familienfeiern
- Urlaub, Schulferien, Dienstreisen oder Fortbildungen

38 Zählen Sie typische Arbeiten auf, die in einem gewissen Turnus zu erledigen sind.

a) Fenster reinigen
b) Blumen umtopfen
c) Bettwäsche mangeln
d) Menagen auffüllen
e) Unkraut jäten

Arbeitssicherheit

39 Was versteht man unter Arbeitssicherheit?

Arbeitssicherheit umfaßt alle Maßnahmen, die zur Vermeidung von Arbeitsunfällen und Berufskrankheiten getroffen werden.

40 Erklären Sie den Begriff Unfallverhütung.

Unfallverhütung ist die gezielte Beseitigung von Unfallursachen.

41 Jeder Unfall betrifft nicht nur den Verletzten, sondern auch sein Lebensumfeld.

Erläutern Sie anhand dieser Zeichnung die Auswirkungen eines Unfalls.

a) **für den Betroffenen:** Schmerzen, körperliche Beeinträchtigung, evtl. lebenslange Arbeitsbehinderung
b) **für seine Familie:** Pflege des Betroffenen, Sorgen um ihn, evtl. Lohn- oder Gehaltsausfall durch Arbeitsunfähigkeit
c) **für den Betrieb:** Kollegen müssen die Arbeit übernehmen, oder es entstehen Kosten für die Beschäftigung von Aushilfen
d) **für die Allgemeinheit:** Kostenbelastung aufgrund der notwendigen Behandlung und Rehabilitation

[42] Jeder Unfall hat seine Ursachen und ereignet sich nicht einfach so.

Nennen Sie die wesentlichen Ursachen für Arbeitsunfälle.

a) sicherheitswidrige Zustände
b) sicherheitswidriges Verhalten
c) schlechte Arbeitsorganisation
d) höhere Gewalt
(nur in Ausnahmefällen)

[43] Nennen Sie Beispiele für sicherheitswidrige Zustände.

- verstellte Treppen
- defekte Elektrokabel
- stumpfe Messer
- überhitztes Fett
- Maschinen ohne Fingerschutz

[44] Wählen Sie aus diesen Aussagen diejenigen aus, die sicherheitswidriges Verhalten beschreiben:

a) Gebrauchsanweisung lesen
b) Verschüttetes auf dem Fußboden liegen lassen
c) Walkman hören, während Maschinen laufen
d) Messer abtrocknen
e) Scherben mit den Händen einsammeln

a) Verschüttetes auf dem Fußboden liegen lassen
c) Walkman hören, solange Maschinen laufen
e) Scherben einsammeln

[45] Zählen Sie die häufigsten Verletzungen durch Arbeitsunfälle bei Hausarbeiten auf.

- Stürze
- Schnittwunden
- Vergiftungen, Verätzungen
- Verbrennungen
- Stromschlag

[46] Wodurch erleiden vor allem ältere Menschen und Kinder im Haushalt Verletzungen?

- Stürze kommen bei älteren Menschen häufig vor.
- Bei Kindern ist Ersticken eine häufig vorkommende Verletzung.

[47] Nennen Sie Unfallquellen, die bei älteren Menschen Stürze verursachen können.

- lose liegende Teppiche
- Schwellen
- herumstehende Gegenstände
- zu enge Verkehrswege

[48] Durch welche Maßnahmen können Sie Unfällen durch Ersticken vorbeugen?

- Plastiktüten so aufbewahren, daß Kinder sie nicht erreichen können.
- Zudecken im Bett sollen leicht sein und können am Fußende befestigt werden.
- Die Abstände zwischen den Gitterstäben im Bett dürfen nicht größer als 7,5 cm sein, damit das Kind den Kopf nicht durchstecken kann.

[49] Wie können Sie Stürze beim Fensterputzen vermeiden?

a) Trittsichere Leitern benutzen.
b) Nicht auf Fenstersimse steigen.
c) Arbeitskleidung ohne große Taschen und Laschen tragen.
d) Geschlossene Schuhe mit flachen Absätzen tragen.
e) Verschüttetes Wasser sofort aufwischen.

[50] Nennen Sie typische Unfallquellen in einer Großküche, die Stürze verursachen können.

- mit Kisten verstellte Verkehrswege
- fetthaltige Fußbodenverschmutzungen
- auf dem Fußboden abgestellte Kochtöpfe
- schlechtes Schuhwerk
- zu weite Ärmel an der Arbeitskleidung

[51] Beschreiben Sie, wie Sie beim Umgang mit Messern darauf achten können, daß Schnittverletzungen vermieden werden.

- Messer muß gut geschärft sein.
- Messer muß einen rutschsicheren Griff haben und gut in der Hand liegen.
- Messer nicht im Spülwasser liegen lassen.
- Nicht nach hinunterfallenden Messern greifen.
- Die Finger der Hand, die das Schneidgut hält, müssen während des Schneidens abgerundet sein.
- Messer an sicheren Stellen aufbewahren, z. B. an magnetischen Messerleisten.

52 Zählen Sie Unfallquellen für Verbrennungen auf.

1. auf heiße Herdplatten oder Kochzonen fassen
2. heißes Fett
3. unsachgemäßer Umgang mit Kerzenflammen oder Feuerzeug

53 Erläutern Sie an Beispielen, wie Sie Verbrühungen während der Speisenzubereitung vermeiden können.

- Dampfdrucktopf erst öffnen, wenn Druckanzeigestift vollkommen abgesunken ist und der Deckel sich ohne Widerstände öffnen läßt.
- Garflüssigkeit der Salzkartoffeln vom Körper weg abschütten.
- Beim Öffnen des Deckels der Kippbratpfanne seitlich stehen.

54 Worauf müssen Sie beim sicheren Umgang mit elektrischen Kleingeräten achten?

- Kabel müssen unbeschädigt sein.
- Geräte nicht mit nassen Händen anfassen.
- Geräte nur bei unterbrochenem Stromkreis zusammen- oder auseinanderbauen.
- Reparaturen nur vom Fachmann durchführen lassen.

55 Wählen Sie die Stoffe aus, die beim Menschen Vergiftungserscheinungen hervorrufen können, wenn sie aus Versehen geschluckt werden:

a) vertrocknete Lebensmittel
b) Medikamente
c) Reinigungsmittel
d) Pflanzenschutzmittel
e) Pfefferminztee

b) Medikamente
c) Reinigungsmittel
d) Pflanzenschutzmittel

56 Durch welche Maßnahmen können Sie derartige Vorfälle vermeiden?

Diese Unfälle treffen meistens Kinder, daher muß besonders beachtet werden, daß
– Medikamente in abschließbarem Schrank aufbewahrt werden, →

▷ *Fortsetzung der Antwort* ▷

- Reinigungsmittelflaschen einen kindersicheren Verschluß haben und nicht zwischen Getränken abgestellt werden,
- Pflanzenschutzmittel für Kinder unerreichbar aufbewahrt werden und mit dem entsprechenden Gefahrstoffsymbol gekennzeichnet sind.

57 Die Verwendung von Benzin oder Lösemitteln erfordert besondere Sorgfalt.

Nennen Sie die Gefahren, die durch ihre Verwendung entstehen.

a) Diese Stoffe entwickeln Dämpfe, die zu Reizungen der Schleimhäute führen können.
b) Sie sind leicht entzündbar.
c) Mit anderen Stoffen zusammen angewandt, kann es zu Explosionen oder Verpuffungen kommen.

58 Sie sollen aus mehreren Hosen Flecken entfernen unter Verwendung eines lösemittelhaltigen Fleckenmittels.

Wählen Sie die hierbei notwendigen Sicherheitsmaßnahmen aus.

a) saugfähigen Stoff unterlegen
b) für Frischluftzufuhr sorgen
c) mit kreisenden Bewegungen Fleck ausreiben
d) Rauchen einstellen
e) Kleidungsstücke nach der Behandlung lüften

b) Für Frischluftzufuhr sorgen,
d) Rauchen einstellen,
e) Kleidungsstücke nach der Behandlung lüften.

59 Beim Umgang mit Reinigungsmitteln kann es zu Verätzungen kommen.

Nennen Sie Vorsichtsmaßnahmen, um solche Verletzungen zu vermeiden.

- Handschuhe und Schutzbrille tragen, um Haut und Augen zu schützen.
- Vor dem Einsatz ätzender Reinigungsmittel Fenster öffnen.
- Reinigungsmittel genau nach Anweisung verwenden.

60 Kennzeichnen Sie die Symbole für Gefahrstoffe.

Symbole mit Bezeichnung

a) leichtentzündlich
b) ätzend
c) giftig
d) reizend

61 Nennen Sie fünf Angaben auf dem Sicherheitsdatenblatt, die für den Gebrauch von Reinigungsmitteln von Bedeutung sind.

1. chemische Charakterisierung
2. physikalische und sicherheitstechnische Angaben
3. Vorschriften
4. Schutzmaßnahmen zur Lagerung und Handhabung
5. Maßnahmen bei Unfällen und Bränden

62 An welchen Zeichen können Sie erkennen, daß die Sicherheit von Betriebsmitteln geprüft wurde?

a) GS-Zeichen
b) TÜV-Zeichen
c) bei Geräten mit Elektromotor zusätzlich VDE-Zeichen
d) Europäisches CE-Zeichen

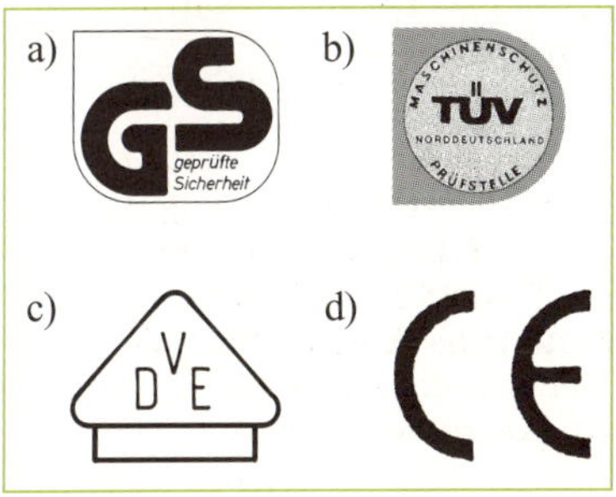

63 Was können Sie als Mitarbeiter/-in zur Arbeitssicherheit beitragen?

a) verantwortungsbewußtes Verhalten, z. B. Schutzeinrichtungen nutzen, Gebrauchsanweisungen lesen, Sicherheitsvorschriften einhalten.
b) Bewußtsein für Arbeitssicherheit entwickeln, z. B. Unfallgefahren erkennen.

64 Nennen Sie häufige Ursachen für Brände.

- überhitztes Fett
- brennende Kerzen
- Zigarettenglut

65 Zählen Sie wichtige Brandschutzeinrichtungen in Großküchen auf.

a) Feuerlöscher
b) Brandschutzdecke
c) feuersichere Türen, die sich nach außen öffnen
d) Hinweisschilder für Fluchtwege

66 Wenn sich ein Unfall ereignet hat, gilt es, sofort und umsichtig zu handeln.

Bringen Sie die notwendigen Hilfeleistungen in die richtige Reihenfolge.

- **Notruf durchgeben**
- **Erste Hilfe leisten**
- **Sofortmaßnahmen treffen**

1. Sofortmaßnahmen treffen.
2. Notruf durchgeben.
3. Erste Hilfe leisten.

67 Welchen Zweck soll die Sofortmaßnahme erfüllen?

Die Sofortmaßnahme soll den Verletzten vor zusätzlichen Gefahren bewahren und das Überleben sichern.

68 Welche Informationen müssen Sie bei einem Notruf durchgeben?

a) **W**o – Unfallort
b) **W**as geschah – Unfallhergang
c) **W**ieviele Verletzte
d) **W**elche Verletzungen
e) **W**er ruft an – Name des Anrufers

69 Wie verhalten Sie sich, wenn Sie bei einer Verbrennung mit dem Bügeleisen Erste Hilfe leisten sollen?

- Die verbrannte Stelle sofort unter kaltes Wasser halten.
- Die verbrannte Stelle so lange im kalten Wasser lassen, bis beim Herausnehmen keine Schmerzen mehr auftreten. Es darf nicht zu einer Unterkühlung kommen.

70 Beschreiben Sie an Hand der Abbildung, worauf bei der Lagerung in „stabiler Seitenlage“ zu achten ist.

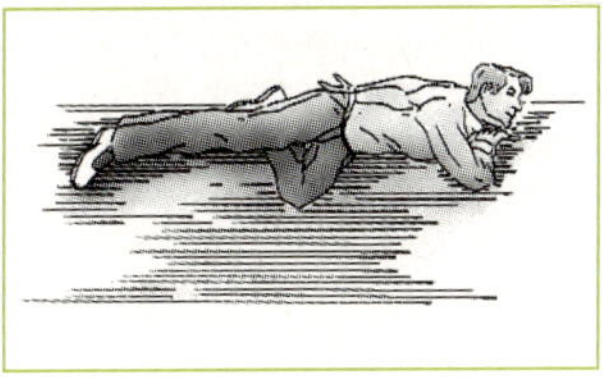

a) Das untenliegende Bein wird in Hüft- und Kniegelenk gebeugt, es stützt.
b) Das obenliegende Bein bleibt gestreckt.
c) Die Hand des unteren Armes wird an das gebeugte Knie gelegt.
d) Der obere Arm zeigt im rechten Winkel vom Körper weg, die Hand stützt das Gesicht.
e) Das Gesicht wird leicht zum Boden hin und in den Nacken gedreht, um die Atemwege freizuhalten.

71 Welche Regeln müssen Sie bei der Versorgung von Schnittwunden beachten?

- Wunde darf nicht berührt werden.
- Wunde keimfrei bedecken.
- Bei stark blutenden Wunden Druckverband anlegen.

72 Welche Aufgaben haben die Berufsgenossenschaften?

- Arbeitsunfälle zu verhindern,
- dafür zu sorgen, Verletzte zu heilen und beruflich zu rehabilitieren,
- Entschädigungen für Verletzungsfolgen zu leisten.

73 Nennen Sie drei Aktivitäten einer Berufsgenossenschaft, die der Verbesserung der Arbeitssicherheit in den Betrieben nützen, um dadurch Arbeitsunfälle zu verhindern.

1. Erlassen von Unfallverhütungsvorschriften (UVV)
2. Durchführung von Lehrgängen zur Schulung von Mitarbeitern im Bereich Arbeitssicherheit
3. Überprüfung der Einhaltung der Sicherheitsvorschriften durch technische Aufsichtsbeamte

74 Bei welcher Stelle sind hauswirtschaftliche Mitarbeiter, die in einem Privathaushalt arbeiten, unfallversichert?

Im Privathaushalt Beschäftigte sind beim zuständigen Gemeindeunfallversicherungsverband versichert.

75 Welche Unfälle fallen unter den Versicherungsschutz der gesetzlichen Unfallversicherung?

Unfälle, die sich auf dem direkten Weg zur und von der Arbeit sowie während der Arbeit ereignen

76 Nennen Sie vier Gesetze, die neben anderen die rechtlichen Grundlagen der Arbeitssicherheit bilden.

1. Gerätesicherheitsgesetz
2. Gefahrstoffverordnung
3. Arbeitsstättenverordnung
4. Gewerbeordnung

1.2 Soziale Aufgaben

Begriffsklärung

77 In jeder häuslichen Gemeinschaft wohnen Menschen. Dieses Zusammenleben zu gestalten gehört zu den Aufgaben einer Hauswirtschafterin.

Nennen Sie vier Tätigkeiten, die zu den „sozialen Aufgaben“ gehören.

- Kinder betreuen
- Feste gestalten
- Kranke pflegen
- Gäste einladen

78 Welche Maßnahmen fallen im Bereich der sozialen Aufgaben in Haushalten an?

Sowohl im Privat- als auch im Großhaushalt gehören
a) pflegende,
b) gesundheitsfördernde,
c) pädagogische Maßnahmen in den Bereich der sozialen Aufgaben.

79 Zählen Sie fünf Möglichkeiten auf, in einem Jugendheim für eine gute Atmosphäre zu sorgen.

1. Mahlzeiten gemeinsam einnehmen.
2. Blumenschmuck aufstellen.
3. Geburtstage miteinander feiern.
4. Zimmer nach eigenen Ideen ausgestalten.
5. Gemeinschaftsräume gemütlich und zweckmäßig ausstatten.

Häusliche Krankenpflege

80 Häufig kann das Auftreten von Krankheiten bereits vor deren Ausbruch erkannt werden.

Nennen Sie drei typische Symptome für sich anbahnende Erkrankungen.

1. Schmerzen
2. Müdigkeit
3. Unwohlsein

81 Zählen Sie Beispiele für äußere und innere Krankheitsursachen auf.

Krankheiten können entstehen durch:

äußere Ursachen wie:
- Mikroben, Parasiten
- Unfälle
- klimatische Einflüsse
- chemische Schadstoffe
- Ernährungsfehler

innere Ursachen wie:
- erbliche Anlagen
- Disposition
- genetische Defekte

82 Sie sollen ein vierjähriges Kind während dessen Grippeerkrankung pflegen.

Welche persönlichen Eigenschaften werden hierbei von Ihnen erwartet?

a) Aufmerksamkeit gegenüber den Wünschen des Kindes
b) Sorgfalt beim Beobachten des Patienten
c) Geduld während der Betreuung
d) Geschicklichkeit bei der Ausführung der Pflegemaßnahmen

83 Die Körpertemperatur ist ein wichtiges Beobachtungsmerkmal. Ab welcher Körpertemperatur spricht man von „Fieber"?

Ab 38 °C Körpertemperatur spricht man von Fieber.

84 Welche Symptome können auf eine veränderte Körpertemperatur hinweisen?

- glänzende oder trübe Augen
- Frösteln
- gerötetes Gesicht
- heiße Wangen und Stirn

[85] Zählen Sie vier Meßmethoden zur Ermittlung der Körpertemperatur auf.

1. Messen in trockener Achselhöhle
2. Rektalmessung
3. Messen unter der Zunge
4. Meßstreifen auf der Haut

[86] Erläutern Sie mindestens drei Arbeitsregeln, die beim Messen der Körpertemperatur beachtet werden müssen.

1. Körpertemperatur mindestens morgens und abends messen
2. Meßergebnisse notieren, z. B. in einer Fieberkurve
3. Meßdauer entsprechend der Meßmethode einhalten
4. Thermometer nach dem Gebrauch reinigen und evtl. Quecksilber herunterschlagen

[87] Beschreiben Sie anhand der Zeichnung die Durchführung der Pulskontrolle.

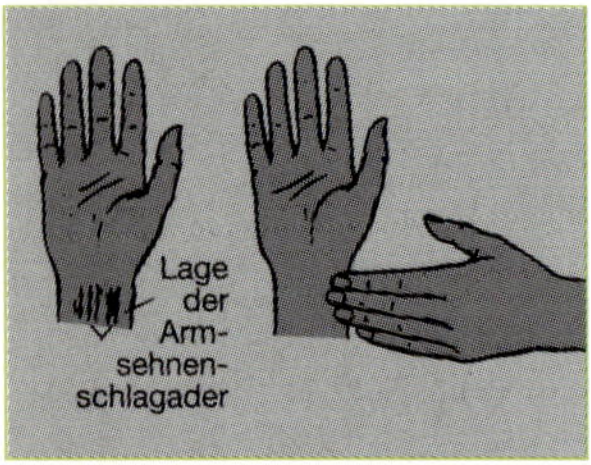

Mit drei Fingern (Zeige-, Mittel-, Ringfinger) wird auf die Schlagader an der Daumen- und Beugeseite des Handgelenkes gedrückt. Die Pulsschläge werden eine Minute lang gezählt. Gleichzeitig muß der Rhythmus der Pulsschläge beobachtet werden.

[88] Zur Krankenpflege gehört auch die Beobachtung der Körperausscheidungen.
Zählen Sie drei wichtige auf.

1. Stuhl
2. Urin
3. Erbrochenes

Aussagen über Beschaffenheit, Farbe, Menge und Häufigkeit der Ausscheidungen sind wichtige Informationen für den Arzt.

[89] Sie bitten einen Arzt um einen Hausbesuch.
Welche Informationen müssen Sie ihm während eines Telefongespräches hierfür mitteilen?

a) Beschwerden des Patienten
b) Beobachtungen am Kranken
c) Name und Adresse des Patienten

90 Erstellen Sie eine Checkliste zur Vorbereitung eines Hausbesuches des Arztes.

- Patienten waschen und frisch betten.
- Krankenzimmer aufräumen.
- Waschgelegenheit für den Arzt zum Händewaschen vorsehen.
- Patientenkarte bereitlegen.
- Schreibmöglichkeit für den Arzt vorsehen.

91 Medikamente werden in verschiedenen Darreichungsformen angeboten.

Beschreiben Sie an einem Medikament exemplarisch verschiedene Formen.

Zur Behandlung von Husten gibt es dasselbe Medikament in Form von:

- Tropfen,
- Sirup,
- Tabletten,
- Dragees,
- Zäpfchen.

92 Worauf müssen Sie beim Verabreichen von Medikamenten achten?

- Genaue Dosierung des Arztes beachten.
- Tabletten zerbrechen, damit sie leichter geschluckt werden können.
- Tabletten vor oder nach den Mahlzeiten einnehmen und viel Flüssigkeit nachtrinken.
- Einnahmezeit und Einnahmedauer sind für die Wirksamkeit einiger Medikamente von großer Bedeutung (z. B. Antibiotika).

93 Beschreiben Sie die Einrichtung eines Krankenzimmers für einen Erwachsenen bei einer längerfristigen Erkrankung.

a) Bett von drei Seiten zugänglich
b) Nachttisch unmittelbar daneben
c) Lampe zum Lesen in Reichweite des Patienten
d) Sitzgelegenheit für Besucher
e) Tisch als Abstellfläche
f) Papierkorb
g) Klingel oder „babyfon“
h) blendfreie Allgemeinbeleuchtung

94 Nach welchen Überlegungen wählen Sie einen Raum für ein krankes Kind aus?

Ein krankes Kind möchte nicht gerne alleine sein. Es will während einer Erkrankung in der Nähe der anderen Familienmitglieder bleiben.

Es ist dafür zu sorgen, daß
- das Kind Anteil nehmen kann am Tagesablauf,
- es schnell zu hören ist, wenn es ruft,
- es auch die notwendige Ruhe hat.

95 Beschreiben Sie die wichtigsten Ausstattungen eines Krankenbettes für einen Langzeitkranken.

a) Einzelbett mit einer Höhe von 65 cm
b) einteilige Federkernmatraze
c) Fuß- und Kopfende verstellbar
d) Aufrichthilfe

96 Nennen Sie mindestens vier Möglichkeiten, ein Krankenzimmer angenehm zu gestalten.

1. Der Raum sollte möglichst hell und lärmgeschützt sein.
2. Der Raum muß immer wieder gut gelüftet werden.
3. Raumtemperatur bei 18 bis 20 °C halten.
4. Nach Belieben Blumenschmuck aufstellen.
5. Radiogerät oder Kassettenrecorder vorsehen.

97 Die Betreuung von kranken Kindern erfordert viel Phantasie.

Machen Sie vier Vorschläge zur Beschäftigung eines kranken Schulkindes.

1. Vorlesen
2. Rätsel raten
3. Puzzle legen
4. Kartenspielen

98 Zählen Sie drei Maßnahmen auf, die das Einnehmen von Speisen und Getränken im Bett vereinfachen.

1. Aufstellen eines Bettisches
2. Schnabeltasse als Trinkhilfe verwenden
3. Fleisch, Kartoffeln, belegte Brote in mundgerechte Happen zerteilen

99 Kranke, die lange liegen müssen, sind besonders gefährdet, sich wundzuliegen.

Kennzeichnen Sie die besonders bedrohten Stellen in dieser Zeichnung.

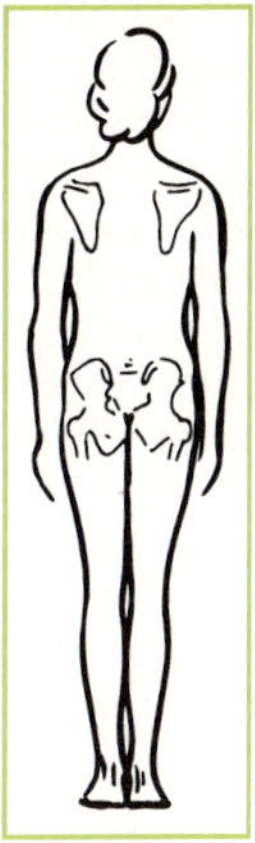

Folgende Stellen sind besonders gefährdet:

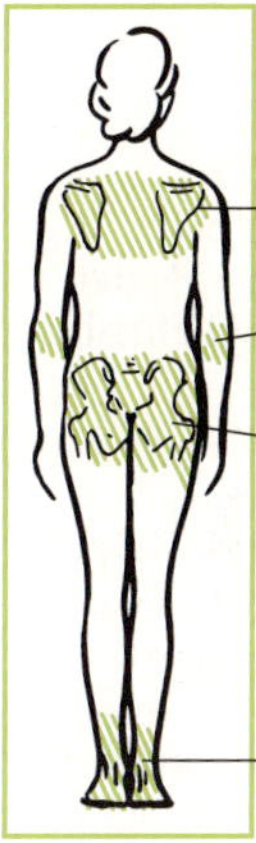

100 Durch welche pflegerischen Maßnahmen können Sie das Liegen im Bett erleichtern?

- Kopfkissen aufschütteln.
- Lage des Kranken im Bett verändern (Sitzen und Liegen abwechseln).
- Zur Erfrischung Rücken mit Franzbranntwein einreiben.
- Verschiedene Tees oder Säfte, Mineralwasser zum Trinken bereithalten.
- Leichtverdauliche Kost anbieten.
- Freundlicher Umgang.

101 Zum Wohlbefinden des Kranken trägt die tägliche Körperpflege bei.

Nennen Sie vier Arbeitsregeln, die Sie beim Waschen beachten müssen.

1. Vor Beginn des Waschens müssen alle benötigten Arbeitsmittel bereitgestellt werden.
2. Auf die richtige Raumtemperatur achten, ebenso sollte das Waschwasser angenehm warm sein.
3. Beim Waschen abschnittweise, vom Gesicht ausgehend, zu den Füßen vorgehen.
4. Sorgfältig abtrocknen, besonders in den Hautfalten.

102 Machen Sie drei Vorschläge zum Schutz der Bettwäsche vor schneller Verschmutzung.

1. Während des Essens oberes Ende mit Handtuch abdecken.
2. Wasserdichte Unterlage und Durchziehtuch auf dem Laken befestigen.
3. Nackenkissen verwenden.

103 Beschreiben Sie das Anlegen eines Wadenwickels (eine Möglichkeit).

Je ein kaltes, nasses Handtuch um jede Wade wickeln, darüber ein bis zwei trockene Tücher legen (keine Plastikfolie verwenden), Wickel 15 bis 20 Minuten wirken lassen.

104 Ein Haushaltsangehöriger muß sich für ein paar Tage ins Krankenhaus begeben. Erstellen Sie eine Packliste für die notwendigsten Dinge zum Mitnehmen.

Morgenmantel, Hausschuhe, Handtücher, Waschlappen, Toilettenartikel, Taschentücher, Erfrischungstücher, Beutel für Schmutzwäsche, Lesestoff, kleines Radio mit Kopfhörern, Ausweispapiere, etwas Geld

105 Welche Institution kann Sie in Fragen der weiteren Versorgung nach einem Krankenhausaufenthalt beraten?

Der Krankenhaussozialdienst berät in organisatorischen und finanziellen Fragen, die im Zusammenhang mit der Genesung oder Rehabilitation stehen.

106 Wie können Sie sich Entlastung in der häuslichen Pflege verschaffen?

a) Unterstützung durch Mitarbeiterin einer Sozialstation
b) Nutzen des Angebotes von Kurzzeitpflege in einem Altenheim
c) Inanspruchnahme von Nachbarschaftshilfe
d) Familienangehörige an den Aufgaben beteiligen

107 Sie möchten einen Kranken besuchen.

Welche Fragen stellen Sie sich, bevor Sie eine Aufmerksamkeit auswählen, die Sie gerne mitbringen möchten?

a) Sind Einschränkungen zu beachten, die sich aus der Erkrankung ergeben?
b) Welche Interessen hat der Kranke?
c) Wird der Krankenhausaufenthalt länger dauern?

108 Warum sollte in jedem Haushalt eine Hausapotheke vorhanden sein?

- Immer wieder kommt es zu kleineren Verletzungen oder Unpäßlichkeiten.
- Um diese schnell zu behandeln, bedarf es einer gut sortierten Hausapotheke.
- Sinnvoll verabreichte Medikamente können die Zeit bis zur ärztlichen Behandlung überbrücken und somit Schmerzen lindern.

109 Zählen Sie die Produktgruppen der Grundausstattung einer Hausapotheke auf.

a) Medikamente
b) Verbandmaterial
c) Krankenpflegeartikel

110 Machen Sie Vorschläge zur zweckmäßigen Auswahl von Verbandmaterial.

- Wunddesinfektionsmittel
- verschiedene Pflasterarten in unterschiedlichen Breiten
- Mullbinden
- elastische Binden
- Wundkompressen
- Dreieckstuch
- Schere und Sicherheitsnadeln

111 Stellen Sie fünf Sicherheitsregeln für den Umgang mit Medikamenten in einer Hausapotheke auf.

1. Medikamente in einem abschließbaren Fach aufbewahren.
2. Arzneimittelbehälter nach jedem Gebrauch gut verschließen.
3. Hausapotheke in einem kühlen, trockenen Raum unterbringen.
4. Medikamente nicht über das Verfalldatum hinaus verwenden.
5. Arzneimittel nicht im Hausmüll entsorgen, sondern in die Apotheke zurückbringen.

112 Beschreiben Sie die Versorgung einer kleinen Schnittwunde.

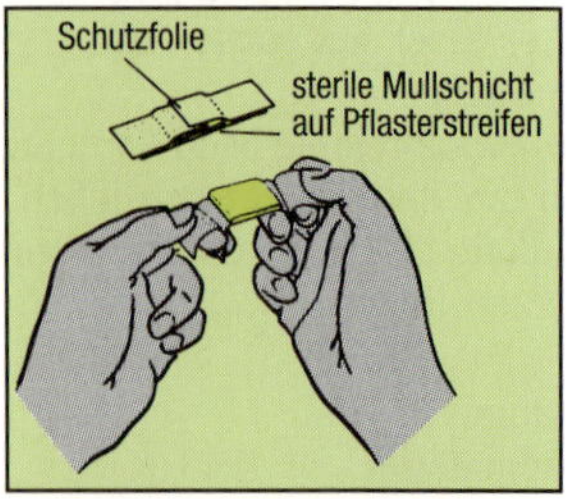

1. Das Pflaster ist von einer Schutzfolie bedeckt. Die äußeren Enden des Pflasters werden zwischen die Zeige- und Mittelfinger genommen, die sich aufrichtende Folie wird mit den Daumen zurückgeschlagen, ohne die Mull-Lage zu berühren.

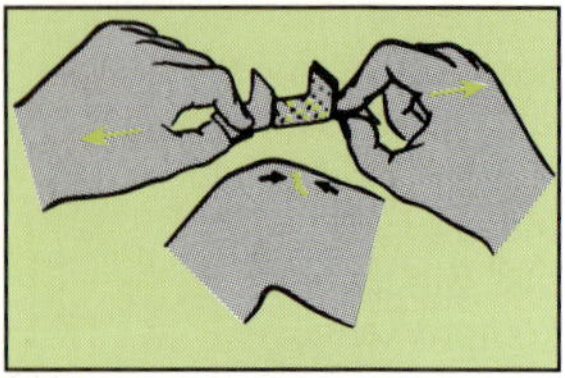

2. Die Hände werden umgewendet. Das Mullkissen wird über die Wunde gebreitet; durch Abziehen der Schutzfolie legt sich der selbstklebende Pflasterrand der Haut fest auf.

113 Zählen Sie die Krankheitserreger auf, die Infektionen hervorrufen.

a) Viren
b) Bakterien
c) Pilze

114 Was versteht man unter dem Begriff „Inkubationszeit"?

Die Zeitspanne zwischen der Ansteckung und dem Auftreten von Krankheitserscheinungen nennt man Inkubationszeit.

115 Nennen Sie die Inkubationszeit für folgende Krankheiten:

a) Windpocken
b) Keuchhusten
c) Salmonellose

a) Windpocken ein bis zwei Wochen
b) Keuchhusten zwei bis drei Wochen
c) Salmonellose ein bis zwei Tage

116 Beschreiben Sie an diesen Abbildungen verschiedene Übertragungsmöglichkeiten von Infektionen.

a) Tröpfcheninfektion durch Niesen
b) Schmierinfektion durch Berühren von infizierten Gegenständen
c) indirekte Übertragung durch Insekten

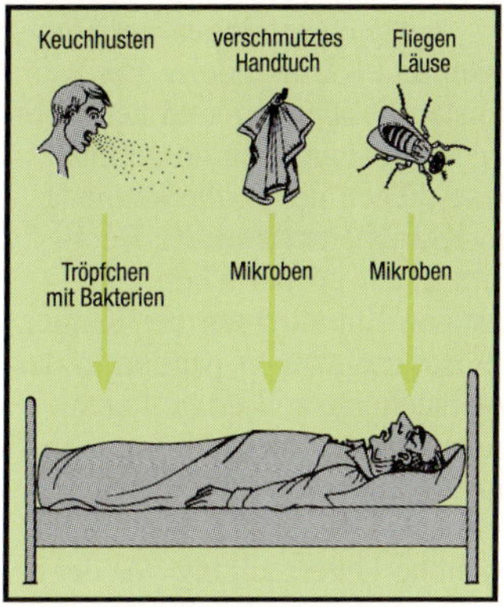

117 Stellen Sie zwei Regeln zur persönlichen Hygiene der Pflegeperson auf.

1. Während der Behandlung des Kranken ist ein Kittel zu tragen.
2. Nach dem Kontakt die Hände gründlich waschen.

118 Wie erklären Sie sich die Tatsache, daß manche Infektionskrankheiten wieder vermehrt auftreten?

- Die Impfbereitschaft nimmt innerhalb der Bevölkerung ab.
- Durch Reisen in ferne Länder entstehen neue Infektionsquellen.
- Erregerstämme werden resistent gegen Medikamente.

Gesundheitsvorsorge

119 Jeder einzelne kann dazu beitragen, Krankheiten durch eine gesundheitsbewußte Lebensführung vorzubeugen.
Machen Sie vier Vorschläge.

Um Risikofaktoren auszuschalten, empfiehlt es sich, Wert zu legen auf
1. richtige Ernährung,
2. mäßigen Genuß von Alkohol,
3. ausreichenden Schlaf,
4. sportliche Freizeitaktivitäten.

120 Beschreiben Sie verschiedene medizinische Vorsorgeuntersuchungen.

- Vorsorgeuntersuchung während der Schwangerschaft zur Beobachtung der Mutter und des ungeborenen Kindes.
  Die wichtigsten Daten werden in den sog. Mutterpaß eingetragen.
- Vorsorgeuntersuchungen bei Säuglingen und Kleinkindern. Bis zum sechsten Lebensjahr sind neun Vorsorgeuntersuchungen vorgesehen. Diese dienen der Früherkennung von Krankheiten und der Beobachtung der körperlichen und geistigen Entwicklung der Kinder. Die Beobachtungen werden in das Untersuchungsheft eingetragen.
- Krebsvorsorgeuntersuchung einmal jährlich für Frauen ab 30 und Männer ab 45 Jahren.
- Ärztliche Untersuchung vor der Mitarbeit in einer Großküche (gemäß Bundesseuchengesetz).
- Halbjährliche Zahnkontrolle beim Zahnarzt.

121 Durch Impfen kann eine bestimmte Immunität gegen Infektionskrankheiten erreicht werden.

Erklären Sie die Begriffe „passive" und „aktive" Immunisierung.

Die Immunität gegen Krankheiten beruht auf dem Vorhandensein von Antikörpern.

passive Immunisierung
Antikörper werden dem Menschen zugeführt.

aktive Immunisierung
Abgeschwächte Krankheitserreger werden dem Menschen zugeführt, der dann Antikörper bildet.

122 Warum sollen sich Mädchen gegen Röteln und Jungen gegen Mumps impfen lassen?

Eine Rötelninfektion innerhalb der ersten drei Schwangerschaftsmonate würde das ungeborene Kind anstecken und schwere Mißbildungen an ihm verursachen. →

▷ *Fortsetzung der Antwort* ▷

Mumps kann das Drüsengewebe der Hoden befallen und damit im schlimmsten Fall zur Unfruchtbarkeit führen.

123 Erklären Sie den Begriff „Streß“.

Als Streß bezeichnet man die Reaktion des Körpers auf Streßfaktoren. Die im alltäglichen Leben auftretenden Herausforderungen bewirken einen Zwang zur Anspannung aller Kräfte, um diesen gerecht zu werden. Entsteht hierbei eine längerfristige Überbeanspruchung, kann dies Gesundheitsschädigungen bewirken. Streß ist ein normaler Bestandteil des Lebens.

124 Machen Sie drei Vorschläge zur Streßbewältigung.

1. Hobbies pflegen.
2. Gefühle ausleben.
3. Entspannung suchen.

125 Wählen Sie die Aussagen aus, die das Phänomen Streß zutreffend beschreiben.
a) Streß ist kein Risikofaktor für die Gesundheit.
b) Streß ist eine Reaktion des Körpers.
c) Streß macht das Leben erst abwechslungsreich.
d) In Gefahrensituationen laufen die Streßreaktionen unwillkürlich ab.
e) Bei Streß läuft der Stoffwechsel auf Hochtouren.

b) Streß ist eine Reaktion des Körpers.
d) In Gefahrensituationen laufen die Streßreaktionen unwillkürlich ab.
e) Bei Streß läuft der Stoffwechsel auf Hochtouren.

126 Nennen Sie vier Risikofaktoren für Herz-Kreislauf-Erkrankungen.

1. Übergewicht
2. erhöhte Blutfettwerte
3. Diabetes
4. Tabakkonsum

127 Beschreiben Sie die Merkmale von drei Sportarten, die gut dazu geeignet sind, Herz-Kreislauf-Erkrankungen vorzubeugen.

1. Schwimmen ist sowohl im Freien als auch in der Halle durchzuführen. Da die Gelenke durch den Auftrieb des Wassers nicht belastet werden, ist es eine besonders gesunde Sportart.
2. Gymnastik fördert die Beweglichkeit des Körpers, vor allem der Skelettmuskeln. Sie bewirkt eine Verbesserung des körperlichen Wohlbefindens.
3. Gehen in Form von Wandern oder Jogging ist eine sehr natürliche Bewegungsart. Durch die frische Luft erholt sich der Körper gut, er entspannt sich.

Suchtprävention

128 Charakterisieren Sie eine Sucht anhand von vier Merkmalen.

1. Ständiger Zwang zum Konsum einer Droge.
2. Laufende Steigerung der Menge, die eingenommen wird.
3. Entzugserscheinungen bei Weglassen der Droge.
4. Allmähliche Veränderung der Persönlichkeit bis hin zu deren Verfall.

129 Sind in Deutschland alle Drogen verboten?

Nein, Alkohol und Nikotin sind sog. legale Drogen. Manche Medikamente, Kaffee und Tee können auch dazu gerechnet werden.

130 Auf allen Zigarettenpackungen steht der Warnhinweis:
Der Bundesgesundheitsminister: Rauchen gefährdet die Gesundheit.

Beschreiben Sie die gesundheitlichen Gefahren des Rauchens.

Durch Rauchen kann es zu folgenden Schädigungen kommen:

Atmungsorgane
Bronchitis, Lungenkrebs

Herz- und Kreislauf
Durchblutungsstörungen

Verdauungstrakt
Mundhöhlenkrebs
Magengeschwüre

131 Welche Folgen hat das Rauchen während der Schwangerschaft für das Kind?

Gefährdung für das Kind durch
- Mangelernährung und geringere Sauerstoffversorgung,
- verringertes Geburtsgewicht und geringere Geburtslänge,
- evtl. Entwicklungsverzögerungen in den ersten Lebensjahren.

132 Beschreiben Sie die Wirkung von Alkohol auf den menschlichen Körper.

Der Alkohol gelangt vom Magen über den Dickdarm direkt in die Blutbahn. Er verteilt sich gleichmäßig im Blut. Die zunehmende Konzentration des Blutalkohols führt zu einem ansteigenden Rauschzustand.

133 Beschreiben Sie die Schäden, die durch Alkoholmißbrauch

a) in körperlicher Hinsicht,
b) in sozialer Hinsicht

entstehen.

a) **körperliche Schäden durch Alkoholmißbrauch**
- Hautveränderungen
- Fettleber
- Leberzirrhose

b) **soziale Schäden**
- Fehlverhalten gegenüber Kindern und Ehepartnern
- Arbeitsplatzverlust mit einhergehendem Geldmangel
- sozialer Abstieg
- Verlust der Familie
- Kindern fehlt das Vorbild im Umgang mit Alkohol

134 Die Entwicklung einer Alkoholsucht bis hin zur vollständigen Abhängigkeit kann 10 bis 15 Jahre dauern.

Erläutern Sie Merkmale, anhand denen Sie solch eine Entwicklung beobachten können.

Diese Entwicklung kann folgendermaßen beschrieben werden:

Vorstadium

Vom gelegentlichen Trinken, um Spannungen abzubauen, kommt es zu häufigerem Trinken. Die jeweilige Trinkmenge wird gesteigert. Gelegenheiten zum Trinken von Alkohol werden regelrecht gesucht, es wird begonnen, heimlich zu trinken. →

▷ *Fortsetzung der Antwort* ▷

kritische Phase
Bereits nach dem Frühstück wird Alkohol getrunken, die tägliche Trinkmenge wird immer größer, es kommt zu einem Kontrollverlust, die Trinkmenge kann nicht mehr gesteuert werden. Es kommt immer wieder zu Vollräuschen.

chronische Phase
Hier sind die typischen Alkoholfolgeschäden zu beobachten, wie Händezittern, Verringerung der Alkoholverträglichkeit. Das Verlangen nach Alkohol ist zwanghaft.

135 Nennen Sie drei Beispiele, wie Sie mit alkoholischen Getränken verantwortungsbewußt umgehen können.

1. Alkohol in kleinen Mengen trinken, z. B. Wein als Ergänzung zu einem guten Gericht.
2. Alkoholische Getränke nur zu bestimmten Anläßen anbieten, z. B. bei besonderen Familienereignissen.
3. Vor Autofahrten keinen Alkohol trinken, z. B. bei Familienfesten, nach denen man noch nach Hause fahren muß.

136 Sie haben Gäste, unter denen auch ehemals alkoholabhängige Freunde sind.

Worauf müssen Sie bei der Bewirtung der Gäste besonders achten?

- Alle Speisen sollten ohne Alkohol zubereitet sein.
- Neben den üblichen alkoholischen Getränken eine reichhaltige Auswahl nichtalkoholischer Getränke sorgfältig zusammenstellen.
- Gäste nicht zum Trinken von alkoholischen Getränken auffordern.

137 Medikamentenmißbrauch gehört auch zu den Suchtgefahren.

a) Nennen Sie mindestens drei typische Situationen, die zur Einnahme von Tabletten verleiten.

b) Zählen Sie Verhaltensweisen zur Vermeidung der Medikamenteneinnahme auf.

a) – leichte Kopfschmerzen
– Verdauungsbeschwerden
– Einschlafschwierigkeiten
– Müdigkeit

b) – Schmerzentwicklung beobachten
– Ablenkung suchen
– Schmerzen aushalten
– entspannen, ausruhen
– sportliche Betätigung

138 Der Rauschgiftkonsum nimmt ständig zu.

Zählen Sie vier Rauschgifte und deren Wirkungsweise auf.

1. Haschisch bewirkt Sinnestäuschungen.
2. Heroin wirkt berauschend.
3. Kokain wirkt aufputschend.
4. LSD bewirkt Wahngebilde, Phantastereien.

139 Beschreiben Sie am Beispiel des Heroins die Problematik des Rauschgiftkonsums.

Heroin erzeugt innerhalb kürzester Zeit eine starke physische und körperliche Abhängigkeit. Läßt ein Rausch nach, muß die Einnahme fortgesetzt werden, sonst erleidet man schmerzhafte Entzugserscheinungen. Das Rauschgift kann nur illegal beschafft werden, so daß im Laufe der Zeit das Leben vollkommen auf die Beschaffung des Rauschgiftes ausgerichtet wird und der Betroffene damit häufig in die Kriminalität absinkt.

Soziales Verhalten

140 Beschreiben Sie gute Umgangsformen unter den Mitarbeitern eines Betriebes, die das Zusammenarbeiten erleichtern.

a) Eine freundliche Begrüßung und Verabschiedung zum Arbeitsbeginn und Arbeitsende wirken entspannend.
b) Äußerungen vermeiden, die dem Ruf von Mitarbeitern schaden könnten.
c) Persönliche Privatsphäre beachten und zu neugierige Fragen unterlassen.

141 Sie möchten als Mitarbeiterin in Ihrem Team Anerkennung finden. Auf welche Eigenschaften legen Sie deshalb ein besonderes Augenmerk?

- Pünktlichkeit
- Zuverlässigkeit
- Ehrlichkeit
- Anpassungsfähigkeit
- Verschwiegenheit

142 Wie können Sie bei der Speisenausgabe an einer Theke den Kontakt zum Tischgast pflegen?

- Tischgast freundlich begrüßen.
- Portionsgrößen seinem Appetit entsprechend vorlegen.
- Im Laufe der Zeit sich an seine Vorlieben erinnern.
- In schwierigen Situationen freundlich und sachlich bleiben.

143 Zählen Sie fünf Tischsitten auf, die auch heute noch ihre Gültigkeit haben.

1. Beim Essen aufrechte Körperhaltung einnehmen, Unterarme und Ellbogen nicht aufstützen.
2. Mit dem Essen erst dann beginnen, wenn sich alle am Tisch bedient haben.
3. Messer und Gabel verwenden.
4. Eßgeräusche wie Schmatzen und Schlürfen vermeiden.
5. Speisen gründlich kauen, Getränke in kleinen Schlucken trinken.

144 Feste sind wichtige Ereignisse in der häuslichen Gemeinschaft.

Stellen Sie die wichtigsten Angaben für eine Einladungskarte zusammen.

a) Anlaß des Festes
b) Datum und Zeitpunkt der Einladung
c) Veranstaltungsort
d) besondere Wünsche
e) Bitte um Rückantwort

145 Sie sollen für eine Festtafel eine Sitzordnung erstellen. Nach welchen Gesichtspunkten müssen Sie sich dabei richten?

- Die Hauptperson sitzt in der Mitte der Tafel.
- Neben der Hauptperson sitzen die ihr besonders nahestehenden oder für dieses Fest wichtigen Personen.
- Die weiteren Gäste werden nach dem Grad ihrer Bekanntheit untereinander oder nach gemeinsamen Interessen plaziert.

Betreuung

146 Betreuung von Kindern und Jugendlichen beinhaltet auch Erziehung.

Nennen Sie drei allgemeingültige Erziehungsziele.

Zur Bewältigung des späteren Lebens als mündiger Bürger ist es notwendig, folgende Eigenschaften durch Erziehung zu entwickeln und zu fördern:

1. Selbständigkeit
2. Hilfsbereitschaft
3. Verantwortungsbewußtsein

147 Soziale Zuwendung ist Grundlage für jegliche Erziehung.

Wählen Sie Möglichkeiten der Zuwendung für ein Kleinkind aus:

a) fernsehen lassen
b) streicheln
c) auf den Arm nehmen
d) Brief schreiben
e) zuhören

Soziale Zuwendung muß durch das persönliche Verhalten vermittelt werden:

b) streicheln
c) auf den Arm nehmen
e) zuhören

148 Gliedern Sie die Lebensspanne von 0 bis 18 Jahre in entwicklungsbezogene Abschnitte.

a) Säugling
b) Kleinkind
c) Schulkind
d) Jugendlicher

149 Warum wird das Stillen als beste Ernährungsform für Säuglinge bewertet?

- In der Muttermilch sind alle wichtigen Nährstoffe enthalten, und zwar in der Zusammensetzung, wie sie der Säugling am besten verträgt.
- Die Muttermilch enthält wichtige Stoffe zum Schutz vor Krankheiten.
- Muttermilch hat immer die richtige Temperatur.
- Es ergeben sich keine hygienischen Probleme.
- Das Stillen fördert den guten Kontakt zwischen Mutter und Kind.

150 Nennen Sie drei Grundsätze, die bei der Versorgung von Säuglingen in den ersten Lebensmonaten zu beachten sind.

1. Der Säugling muß regelmäßig versorgt werden und dabei Gelegenheit haben, seinen eigenen Tagesrhythmus zu entwickeln.
2. Er braucht Ruhezeiten und Phasen, die ihm Anregungen bringen.
3. Regelmäßiger Aufenthalt in frischer Luft und unterschiedlichen Temperaturen fördert die Widerstandskraft gegen Krankheiten.

151 Sie werden in ein Gespräch verwickelt. In der Wohnung soll ein geeigneter Spielplatz für einen Säugling ausgewählt werden. Sie möchten auf die Nutzung eines Laufställchens hinweisen.

Stellen Sie Ihre Argumente dafür zusammen.

- Im Laufstall ist das Kind keinen Unfallgefahren ausgesetzt.
- Es kann am allgemeinen Tagesablauf teilnehmen.
- Seine Spielsachen sind in Reichweite.
- Es kann sich seiner Entwicklung entsprechend bewegen: robben, krabbeln, sitzen, sich an den Gitterstäben hochziehen oder sich hinlegen.
- Die Betreuungsperson kann andere Arbeiten verrichten, ohne sich ausschließlich um den Säugling kümmern zu müssen.

152 Nennen Sie drei Fehler, die in der Säuglingspflege immer wieder gemacht werden. Beschreiben Sie deren Folgen für das Kind.

1. **falsche Ernährung**
   Es kommt zu Blähungen, Übergewicht, Untergewicht, schlechten Eßgewohnheiten.
2. **mangelnde Hygiene**
   Kinder werden wund, stecken sich mit Krankheiten an.
3. **falsche Raumtemperaturen**
   Kinder werden durch zu warme Raumtemperaturen empfänglich für Krankheiten.

153 Beschreiben Sie Möglichkeiten, die Sprachentwicklung des Kindes konsequent zu unterstützen.

a) Ansprache in unterschiedlichen Sprachmelodien,
b) Vorlesen und Geschichtenerzählen fördern die Sprachfähigkeit, →

▷ *Fortsetzung der Antwort* ▷

c) genaues Benennen von Gegenständen, wenn das Kind zu sprechen beginnt,
d) Antworten in ganzen Sätzen und mit erweitertem Wortschatz, wenn die Kinder Fragen stellen.

154 Wie können Sie dem Bewegungs- und Spielbedürfnis des Kindes durch eine entsprechende Ausstattung des Kinderzimmers gerecht werden?

- Kinderzimmer nicht mit Möbeln überfrachten, so daß eine große Spielfläche bleibt.
- Spielzeugmenge begrenzen und auf den Entwicklungsstand abstimmen.
- Spielsachen leicht erreichbar aufbewahren, z. B. in Regalen, in offenen Kästen.
- Möbel müssen abgerundete Kanten haben.

155 Der Eintritt in den Kindergarten verändert das Leben des Kleinkindes.

Beschreiben Sie drei wesentliche Veränderungen.

1. Der Tagesablauf verändert sich grundlegend.
2. Die Kinder finden neue Freunde.
3. Andere erwachsene Personen werden für das Kind wichtig.

156 Welche Bedeutung hat Spielen für die Entwicklung des Kleinkindes?

Spielen ist für Kinder die ihnen entsprechende Form von Arbeit. Durch Spielen lernt es, Erfolg und Mißerfolg durchzustehen. Beim Spielen kann es seine Konzentrationsfähigkeit, Ausdauer und Zielstrebigkeit entwickeln.

157 Nennen Sie drei unterschiedliche Brettspiele und deren pädagogische Ansätze für Kleinkinder.

1. Puzzle legen – kombinieren
2. Memory – zuordnen
3. Würfelspiele – Spielregeln beachten, auf Mitspieler eingehen

158 Wie können Sie dem großen Bewegungsdrang von Kleinkindern gerecht werden?

a) Besuch von Spiel- und Bolzplätzen
b) innerhalb der Familie viel sportliche Aktivitäten betreiben
c) Mitwirkung in Sportvereinen
d) Kinder auch mal toben lassen

159 Der Eintritt in die Schule ist ein bedeutender Lebensabschnitt für das Kind.

Beschreiben Sie die Anforderungen, die es nun zu bestehen hat.

- Es muß längere Zeit still sitzen und zuhören können.
- Es soll am Unterricht teilnehmen.
- Es muß den Schulweg bewältigen.
- Es muß Hausaufgaben machen.
- Es muß sich in die Klassengemeinschaft einleben.

160 Welche Unterstützung kann dem Schulkind von der häuslichen Gemeinschaft angeboten werden?

a) Bedingungen schaffen, daß das Kind ungestört Hausaufgaben machen kann.
b) Interesse an den schulischen Ereignissen zeigen.
c) In schwierigen Situationen Mut zusprechen.
d) Morgens für einen Start in den Tag ohne Hetze und Ärger sorgen.
e) Regelmäßigen Kontakt zur Schule pflegen.

161 Schulkinder können Pflichten im Haushalt übernehmen.

Erläutern Sie den erzieherischen Wert solch einer Aufgabenteilung.

- Das Gemeinschaftsgefühl wird entwickelt, denn das reibungslose Funktionieren der Haushaltsführung hängt von der Beteiligung aller in ihm lebenden Personen ab.
- Das Verantwortungsgefühl wird entwickelt, da das Kind lernt, daß man sich auf es verlassen können muß.
- Die Lebenstüchtigkeit wird gefördert, da das Kind innerhalb der ihm übertragenen Aufgaben selbständig arbeitet.

162 Zählen Sie Möglichkeiten auf, die Kindern Gelegenheiten bieten, eigene Entscheidungen zu treffen, um somit ihre Eigenverantwortlichkeit zu entwickeln.

Am Ende der Grundschulzeit kann ein Kind sich darin üben, Entscheidungen innerhalb eines vorgegebenen Rahmens zu treffen, etwa bei der

a) Ausgabe des Taschengeldes,
b) Auswahl von Hobbies,
c) Auswahl von Fernsehsendungen.

163 Welche besonderen Wohnbedürfnisse haben Jugendliche?

Jugendliche suchen ihre Unabhängigkeit von den Eltern und möchten ihren Lebensstil finden. So entstehen ihre Wünsche nach

a) einem eigenen Zimmer,
b) individueller Gestaltung des Zimmers,
c) Möglichkeiten, mit Freunden ungestört zu feiern,
d) eigener Unterhaltungselektronik.

164 Beim Zusammenleben von Jugendlichen und Erwachsenen treten immer wieder Konflikte auf.

Beschreiben Sie mindestens drei Gründe für diese Konflikte.

1. unterschiedliche Meinungen über den Kleidungsstil
2. gegenseitiges Unterstellen von Mangel an Verständnis
3. finanzielle Abhängigkeit
4. verschiedene Wertvorstellungen

165 Welchen Gefährdungen sind Jugendliche in besonderem Maße ausgesetzt?

- Reizüberflutung
- Jugendsekten
- negativen Gruppeneinflüssen
- Suchtmitteln

166 Sie sollen durch eine Wohnungsumgestaltung die Selbständigkeit einer Rollstuhlfahrerin erhalten.

Beschreiben Sie, worauf Sie hierbei besonders achten.

- Die Wohnung muß schwellenlos sein.
- Die Türen müssen für Rollstühle passierbar sein.
- Die Schränke müssen so eingeräumt werden, daß die wichtigsten Dinge vom Rollstuhl aus erreichbar sind.
- In der Küche muß unter den Arbeitsplatten Freiraum für die Beine sein.

1.3 Hauswirtschaftliche Ausbildung

Erstausbildung

167 Welche Möglichkeiten gibt es, den Berufsabschluß zum/zur Hauswirtschafter/Hauswirtschafterin zu erwerben?

a) durch eine Ausbildung nach dem dualen System (§ 40.1 BBiG)
b) durch Ablegen der Abschlußprüfung (§ 40.2 BBiG)
c) vollschulische Ausbildung (§ 40.3 BBiG)

168 Die Ausbildung kann erst nach dem Abschluß des Ausbildungsvertrages erfolgen. Muß die „zuständige Stelle" diesen Vertrag unterschreiben?

- Nein, der Ausbildungsvertrag muß von dem/der Ausbilder/in und dem/der Auszubildenden und ggfs. von dessen gesetzlichem Vertreter unterschrieben werden.
- Die zuständige Stelle trägt den Vertrag in das Verzeichnis der Berufsausbildungsverhältnisse ein.

169 Welche Aussagen treffen auf die Pflichten des Ausbildenden zu?

a) Er muß dafür Sorge tragen, daß das Ausbildungsziel erreicht wird.
b) Er muß die Fahrtkosten zur Berufsschule übernehmen.
c) Er muß den Kontakt zur Berufsschule und dem Elternhaus pflegen.
d) Er hat dafür zu sorgen, daß der Auszubildende sittlich und körperlich nicht gefährdet wird.
e) Er hat den Auszubildenden zu den Prüfungen anzumelden.

a) Er muß dafür Sorge tragen, daß das Ausbildungsziel erreicht wird.
d) Er hat dafür zu sorgen, daß der Auszubildende sittlich und körperlich nicht gefährdet wird.
e) Er hat den Auszubildenden zu den Prüfungen anzumelden.

170 Zählen Sie vier Pflichten des Auszubildenden auf.

1. Lernpflicht
2. Teilnahme am Berufsschulunterricht, sonstigen Ausbildungsmaßnahmen und Prüfungen
3. Führung des Berichtsheftes
4. Sorgfaltspflicht

171 Welche Voraussetzungen müssen erfüllt werden, wenn die Ausbildungszeit während der Ausbildung verkürzt werden soll?

a) Es muß zu erwarten sein, daß der Auszubildende das Ausbildungsziel in der verkürzten Zeit erreicht.
b) Vor einer Entscheidung über die Zulassung zur Abschlußprüfung vor Ablauf der Ausbildungszeit müssen der/die Auszubildende, der/die Ausbildende und die Berufsschule angehört werden.
c) Die Verkürzung der Ausbildungszeit ist bei der zuständigen Stelle zu beantragen.

172 Erklären Sie die Bedeutung des Berichtsheftes für die Ausbildung.

- Das Berichtsheft dient als Ausbildungsnachweis, da hier über alle wichtigen Tätigkeiten und ausbildungsbezogenen Ereignisse geschrieben wird.
- Es ist ordnungsgemäß zu führen und dem Ausbilder/der Ausbilderin regelmäßig vorzulegen.
- Die Ausbildungsberater/innen informieren sich anhand des Berichtsheftes über den Verlauf der Ausbildung.
- Die Einbeziehung des Berichtsheftes bei der Prüfung ist in den Prüfungsordnungen der Bundesländer unterschiedlich geregelt.

173 Beschreiben Sie die Bedeutung des Ausbildungsplanes für den Auszubildenden.

- Er ist die zeitliche und sachliche Gliederung des Ausbildungsrahmenplanes in Anpassung an den Ausbildungsbetrieb.
- Er sollte die Anforderungen zur Zwischen- und Abschlußprüfung berücksichtigen.
- Er ist Inhalt des Berufsausbildungsvertrages.
- Er ist im Berichtsheft abzuheften.

174 An welche Stelle können sich Auszubildende wenden, wenn sie grobe Vernachlässigungen ihrer Ausbildung durch die Ausbildenden entdecken?

Wenn Gespräche innerhalb des Ausbildungsbetriebes keine Verbesserung bringen, wenden sie sich an die Ausbildungsberater/innen der zuständigen Stelle.

175 Nennen Sie die Termine für folgende Ereignisse während der Ausbildung:
a) Dauer der Probezeit
b) Zwischenprüfung
c) Abschlußprüfung

a) Dauer der Probezeit: mindestens 1 Monat, jedoch nicht länger als 3 Monate
b) Zwischenprüfung erfolgt ca. 18 Monate nach Ausbildungsbeginn
c) Abschlußprüfung am Ende der Ausbildungszeit

Berufe in der Hauswirtschaft

176 Beschreiben Sie die Einsatzmöglichkeiten eines/r Hauswirtschafter/in.

Er/sie kann einen Privathaushalt selbständig führen, in einem Großbetrieb sämtliche hauswirtschaftlichen Arbeiten ausführen und kleinere Teilbereiche verantwortlich führen, im Catering selbständige Aufgaben übernehmen.

177 Nennen Sie Arbeitsbedingungen, die für den Einsatz von Helfern/ Helferinnen in der Hauswirtschaft günstig sind.

- Übernahme kleiner, überschaubarer, sich regelmäßig wiederholender Arbeiten vorsehen
- Anleitung gewährleisten
- Zeitdruck vermeiden

178 Welche Aufgaben werden einem/einer staatlich geprüften Wirtschafter/in im allgemeinen übertragen?

a) Mitarbeiter anlernen
b) Jugendliche ausbilden
c) Leiten von Teilbereichen
d) Lagerverwaltung
e) im Leitungsteam einer Mensa mitarbeiten

a) Mitarbeiter anlernen
c) Leiten von Teilbereichen
d) Lagerverwaltung

179 Beschreiben Sie das Tätigkeitsprofil eines/einer Hauswirtschaftsmeisters/in.

- Ausbilden
- Leiten von kleinen/mittleren Großhaushalten
- Führen von größeren Privathaushalten

180 Worin unterscheidet sich die Tätigkeit einer/eines hauswirtschaftlichen Betriebsleiterin/Betriebsleiters von der einer/eines staatlich anerkannten Wirtschafterin/Wirtschafters?

- Sie/er leitet größere Betriebseinheiten.
- Sie/er erledigt überwiegend organisatorische und dispositive Aufgaben neben praktischen Tätigkeiten.
- Bei Vorliegen der Ausbildereignung kann sie/er ausbilden.

181 Nennen Sie Tätigkeiten für Diplom-Ökotrophologen/innen

a) mit FH-Abschluß,
b) mit Hochschulabschluß.

a)
- Leitung von hauswirtschaftlichen Großbetrieben
- Mitarbeit in Beratungsstellen, Fortbildungseinrichtungen, lebensmittelverarbeitenden Betrieben
- Hygienebeauftragte

b)
- Mitarbeit in Forschung und Lehre, Beratung
- Managementaufgaben in großen Einrichtungen
- Lehrtätigkeit (Schule, Weiterbildung)
- Pressearbeit

182 Zur ambulanten hauswirtschaftlichen Versorgung und Betreuung von Familien und Einzelpersonen werden immer mehr Fachkräfte benötigt.

Nennen Sie Berufsqualifikationen, die für den Einsatz in diesem Bereich geeignet sind.

a) Fachhauswirtschafterin für den älteren Menschen
b) staatlich geprüfte/r Familienhelfer/in
c) staatlich anerkannte/r Familienpfleger/in

Fort- und Weiterbildung

183 Für welche hauswirtschaftlichen Berufe können Sie sich unmittelbar nach der Ausbildung zum/zur Hauswirtschafter/Hauswirtschafterin weiterqualifizieren?

a) im Bereich Großhaushalt zum/zur Wirtschafter/in
b) im Bereich Privathaushalt zum/zur Fachhauswirtschafter/in für den älteren Menschen
c) Dorfhelfer/in

184 Beschreiben Sie den Ausbildungsweg zum/zur Hauswirtschaftlichen Betriebsleiter/in.

a) Ausbildung zum/zur Hauswirtschafter/Hauswirtschafterin
b) ein Jahr Berufstätigkeit in einem hauswirtschaftlichen Großbetrieb
c) Besuch einer zweijährigen Fachschule für Hauswirtschaft

185 Erläutern Sie den Ablauf der Weiterbildung zum/zur Meister/Meisterin in der städtischen Hauswirtschaft.

Nach Abschluß der Ausbildung zum/zur Hauswirtschafter/Hauswirtschafterin erfolgen:

a) 3 Jahre einschlägige Berufserfahrung,
b) evtl. Teilnahme an einem Vorbereitungslehrgang,
c) Ablegen der Meisterprüfung.

186 Ein/Eine Hauswirtschafter/in mit Hauptschulabschluß hat sich große berufliche Ziele gesetzt. Er/sie möchte an einer Fachhochschule studieren.

Beschreiben Sie zwei Möglichkeiten, wie er/sie die Fachhochschulreife erwerben kann.

Er/sie muß den mittleren Bildungsabschluß erwerben (Bestimmungen in jedem Bundesland anders geregelt).

Daran anschließend kann er/sie

a) eine Fachoberschule besuchen,
b) während der Ausbildung an einer Fachschule für Hauswirtschaft den Zusatzunterricht zur Erlangung der Fachhochschulreife belegen.

187 Nennen Sie mindestens vier Institutionen, die Fortbildungsveranstaltungen für hauswirtschaftliche Fachkräfte anbieten.

- Bildungswerk des Deutschen Hausfrauen-Bundes
- Meinwerk-Institut Paderborn
- REFA-Fachausschuß Hauswirtschaft
- Berufsverband Hauswirtschaftlicher Fach- und Führungskräfte
- die zuständigen Stellen.

Hauswirtschaftliche Verbände/Interessenverbände

188 Nennen Sie mindestens zwei Berufsverbände für hauswirtschaftliche Fachkräfte.

1. Bundesverband der Meisterinnen der Hauswirtschaft
2. Berufsverband Hauswirtschaftlicher Fach- und Führungskräfte
3. Berufsverband kath. Arbeitnehmerinnen in der Hauswirtschaft

189 Beschreiben Sie die Arbeit der Deutschen Gesellschaft für Hauswirtschaft (dgh).

Die **dgh** ist ein Zusammenschluß von Einzelpersonen, Verbänden und Firmen und möchte das Verständnis für die gesellschaftliche Bedeutung der Hauswirtschaft verbessern durch

- Wissensvermittlung zwischen Forschung und Praxis,
- Arbeit in Fachausschüssen,
- Veranstaltung von Tagungen,
- projektbezogene Forschung,
- Veröffentlichungen, z. B. in Zeitschriften.

190 Im hauswirtschaftlichen Bereich gibt es eine Vielzahl von Verbänden mit unterschiedlichen Zielen.

Nennen Sie die Ziele der mitgliederstärksten Verbände.

a) Deutscher Hausfrauen-Bund
b) Deutscher Landfrauenverband e. V.

a) **Deutscher Hausfrauen-Bund**
- ist der Berufsverband der Haushaltsführenden,
- vertritt die Interessen der Hauswirtschaft innerhalb von Staat und Gesellschaft,
- führt Aus-, Fort- und Weiterbildungsmaßnahmen durch,
- ist Sozialpartner bei Tarifverhandlungen,
- bietet Verbandsaktivitäten auf örtlicher Ebene an.

b) **Deutscher Landfrauenverband e. V.**
- ist die Interessenvertretung von Frauen, die in der Landwirtschaft tätig sind oder im ländlichen Raum leben,
- die Schwerpunkte liegen in den Bereichen Sozial-, Frauen-, Agrar-, Wirtschafts- und Gesellschaftspolitik,
- seine Mitgliedsorganisationen führen Aus-, Fort- und Weiterbildungsmaßnahmen durch.

191 Gibt es auf internationaler Ebene einen hauswirtschaftlichen Verband?

Ja, den **Internationalen Verband für Hauswirtschaft** mit Sitz in Paris. Die Zusammenarbeit mit deutschen Verbänden erfolgt durch den internationalen Beirat.

192 Welche Aufgaben hat sich die Arbeitsgemeinschaft für Hauswirtschaft (AgH) gestellt?

Die **AgH** ist ein Zusammenschluß von Verbänden. Sie erarbeitet Informationen und Konzeptionen zu hauswirtschaftlichen Fragestellungen. Weiterhin vertritt die AgH die Interessen des privaten Haushalts in der Öffentlichkeit (z. B. durch Fachtagungen, Gremienarbeit, Kontakten zur Politik und den Medien).

193 Welche Merkmale charakterisieren die Bundesstelle für hauswirtschaftliche Berufsbildung?

Sie ist ein Zusammenschluß von Arbeitnehmer-, Arbeitgeber- und Lehrerorganisationen/-verbänden. Sie ist Anlaufstelle für alle Fragen der hauswirtschaftlichen Berufsbildung im Rahmen der Regelungen durch das Berufsbildungsgesetz. Sie arbeitet gemäß ihrer sozial- und berufspolitischen Zielsetzung und ist Gesprächspartnerin der zuständigen Bundesministerien, des Bundesinstituts für Berufsbildung und der Arbeitsverwaltung.

1.4 Einkauf

Einkaufsquellen

194 Wo würden Sie die folgenden Einkäufe tätigen?

a) monatlicher Vorratseinkauf von Grundnahrungsmitteln
b) Obst und Gemüse der Saison, für Frischverzehr oder Vorrat
c) Fleisch für die Klinikküche

a) SB-Discounter
Verbrauchermarkt
Supermarkt
b) Wochenmarkt
Ab-Hof-Verkauf
c) Schlachthof
Fleisch-Großhandel

195 Nennen Sie je drei Vorteile der folgenden Einkaufsquellen:

a) Einzelhandel
b) Fachmarkt
c) Versandhandel

a) fachliche Beratung u. Kundendienst, i. d. R. gute Qualität, Sonderwünsche können berücksichtigt werden
b) besonders große Auswahl der jeweiligen Produktgruppe, i. d. R. mit Beratung, preisgünstig
c) keine Einkaufswege und Parkplatzsuche, häufig Sonderangebote, unabhängig von Ladenöffnungszeiten

Werbung

196 Werbung erfüllt wichtige Funktionen im Marktgeschehen. Welche der folgenden Begriffe treffen aber nicht auf die Werbung zu?

a) objektiv
b) informativ
c) emotional
d) vollständig
e) aufdringlich
f) kritisch

a) objektiv
d) vollständig
f) kritisch

197 Welches Gesetz schützt den Verbraucher vor willkürlichen und falschen Werbeaussagen?

Das Gesetz gegen den unlauteren Wettbewerb (UWG) schützt den Verbraucher.

198 Das Wort „Direktmarketing“ wird oft gebraucht.

a) Was verstehen Sie darunter?

b) Nennen Sie mindestens zwei Beispiele.

a) Verkauf ohne Zwischenhändler und ohne Verkaufslokal

b) Haustürverkäufe
Teleshopping

Beratungsstellen

199 Welche unabhängige Institution vergleicht und beurteilt bundesweit auf dem Markt angebotene Produkte?

Stiftung Warentest in Berlin

200 Wie werden die Ergebnisse dem Verbraucher zugänglich gemacht?

Sie werden in bestimmten Zeitschriften veröffentlicht.

201 Wo kann sich jeder Verbraucher bei Unklarheiten informieren oder gezielt Rat holen?

bei der Verbraucherberatung, der Verbraucherzentrale und der Arbeitsgemeinschaft der Verbraucherverbände in Bonn

Grundregeln für den Einkauf von Nahrungsmitteln und Gebrauchsgütern

202 Sie planen Ihren Einkauf:

a) Welche drei Schritte sind vor jedem Einkauf wichtig?

b) Wie vermeiden Sie ungewollte Mehrkäufe?

a) Bestandsaufnahme
Bedarfsermittlung
Einkaufsliste erstellen

b) nicht hungrig einkaufen gehen und bei Gebrauchsgütern den Finanzierungsplan vorher genau abklären, damit keine Überschuldung entsteht

203 Welche Regeln helfen, auf Dauer möglichst preiswert einzukaufen?
a) drei Regeln für Nahrungsmittel
b) drei Regeln für Gebrauchsgüter

a) Preise vergleichen, genau auf die Füllmengen achten; Angebote ausnutzen; Großeinkäufe für haltbare Produkte sparen Zeit, Kraft und Geld

b) Qualität überprüfen, Billigwaren sind oft schneller defekt; Materialeigenschaften beachten, besonderes Ausdünstungen; Barzahlung ist billiger als Ratenzahlung.

204 Nahrungsmittel sollen nicht nur billig, sondern auch wohlschmeckend, bekömmlich und gesund sein. Sie sollen durch Produktion und Verkauf die Umwelt nicht unnötig belasten.
a) Was sollte bei der Wahl eines Nahrungsmittels beachtet werden?
b) Welche Informationen müssen auf der Verpackung bzw. dem Hinweisschild am Stand stehen?

a)
- Möglichst frische, unverarbeitete Produkte wählen.
- Genau prüfen, ob sich der Einsatz von Convenience-Produkten lohnt oder vermieden werden kann.
- Wenn möglich Saisonprodukte wählen.

b)
- Zutatenliste
- Hersteller, Verpacker oder anerkannter Verkäufer
- Mindesthaltbarkeitsdatum
- Verkehrsbezeichnung
- Füllmenge

205 Was ist – aus ökologischer Sicht – beim Einkauf von Gebrauchs- und Verbrauchsgütern zu beachten?
a) Nennen Sie konkrete Zeichen/Herstellerangaben, die Ihnen beim Einkauf helfen.
b) Welches Zeichen sagt über ökologische Unbedenklichkeit vergleichsweise wenig aus?
Geben Sie eine kurze Begründung!

a)
- **blauer Engel**
  … weil Mehrweg
  … schadstoffarm
- Euroblume
- Teppichboden schadstoffgeprüft
- ohne Chlorbleiche
- recycelbar

b) **Der grüne Punkt** sagt wenig aus, da er auch für Materialien vergeben wird, die bisher kaum in nennenswerten Mengen recycelt werden; Pfandflaschen dagegen bekommen keinen grünen Punkt.

→

▷ *Fortsetzung* ▷

c) Nennen Sie die drei wichtigsten Maßnahmen, um Verpackungsmüll zu vermeiden!

c) – Mit dem Korb oder der Tasche einkaufen gehen.
– Mehrwegsysteme nutzen.
– Nichts unnötig aufwendig Verpacktes kaufen.

Gesetze und Verordnungen

206 Nennen Sie mindestens fünf Gesetze und Verordnungen, die den Verbraucher vor Übervorteilung und gesundheitlichen Schäden schützen sollen.

1. LMBG Lebensmittel- und Bedarfsgegenständegesetz
2. LMKVO Lebensmittelkennzeichnungsverordnung
3. ZZulV Zusatzstoff-Zulassungs-Verordnung
4. Eichgesetz
5. Fertigpackungs-VO
6. Textilkennzeichnungs-VO
7. Gesetz zur Regelung der Allgemeinen Geschäftsbedingungen
8. Abzahlungsgesetz

207 Beschreiben Sie kurz den Inhalt der folgenden Gesetze und Verordnungen:

a) Lebensmittelkennzeichnungs-VO
b) Textilkennzeichnungs-VO
c) Gesetz zur Regelung der Allgemeinen Geschäftsbedingungen
d) Verbraucherkreditgesetz (Abzahlungsgesetz)

a) Sie schreibt vor, daß alle verpackten Waren mit folgenden Angaben versehen sein müssen:
– Hersteller oder Händler
– Mindesthaltbarkeitsdatum
– Füllmenge
– Zutatenliste
– Verkehrsbezeichnung.

b) Sie schreibt vor, daß die Art des Rohstoffes und die Gewebeanteile in Prozent auf einem Etikett oder gut lesbar eingewebt sein müssen.

c) Bestimmte Vertragsklauseln, z. B. im sog. Kleingedruckten, sind ungültig, wenn sie diesem Gesetz widersprechen. Unangemessene Geschäftsbedingungen werden so auch ohne erneuten Gerichtsbeschluß unwirksam. →

▷ *Fortsetzung der Antwort* ▷

d) Es befaßt sich mit Ratenkäufen, sog. Abzahlungsgeschäften. Es schreibt die Angabe der Fälligkeiten, des effektiven Jahreszinses, der Laufzeit und des Widerrufsrechtes (eine Woche) vor. Die Belehrung über letzteres muß gesondert unterschrieben werden.

Normen, Zeichen, Handelsklassen

208 Den Begriff „Handelsklasse" lesen Sie oft.

a) Für welche Produktgruppen gibt es Handelsklassen?
b) Welche Bedeutung haben Handelsklassen? Inwiefern stellen sie eine Einkaufshilfe dar?
c) Unter welchen Gesichtspunkten sind Handelsklassen kritisch zu betrachten?

a) Obst, Gemüse, Kartoffeln, Geflügel, Butter, Eier
b) Sie sagen etwas über die Qualität der Waren aus; Preise können besser verglichen werden.
c) Sie sind ein Zeichen für **äußere** Qualität. Für schöne, große Früchte gibt es HKl I, oft nur durch intensive Behandlung, die nicht unbedingt den ökologischen Notwendigkeiten entspricht.

209 Was unterscheidet Warenzeichen und Gütezeichen?

Warenzeichen werden frei gewählt und können u. U. zum Markenzeichen werden, wenn der Verbraucher sie über eine längere Zeit akzeptiert.

Gütezeichen werden von unabhängigen Institutionen aufgrund objektiver/nachprüfbarer Kriterien vergeben.

210 Nennen Sie mindestens drei wichtige Verbandszeichen, die der Sicherheit und dem Schutz des Verbrauchers dienen.

1. TÜV – Technischer Überwachungs-Verein
2. VDE – Verband Deutscher Elektrotechniker
3. DVGW – Bundesverband der deutschen Gas- und Wasserwirtschaft
4. CE-Zeichen

211 RAL-Gütezeichen und RAL-Testate sind wichtige Orientierungshilfen für Verbraucher.

a) Wie heißt der RAL heute?
b) Wer muß in letzter Instanz die Zustimmung zum RAL-Gütezeichen geben?
c) Nennen Sie je ein Beispiel aus den drei Bereichen, für die es RAL-Gütezeichen gibt.

a) Deutsches Institut für Gütesicherung und Kennzeichnung e. V.

b) der Bundesminister für Wirtschaft

c) **landwirtschaftlicher Bereich:**
„Deutsches Weinsiegel" und „Deutsche landwirtschaftliche Markenware" (z. B. Butter)

Baubereich:
„Deutsche Möbel"

Gebrauchsgüterbereich:
Wollsiegel „Reine Schurwolle"

1.5 Ernährung

Nährstoffe und Ballaststoffe

[212] Welches sind die Hauptnährstoffe, und welche Funktion haben sie gemeinsam?

Eiweiß, Fett und Kohlenhydrate, sie liefern dem Körper Energie.

[213] Wieviel kJ/kcal liefert je 1 g der drei Hauptnährstoffe (physiologischer Brennwert)?

- 1 g Fett = 37 kJ = 9 kcal
- 1 g KH = 17 kJ = 4 kcal
- 1 g EW = 17 kJ = 4 kcal

[214] Fette können sehr unterschiedlicher Herkunft sein und dementsprechend verschieden zusammengesetzt sein.
a) Welche Fette unterscheidet man aufgrund ihrer Herkunft?
b) Skizzieren Sie die Grundstruktur der Fette.
c) Wodurch unterscheiden sich Fette voneinander?
d) Welcher Zusammenhang besteht zwischen der Anzahl der Doppelbildungen und der Konsistenz (fest/flüssig) eines Fettes?

a) **pflanzliche** und **tierische** Fette

b) G Fettsäure
L
Y
C Fettsäure + 3 H_2O
E
R
I
N Fettsäure

c) Sie unterscheiden sich durch die Art der Fettsäuren: pflanzliche Fette enthalten viele mehrfach ungesättigte Fettsäuren, tierische Fette eher gesättigte oder einfach ungesättigte.

d) Je mehr ungesättigte Fettsäuren (Fettsäuren mit Doppelbindungen) ein Fett enthält, um so flüssiger ist es. Gesättigte Fettsäuren bedingen ein festes Fett.

[215] Nennen Sie vier pflanzliche und vier tierische Nahrungsmittel, die viel Fett enthalten (außer Öl und Streichfett).

pflanzlich:
Nüsse, Weizenkeime, Sonnenblumenkerne, Oliven, Leinsamen

tierisch: Wurst, Käse, Eigelb, Sahne

216 Essentielle Fettsäuren:
a) Was versteht man unter diesem Begriff?
b) Nennen Sie ein Beispiel und die Nahrungsmittelgruppe, die davon reichlich enthält.

a) Es handelt sich um Fettsäuren, die der Körper benötigt, aber nicht selbst aufbauen kann und deshalb mit der Nahrung aufnehmen muß.
b) Die essentielle Fettsäure **„Linolsäure“** ist reichlich in pflanzlichen Ölen enthalten.

217 Welche Bedeutung hat der Schmelzpunkt eines Fettes für die Ernährung?

Je höher der **Schmelzpunkt,** d.h. je fester ein Fett bei Zimmertemperatur ist, desto schwerer verdaulich ist es.

218 Welche Funktionen hat das Fett
a) im Stoffwechsel und
b) bei der Nahrungsaufnahme?

a) Fett liefert **essentielle Fettsäuren** und ist Träger **fettlöslicher Vitamine;** Fett ist Bestandteil der Zellen, Schutzschicht für innere Organe und Isolationsschicht (Unterhautfettgewebe).
b) Fett ist Geschmacksträger.

219 Nennen Sie die Ursache für das Aufrahmen bzw. das Absetzen von Fett auf der Oberfläche von Suppen und Fonds.

Fett schwimmt oben, weil es ein geringeres spezifisches Gewicht hat als Wasser/wäßrige Lösungen.

220 Mit wieviel Prozent sollten Fette an der täglichen Energieaufnahme beteiligt sein?

mit maximal **30 %**

221 Ohne Eiweiß gibt es kein Leben – begründen Sie ausführlich die Aussage. Berücksichtigen Sie dabei folgende Teilfragen:
- **Welches sind die kleinsten Eiweißbausteine?**
- **Welche Aufgabe hat Eiweiß im Körper?**

Eiweiße enthalten Aminosäuren, die der Körper z. T. nicht selbst herstellen kann (essentiell). Aus den Bausteinen des Nahrungseiweißes wird Körpereiweiß aufgebaut, z. B. für den Herzmuskel. Auch Enzyme sind Eiweiße! Eiweiß kann kaum gespeichert werden, es muß deshalb ständig in ausreichender Menge und Qualität zugeführt werden.

222 Nicht alle Eiweiße sind hochwertig, d. h. optimale Aminosäure-Lieferanten. Wie kann man sich trotzdem optimal mit Eiweiß versorgen, ohne große Mengen Fleisch zu essen?

Geben Sie mindestens drei konkrete Beispiele.

Durch den Ergänzungswert der Eiweiße unterschiedlicher Nahrungsmittel ergibt sich bei optimaler Kombination eine z. T. höhere biologische Wertigkeit als bei Fleisch:

z. B.
- Kartoffel + Ei
- Kartoffel + Milch
- Bohnen + Mais
- Hülsenfrüchte + Milch

223 Nennen Sie vier pflanzliche und vier tierische eiweißreiche Grundnahrungsmittel.

pflanzlich:
Hülsenfrüchte, Getreide, Kartoffeln, Nüsse, Samen

tierisch:
Fleisch, Fisch, Milch, Ei

224 Eiweiß ist ein wichtiger Baustoff.

a) Wie hoch ist der Tagesbedarf eines Erwachsenen?

b) Benötigen Kinder – bezogen auf das Körpergewicht – mehr oder weniger Eiweiß als Erwachsene? Begründen Sie.

c) Ist eine vegetarische Kost bei Kindern ratsam bzw. mit welchen Einschränkungen?

a) 50 bis 60 g/Tag

b) Kinder benötigen im Verhältnis mehr Eiweiß, da durch das Wachstum nicht nur abgestorbene Zellen erneuert, sondern ständig zusätzliches Gewebe gebildet werden muß.

c) Die Eiweißzufuhr sollte bei Kindern zu 50 % aus hochwertigen tierischen Eiweißen bestehen. Es spricht nichts gegen das Weglassen von Fleisch und Fleischerzeugnissen, wenn der Eiweißbedarf durch Milch- und Eiprodukte und der Eisenbedarf durch dunkle Gemüse und andere Eisenquellen gedeckt wird.

225 Nennen Sie die Hauptfunktion der Kohlenhydrate im menschlichen Körper.

Energiebereitstellung, besonders für Gehirn und Muskeln

226 Beschreiben Sie den Aufbau der Kohlenhydrate. Nennen Sie dabei zwei Grundbausteine und die drei Kohlenhydratgruppen mit Beispielen.

Kohlenhydrate sind aus Einfachzuckern aufgebaut, z. B. Glucose und Fructose.
Es gibt

Einfachzucker:
- Traubenzucker
- Fruchtzucker

Doppelzucker:
- Haushaltszucker
- Milchzucker

Vielfachzucker:
- Stärke
- Cellulose

227 Wie hoch sollte der Kohlenhydratanteil an der täglichen Energiezufuhr sein?

55 bis 60%

228 Kohlenhydratfreie Kostformen führen trotz hoher Energiezufuhr zur Gewichtsreduktion. Ursache sind Stoffwechselentgleisungen.

Nennen Sie die zwei wichtigsten Störungen.

1. Ohne Kohlenhydratbausteine kann kein Glycerin für den Fettaufbau gebildet werden, deshalb wird Fett abgebaut.
2. Die Fettsäuren aus der Nahrung können nicht mehr verwertet werden, es kommt zur Übersäuerung des Körpers.

229 Ballaststoffe sind kein überflüssiger Ballast.

Erklären Sie diese Aussage und den Begriff „Ballaststoffe".

Ballaststoffe sind unverdauliche Nahrungsbestandteile, die keine Energie liefern und deshalb zeitweise als überflüssig angesehen wurden. Ballaststoffe sind wichtig für die Darmtätigkeit, verkürzen die Passagezeit des Speisebreies, so daß weniger Giftstoffe aufgenommen werden.

230 Nennen Sie mindestens fünf ballaststoffreiche Nahrungsmittel.

Vollkornbrot, Kleie, Hülsenfrüchte, Obst, z. B. Feigen, Gemüse, besonders Kohlarten

231 Sind Ballaststoffe in tierischen Nahrungsmitteln gleichermaßen enthalten wie in pflanzlichen?

Ballaststoffe sind nur in **pflanzlichen** Nahrungsmitteln enthalten.

232 Welches sind die zwei bekanntesten Ballaststoffe, und wo kommen sie vor?

1. Pektin aus Äpfeln
2. Cellulose aus allen pflanzlichen Zellen

233 Ballaststoffe sind in der Kost der Bundesbürger immer noch Mangelware.
a) Nennen Sie eine der häufigsten Folgen.
b) Wieviel Gramm sollten täglich aufgenommen werden?

a) Verstopfung/Obstipation
b) 30 g

234 Auch Wasser wird den Nährstoffen zugerechnet – erklären Sie seine große Bedeutung.

Wasser ist Bestandteil fast aller verzehrfertigen Nahrungsmittel.
Es ist im Körper wichtig als
- **Baustoff** (Körperflüssigkeiten und Zellen),
- **Lösungsmittel** für Nährstoffe,
- **Transportmittel,**
- **Wärmeregulator** (schützt den Körper vor Überhitzung).

235 Wie hoch ist der Wasserbedarf eines Erwachsenen pro Tag? Wie wird er gedeckt?

Ein Erwachsener braucht 2 bis 3 l Wasser am Tag. Der Bedarf wird durch Getränke, den Wasseranteil der Speisen und Stoffwechselwasser gedeckt.

236 Nennen Sie mindestens drei Faktoren, die den Wasserbedarf erhöhen!

- Klima
- Alter
- Salzgehalt der Nahrung
- körperliche Betätigung
- Krankheiten wie Fieber oder Durchfall

237 Beschreiben Sie die Folgen einer zu niedrigen Flüssigkeitszufuhr.

Folgen sind
- Durst
- Austrocknung der Haut und der Schleimhäute
- konzentrierter Harn, auf Dauer Nierenschäden
- Verminderung des Blutvolumens, verbunden mit erhöhter Viskosität (Zähigkeit) und Kreislaufkollaps

238 Wasser für die Lebensmittelherstellung muß bestimmten strengen Anforderungen genügen.

Nennen Sie vier Kriterien, nach denen Wasser beurteilt wird.

Trinkwasserqualität, d. h.
- frei von toxischen Stoffen (Blei, Arsen, Phenole, Pestizide)
- frei von Krankheitserregern
- farblos
- geruchlos

Vitamine und Mineralstoffe

239 Vitamine werden aufgrund ihrer Löslichkeit in zwei Gruppen eingeteilt.

Nennen Sie die beiden Gruppen und jeweils mindestens drei Vitamine, die zu diesen Gruppen gehören.

wasserlösliche Vitamine:
- Vitamin C
- Vitamine B_1, B_2, B_6 und B_{12}
- Folsäure
- Niacin

fettlösliche Vitamine:
- Vitamin A
- Vitamin E
- Vitamin D
- Vitamin K

240 Welche Funktionen haben Vitamine im Körper?

Sie sind Wirk- und Reglerstoffe.

241 Können Vitamine gespeichert werden, d. h. auf Vorrat aufgenommen werden?

Nur **fettlösliche Vitamine** können im Fettgewebe gespeichert werden und damit Zeiten geringer Aufnahme überbrücken.

242 Können Vitamine überdosiert werden, so daß Schäden entstehen?

Eine zu hohe Aufnahme über die Speicherkapazitäten hinaus kann zu Schäden, besonders an der Leber, führen. Überschüsse wasserlöslicher Vitamine werden über die Niere ausgeschieden, was auf Dauer hier Schäden verursachen kann.

243 Welche Nahrungsmittel enthalten besonders viel

a) Vitamin A,
b) Vitamin D,
c) Vitamin B_1,
d) Vitamin B_2,
e) Vitamin C,
f) Folsäure
g) Vitamin B_6?

Nennen Sie je drei Beispiele.

a) Möhren, Leber, Paprika
b) Fisch, Eigelb, Milch
c) Vollkornprodukte, Hülsenfrüchte, Schweinefleisch
d) Milch, Leber, Vollkorn
e) Zitrusfrüchte, Paprika, schwarze Johannisbeere
f) grüne Blattgemüse, Ei, Vollkorn
g) Bananen, Fleisch, Vollkorn

244 Da Vitamine wichtige Funktionen im Körper haben, führen Mängel zu entsprechenden Beeinträchtigungen.

Beschreiben Sie drei Vitaminmangelerscheinungen und geeignete Gegenmaßnahmen.

Vitamin-C-Mangel: Zahnfleischbluten, Infektanfälligkeit, Müdigkeit
Gegenmaßnahme: Verzehr von Obst und Gemüse, z.B. Orangen, Paprika, Kräuter

Vitamin-B_1-Mangel: Nervosität, Konzentrationsschwäche, Herzbeschwerden
Gegenmaßnahme: in der täglichen Kost mehr Vollkorn, Hülsenfrüchte, Schweinefleisch – u.a. B_1-Lieferanten

Vitamin-D-Mangel: Rachitis, d.h. Knochenentkalkung, Skelettverkrümmungen
Gegenmaßnahme: mehr Fisch, Eigelb und Milchprodukte verzehren

Vitamin-A-Mangel: Nachtblindheit, trockene Haut
Gegenmaßnahme: Möhren u.a. carotinhaltige, gelbe und rote Gemüsesorten berücksichtigen

245 An welchen Stoffwechselvorgängen sind Vitamine beteiligt?

Vitamine sind Reglerstoffe, die als Enzymbestandteile für den gesamten Stoffwechsel und für die Abbau- und Einbauvorgänge der Hauptnährstoffe notwendig sind. Andere Vitamine sind an der Blutbildung beteiligt oder für Nerven- und Immunsystem wichtig.

246 Welche Lebenssituationen führen zu erhöhtem Vitaminbedarf?

- Wachstum
- Schwangerschaft
- Stillzeit
- Reduktionsdiäten
- Schwerarbeit
- seelische Belastungen

247 Welche Aufgaben haben Mineralstoffe im menschlichen Körper?

Baustoffe von Knochen und Zähnen, Bestandteil vom Blutfarbstoff und den Schilddrüsenhormonen, Bausteine wichtiger Enzyme

248 Einige Mineralstoffe kommen in größerer Menge, andere in kleineren Konzentrationen vor. Wie werden diese beiden Gruppen genannt?

Nennen Sie mindestens je vier Beispiele.

Mengenelemente: Calcium, Phosphor, Natrium, Kalium, Magnesium, Chlor

Spurenelemente: Eisen, Jod, Fluor, Zink, Selen

249 Ordnen Sie den folgenden Körperfunktionen die dafür notwendigen wichtigsten (ein bis zwei) Mineralstoffe zu:

a) Bildung des Blutfarbstoffes
b) Wasserhaushalt
c) Aufbau der Zähne
d) Aufbau der Knochen
e) Schilddrüsenfunktion
f) Muskelkontraktion

a) Eisen
b) Natrium, Kalium
c) Calcium, Fluor
d) Calcium, Phosphor
e) Jod
f) Magnesium, Kalium

[250] Welche Bevölkerungsgruppen leiden besonders oft unter Eisenmangel?
Geben Sie eine kurze Erklärung zu den einzelnen Risikogruppen!

Kinder: Mit dem Wachstum steigt auch das Blutvolumen, für das mehr roter Blutfarbstoff gebildet werden muß.

Frauen: regelmäßige Blutverluste durch Menstruationsblutung

Schwangere: vergrößertes Blutvolumen

Vegetarier: Fleisch als besonders effektiver Fe-Lieferant fehlt

[251] Natrium und Chlor zählen nicht zu den Mangelelementen, sie werden eher zuviel aufgenommen.
Begründen Sie.

NaCl ist Kochsalz und kommt in fast allen industriell gefertigten Nahrungsmitteln vor. Besonders Käse, Wurst und Fertiggerichte enthalten in der Regel hohe Salzkonzentrationen.

[252] Milch ist ein Nahrungsmittel, das aus der Kinderernährung nicht wegzudenken ist. Doch bis ins hohe Alter sind Milchprodukte wichtig.
Erklären Sie dies unter Berücksichtigung eines wichtigen Mineralstoffes.

Milch und Milchprodukte enthalten **viel Calcium.** Calcium ist einer der wichtigsten Knochenbestandteile. Bei Kindern wird durch ausreichende Ca-Zufuhr Rachitis (Knochenverkrümmung) verhindert, bei Erwachsenen die Knochenentkalkung, die zu brüchigen Knochen führt.

[253] Die Mineralstoffmangelkrankheit „Kropf" tritt im Süden Deutschlands häufiger auf als im Norden.
Erklären Sie dieses Phänomen, seine Ursachen und mögliche Gegenmaßnahmen.

Ein Kropf entsteht durch eine **Schilddrüsenunterfunktion** bei **Jodmangel.** Der Körper versucht dies durch vermehrte Gewebebildung auszugleichen. Seefisch und Seeluft enthalten Jod, wodurch bei großem Abstand zur Küste und geringerem Fischverzehr im Süden das Kropf-Phänomen logisch wird. Empfehlung: wenn Salz, dann Jod-Salz und eine, besser zwei Seefischmahlzeiten pro Woche.

[254] Natrium bindet Wasser im Körper. Welcher Mineralstoff ist der Gegenspieler?

Kalium ist der Gegenspieler, da es die Wasserausscheidung fördert.

255 Welche Nahrungsmittel enthalten besonders viele wertvolle Mineralstoffe?

a) Vollkornbrot
b) Hülsenfrüchte
c) Salatgurke
d) Möhren
e) Kopfsalat
f) Butter
g) Fisch
h) Baguette
i) Milchreis
j) Hirse

a) Vollkornbrot
b) Hülsenfrüchte
d) Möhren
g) Fisch
j) Hirse

Stoffwechsel und Verdauung

256 Welchen Weg geht die Nahrung im Körper?

Mund – Speiseröhre – Magen – Dünndarm – Dickdarm

257 In welchen Stufen verläuft der Stoffwechsel?

Beginnen Sie mit der Nahrungsaufnahme.

Nahrungsaufnahme – Verdauung – Resorption – Zwischen- oder Baustoffwechsel – Ausscheidung

258 Nennen Sie drei Organe oder Drüsen, in denen Verdauungssäfte/-enzyme gebildet werden.

1. Speicheldrüse
2. Gallenblase
3. Bauchspeicheldrüse

259 Nennen Sie mindestens vier wichtige Verdauungsenzyme und ihre Wirkungsweise.

1. **Ptyalin**
   Stärkeverdauung im Mund
2. **Pepsin**
   Beginn der Eiweißverdauung im Magen
3. **Trypsin**
   Eiweißverdauung im Dünndarm
4. **Amylase**
   Kohlenhydratabbau im Dünndarm
5. **Lipase**
   Fettspaltung, Fettabbau im Dünndarm

260 Welche der folgenden Funktionen hat die Bauchspeicheldrüse?

a) eiweißspaltende Enzyme bilden
b) kohlenhydratabbauende Enzyme bilden
c) Salzsäure für Magensaft bilden
d) fettabbauende Enzyme bilden
e) Adrenalin ausschütten
f) Insulin produzieren
g) Fette emulgieren

a) eiweißspaltende Enzyme bilden
b) kohlenhydratabbauende Enzyme bilden
d) fettabbauende Enzyme bilden
f) Insulin produzieren

261 Nennen Sie die wichtigste Funktion des Gallensaftes.

Er emulgiert Fette, damit die Verdauungsenzyme angreifen können.

262 Wie gelangen die Endprodukte der Verdauung an die Stellen im Körper, wo sie gebraucht werden?

Sie gelangen durch die Darmwand (Resorption) ins Blut oder in die Lymphbahn. Blut und Lymphe transportieren die Moleküle zu den Zellen, die sie weiter verwerten.

263 Nennen Sie drei Ausscheidungsorgane für Stoffwechselendprodukte.

1. Niere
2. Haut
3. Lunge

264 Manche Nahrungsmittel werden schnell verdaut, andere langsam.

a) Nennen Sie zwei Faktoren, die die Verweildauer im Magen erhöhen.
b) Nennen Sie zwei Faktoren, die die Darmpassagezeit beschleunigen.

a) – fettreiche Speisen
– Speisen mit hohem Ballaststoffgehalt

b) – Speisen mit hohem Ballaststoffgehalt
– hoher Flüssigkeitsanteil im Speisebrei

Energiestoffwechsel/Energiebedarf

265 Der Fachausdruck für den Energiebedarf in völliger Ruhe heißt Grundumsatz.

a) Wovon ist dieser Energiebedarf abhängig?
b) Unter welchen äußeren und körperlichen Bedingungen kann dieser Bedarf gemessen werden?
c) Wozu wird in völliger Ruhe Energie verbraucht?

a) von Alter, Geschlecht, Größe, Körpergewicht (Körperoberfläche), Hormonen, Streß, Schwangerschaft und sportlicher Betätigung
b) bei 20 °C Umgebungstemperatur, leichter Kleidung, liegend, in völliger Ruhe, 12 Stunden nach der letzten Mahlzeit
c) für die Aufrechterhaltung der Atmung, der Körpertemperatur, für die Herztätigkeit und den Stoffwechsel (z. B. Gehirnstoffwechsel)

266 Der Gesamtenergieumsatz setzt sich aus zwei Größen zusammen.

a) Welche zwei Größen sind das?
b) Die zweite Größe kann noch unterteilt werden – denken Sie an die unterschiedlichen Phasen des Tages.

a) Grundumsatz + Leistungsumsatz = Gesamtumsatz (der Umsatz entspricht dem Bedarf)
b) Arbeitsumsatz + Freizeitumsatz = Leistungsumsatz

267 Was geschieht mit überschüssiger Nahrungsenergie?

Sie wird als **Fett** in den Fettdepots gespeichert.

268 Beschreiben Sie die äußerlich sichtbaren und organischen Folgen einer anhaltend negativen Energiebilanz.

Die Folgen sind Gewichtsreduktion mit Abbau der Fettdepots, später auch des Muskeleiweißes und des Organfettes.

269 Welche Energieträger werden für den Gehirnstoffwechsel benötigt?

Kohlenhydrate/Glucose

270 Je nach Energiebedarf/ Arbeitsumsatz werden die Berufe in vier Gruppen unterteilt.

Nennen Sie diese Gruppen und mindestens je ein Beispiel.

Leichtarbeiter:
sitzende Tätigkeiten, z. B. Büroberufe
Mittelschwerarbeiter:
Verkäufer/in, Hauswirtschafterin
Schwerarbeiter:
Bauarbeiter, Landschaftsgärtner
Schwerstarbeiter:
Waldarbeiter, Hochofenarbeiter, Hochleistungssportler

271 Geben Sie an, wie die tägliche Energieaufnahme auf die Mahlzeiten verteilt sein sollte.

1. Frühstück	25%
2. Frühstück	10%
Mittagessen	30%
Nachmittagsmahlzeit	10%
Abendessen	25%

272 Nicht in jedem Alter ist der Energiebedarf gleich.

Vergleichen Sie den Energiebedarf eines Kindes, eines Jugendlichen und eines älteren Menschen mit dem eines „normalen" Erwachsenen.

Kinder haben – bezogen auf das Körpergewicht – den höchsten Energiebedarf, da ständig neues Gewebe gebildet werden muß. Auch ein ausgewachsener **Jugendlicher** benötigt mehr Energie als ein Erwachsener gleichen Gewichts, da Hormonumstellung und Stoffwechselanpassung Energie verbrauchen. **Im Alter** sinken Grundumsatz und Stoffwechselgeschwindigkeit, es wird weniger Energie benötigt.

Zusammensetzung der Nahrungsmittel/Lebensmittelkunde

273 Getreide ist eines der wertvollsten Grundnahrungsmittel.

Bezeichnen Sie die Bestandteile, und nennen Sie die jeweiligen Inhaltsstoffe.

Samenschale
(Ballaststoffe, Vitamin B)
Aleuronschicht
(Eiweiß, Fett, Mineralstoffe),
Mehlkörper
(Stärke, Klebereiweiß),
Keimling
(wertvolles Pflanzenfett, Mineralstoffe, Vitamine, Eiweiß)

274 Nennen Sie mindestens fünf direkte Mühlenerzeugnisse, d. h. Produkte der ersten Verarbeitungsstufe des Getreides.

1. Mehl
2. Grieß, Dunst
3. Graupen
4. Flocken
5. Schrot
6. Grütze

275 Jedes Mehl wird mit einer Typenzahl gekennzeichnet.

a) Was sagt sie aus?
b) Welche Bedeutung hat sie für den Nährwert?

a) Die Typenzahl gibt an, wieviel mg Asche/Mineralstoffe beim Veraschen von 100 g Mehl übrigbleiben.
b) Je höher die Typenzahl, um so höher ist auch der Anteil an Eiweiß, Vitaminen und Ballaststoffen.

276 Brot ist ein Grundnahrungsmittel.

a) Nennen Sie die zwei bedeutendsten Brotgetreidearten.
b) Wovon hängt die Backfähigkeit eines Mehles ab?
c) Welches sind die für die beiden o. g. Getreidearten jeweils optimalen Triebmittel?
d) Welche Brote sind besonders lagerfähig? – Berücksichtigen Sie Getreideart, Mehltype und Triebmittel.

a) Weizen und Roggen
b) Die Backfähigkeit ist abhängig vom Gehalt an Klebereiweiß.
c) Hefe für Weizen und Sauerteig für Roggen
d) Besonders haltbar sind – ohne Qualitätseinbußen – Vollkornbrote aus Roggen mit Sauerteig.

277 Der Roggenanteil in Broten variiert.

a) Wieviel Prozent müssen in einem sog. „Roggenbrot“ enthalten sein?
b) Wieviel Prozent hat ein „Roggenmischbrot“.

a) mindestens 90%
b) mindestens 51%

278 Nennen Sie mindestens drei Spezialbrote aus Vollkorn.

1. Pumpernickel
2. Grahambrot
3. Simonsbrot
4. Vollkorn-Knäckebrot

279 Warum sind Vollkornmehle nicht so lange haltbar wie Auszugsmehle?

Dunkle Mehle enthalten den Keimling oder Teile davon. Das Keimfett wird bei längerer Lagerung ranzig.

280 Reis wird in verschiedenen Formen und Verarbeitungsgraden angeboten.

Stellen Sie eine Übersicht zusammen.

Rundkorn:
Vollkornreis, geschält häufig als Milchreis

Langkorn:
Vollkornreis, Parboiled Reis, Kochbeutelreis, weißer Haushaltsreis, Schnellkoch-/5-Min.-Reis

281 Zucker ist ein isoliertes Kohlenhydrat, das vom Körper sehr schnell aufgenommen wird. Dies ist häufig unerwünscht, und Zucker wird durch andere Süßungsmittel ersetzt.

Ordnen Sie die folgenden Substanzen in die Rubriken „Zuckeraustauschstoff" und „Süßstoff" ein: Xylit, Sorbit, Fructose, Saccharin, Aspartam, Cyclamat, Isomalt, Acesulfam

Zuckeraustauschstoffe:
Fructose, Sorbit, Xylit, Isomalt

Süßstoffe:
Cyclamat, Saccharin, Aspartam, Acesulfam

282 Erklären Sie den Unterschied zwischen „Zuckeraustauschstoff" und „Süßstoff".

Machen Sie auch Angaben zur Hitzebeständigkeit bzw. Backeignung.

Zuckeraustauschstoffe werden ohne Insulin verwertet, ihr Energiegehalt gleicht dem von Zucker. Da sie ähnliches Volumen und Struktur haben, eignen sie sich gut zum Backen.
Süßstoffe sind energiefrei, sind aber teilweise nicht backfest oder aufgrund des fehlenden Volumens nicht als Zuckerersatz beim Backen geeignet.

283 Nennen Sie mindestens drei natürliche Süßungsmittel.

Sind diese weniger kariogen als Zucker?

1. Honig
2. Ahornsirup
3. Apfel-, Birnendicksaft
4. Rübensirup

Nein! Sie sind ebenso kariogen wie Zucker.

284 Beschreiben Sie die Herstellung von Gerstengraupen, und beurteilen Sie deren Nährwert.

Gerstengraupen werden **durch Rundschleifen des entspelzten Kornes** hergestellt. Da Frucht- und Samenschale entfernt werden, ist das Produkt nicht vollwertig.

285 Nudeln stellen inzwischen eine sehr vielfältige Produktgruppe dar.

Nennen Sie grundsätzlich unterschiedliche Nudelsorten. Vergleichen Sie anhand der Grundzutaten ihren Nährwert und ihre diätetische Eignung.

Nudeln kommen als Eiernudeln und als Produkte ohne Ei in den Handel. Eifreie Nudeln sind für cholesterinarme Kost geeignet. Nudeln werden aus Hartweizen-, Weizengrieß oder als vollwertige Vollkornprodukte aus Vollweizengrieß, Dinkel oder anderen Getreiden evtl. mit Soja, Kräutern oder sonstigen Geschmackszutaten hergestellt. (Günstig für Diabetiker!)

286 Hülsenfrüchte galten zeitweise als Arme-Leute-Kost. Inzwischen hat man sich wieder auf ihre Vielfalt und wertvollen Inhaltsstoffe besonnen.

a) Geben Sie fünf Sorten aus der Familie der Hülsenfrüchte an.

b) Nennen Sie drei Gründe, warum Hülsenfrüchte zur vollwertigen Ernährung gehören.

a)
- Erbsen
- Bohnen
- Linsen (braun, gelb, schwarz)
- Kichererbsen
- Sojabohnen

b) Hülsenfrüchte sind ballststoffreich, enthalten wertvolles pflanzliches Eiweiß und reichlich Mineralstoffe und Vitamine.

[287] Welche der folgenden Eigenschaften haben Kartoffeln?

a) fettarm
b) kohlenhydratreich
c) reich an mehrfach ungesättigten Fettsäuren
d) Vitamin-C-reich
e) ballaststoffreich
f) eisenhaltig
g) natriumarm und kaliumreich

a) fettarm
b) kohlenhydratreich
d) Vitamin-C-reich
e) ballaststoffreich
g) natriumarm und kaliumreich

[288] Aus kaum einem anderen Nahrungsmittel werden so viele Convenience-Produkte hergestellt wie aus der Kartoffel.

Nennen Sie je drei Beispiele für Halbfertig- und Fertigerzeugnisse.

Halbfertigerzeugnisse:
- Instantprodukte für Püree
- rohe Klöße

Fertigerzeugnisse:
- gekochte Klöße
- Pommes frites
- Kroketten
- Puffer,
- Herzogin-Kartoffeln

[289] Convenience-Produkte enthalten – im Gegensatz zum frisch zubereiteten Produkt – häufig verschiedene Zusatzstoffe.

Geben Sie drei Beispiele.

- Konservierungsstoffe
- Stabilisatoren
- Geschmacksverstärker

[290] Nennen und beschreiben Sie verschiedene Angebotsformen von Milch. Berücksichtigen Sie dabei die Art der Behandlung, geschmackliche und evtl. Nährwertveränderungen, Haltbarkeit und Lagerungsanforderungen.

Vorzugsmilch:
unbehandelt, aus besonders kontrollierten Tierbeständen, kurze Haltbarkeit

pasteurisierte Vollmilch:
kurze Erhitzung auf max. 85 °C, keine geschmacklichen Veränderungen, homogenisiert, d. h. kein Aufrahmen, bessere Verträglichkeit bei empfindlichen Personen, gekühlt drei bis vier Tage haltbar →

▷ *Fortsetzung der Antwort* ▷

H-Milch:
ultrahocherhitzt, kurz auf 135 bis 150 °C, typischer leichter Kochgeschmack, ohne Kühlung mindestens sechs Wochen haltbar

Sterilmilch:
10 bis 12 Minuten auf 110 bis 120 °C erhitzt, starker Kochgeschmack, Nährwerteinbußen, mehrere Monate ohne Kühlung haltbar,
alle Sorten mit mind. 3,5 %, 1,5 % oder 0,3 % im Handel

291 Welche Verpackung ist für Milch optimal?
Begründen Sie.

Dunkle Glasflaschen sind geschmacklich neutral und schützen vor Licht. Unerwünschte Reaktionen, wie **Vitaminabbau** und **Ranzigwerden** von Fett, werden damit reduziert.

292 Mit Hilfe verschiedener Milchsäurebakterien wird ein abwechslungsreiches Sortiment von Milchprodukten hergestellt.

a) Nennen Sie mindestens fünf Beispiele aus dieser Produktgruppe.

b) Erklären Sie den ernährungsphysiologischen Vorteil dieser Produktgruppe gegenüber frischer Milch.

c) Welche Varianten der o. g. Beispiele sind für die tägliche Ernährung weniger günstig?

a)
- Joghurt
- Dickmilch
- Quark
- Frischkäse
- Saure Sahne
- Crème fraîche

b) Gesäuerte Milch ist leichter verdaulich, da das Eiweiß schon geronnen ist. Die Milchsäurebakterien bauen außerdem den Milchzucker ab, so daß diese Produkte auch bei Laktasemangel vertragen werden.

c) Viele Zubereitungen mit Früchten enthalten zuviel Zucker, evtl. unnötige Farb- und Aromastoffe. Als „Sahne-“Varianten enthalten sie zuviel Fett.

293 Warum wird bei Käse der angegebene Fettgehalt auf die Trockenmasse bezogen?

Fett in der Trockenmasse – damit wird dem beim Trocknen variierenden Gesamtfettgehalt Rechnung getragen.

294 Nennen Sie die wichtigsten Inhaltsstoffe von Eigelb und Eiklar. Berücksichtigen Sie auch den Inhaltsstoff, der für Personen mit erhöhtem Blutfettspiegel von Bedeutung ist.

Eigelb:
Fett – Lecitin und **Cholesterin**
Vitamine: A, D, E, B_2
Mineralstoffe: Eisen und Calcium

Eiklar:
Wasser, Eiweiß, Vitamin B_2

295 Je nach Verwendungszweck benötigt man entweder mageres oder durchwachsenes/fetteres Fleisch.

Nennen Sie mindestens
a) je drei relativ magere,
b) je drei relativ fette
Fleischteile von Rind und Schwein.

a) **Rind:**
- Filet
- Roastbeef
- Schwanzstück
- Oberschale

Schwein:
- Filet
- Oberschale
- Stielkotelett

b) **Rind:**
- Querrippe
- Kamm
- Mittelbrust/Brustkern

Schwein:
- Bauchfleisch
- Kamm
- Dicke Rippe

296 Das Aussehen von Fleisch ist unterschiedlich.
a) Woran erkennt man frisches Fleisch von jungen Tieren?
b) Was charakterisiert dagegen gut abgehangenes Rindfleisch?

a) Frisches Jungtierfleisch ist an der kräftigen roten Farbe und den feinen Muskelfasern zu erkennen. Außerdem müssen die Fettanteile weiß sein.
b) Dieses hat eine dunkelrote Färbung und eine trockene Oberfläche.

297 Nennen Sie zwei unerwünschte Fleischinhaltsstoffe, die Stoffwechselerkrankungen begünstigen können.

Cholesterin
Purine

298 Erklären Sie den Unterschied zwischen Mineralwasser und Tafelwasser.

Mineralwasser ist natürlichen Ursprungs aus anerkannten Quellen. Es enthält mindestens 1 g Mineralstoffe/l oder 250 mg gelöstes CO_2.

Tafelwasser ist ein Gemisch aus Trinkwasser, Quell- oder Mineralwasser evtl. + Mineralstoffe und gelöstem CO_2.

299 Alkoholfreie Getränke sind generell positiv zu bewerten. Es gibt jedoch große Unterschiede in der Zusammensetzung dieser Erfrischungsgetränke.

a) Wie hoch muß der Fruchtgehalt sein bei: Fruchtsaft, Fruchtnektar, Fruchtsaftgetränk, Limonade?

b) Durch welche Zusätze wird evtl. fehlender Fruchtgehalt ersetzt?

Fruchtsaft

a) 100% Frucht

Fruchtnektar

a) 25 bis 50% Frucht

b) Wasser und Zucker

Fruchtsaftgetränke

a) 6 bis 30% je nach Frucht

b) Wasser, Zucker, natürliche Essenzen und Farbstoffe

Limonade

a) 3 bis 15% bei „Frucht" in der Verkehrsbezeichnung

b) wie beim Fruchtsaftgetränk, evtl. zusätzlich Genußsäuren, Coffein, Chinin und Stabilisatoren

300 Tee und Kaffee sind coffeinhaltige Getränke. Wie heißt das Coffein des Tees, wodurch wirkt es anders?

Das Coffein im Tee wird **Tein** genannt und wirkt langsamer, da es an Gerbstoffe gebunden ist.

301 Nennen Sie die Inhaltsstoffe, die Fisch für die vollwertige Ernährung empfehlenswert machen.

hochwertiges, leichtverdauliches Eiweiß, Mineralstoffe (Ca, Mg, J, F, K, Fe), Vitamine (B_1, B_2, Niacin), bei Fettfischen auch Vitamin A + D

302 Zu den Begleitstoffen zählen

a) die Aromastoffe und
b) die Genußstoffe.

Nennen Sie zu a) die allgemeine Bedeutung in der Ernährung und die zwei Produktgruppen, die besonders viele Aromastoffe enthalten.

Geben Sie zu b) zwei Beispiele mit ihren positiven und negativen Wirkungen an.

a) **Kräuter und Gewürze** geben den Nahrungsmitteln ihren typischen Geruch und Geschmack. Sie regen die Geruchs- und Geschmacksnerven an und damit den Appetit. Aromastoffe fördern die Produktion von Verdauungssäften und erhöhen so die Bekömmlichkeit. Veränderungen der typischen Aromastoffe können auf Verderb hinweisen.

b) **Coffein, Alkohol**
Coffein wirkt anregend und leistungssteigernd. Bei übermäßigem Genuß kann es zu Nervosität, Schlaflosigkeit und Herzklopfen führen.
Alkohol wirkt in kleinen Mengen anregend und nach fettreichen Mahlzeiten verdauungsfördernd. Alkohol enthält viel Energie und kann an der Entstehung von Übergewicht beteiligt sein. Mißbrauch führt zu Leber-, Herz- und Nervenschädigungen und Vitamin-B-Mangel.

303 Nahrungsmittel sind unterschiedlich zusammengesetzt und von unterschiedlichem Wert für die Ernährung. Ein wichtiger Begriff in diesem Zusammenhang ist die Nährstoffdichte.

Erläutern Sie diesen Begriff!

Die Nährstoffdichte gibt darüber Auskunft, wie viele wertvolle Inhaltsstoffe (besonders Vitamine und Mineralstoffe) ein Nahrungsmittel im Verhältnis zu seinem Energiegehalt enthält.
Nahrungsmittel mit hoher Nährstoffdichte enthalten demnach wenig Energie, gemessen an ihrem Vitamin- und/oder Mineralstoffgehalt. Typische Nahrungsmittel mit geringer Nährstoffdichte sind demzufolge besonders fett- und zuckerreiche Produkte.

Ernährungsabhängige Krankheiten

304 Die Verstopfung (Obstipation) ist weit verbreitet.

a) Nennen Sie die zwei Hauptursachen dafür.

b) Durch welche natürlichen Maßnahmen kann Abhilfe geschaffen werden?

a) – ballaststoffarme Ernährung
– Bewegungsmangel

b) – ballaststoffreiche Ernährung mit Vollkornprodukten, Gemüse und Hülsenfrüchten, dazu reichlich Flüssigkeit und regelmäßige Bewegung

305 Langanhaltende Verstopfung bleibt selten ohne Folgen. Welche Erkrankungen können aus einer solchen Situation entstehen?

- Hämorrhoiden
- Darmentzündungen/Divertikulose
- Darmgeschwüre/Darmkrebs

306 Übergewicht ist die bekannteste ernährungsbedingte Erkrankung.

a) Geben Sie fünf Ratschläge zur Vorbeugung und Bekämpfung.

b) „Übergewicht hat Folgen!" Erklären Sie diese Aussage anhand von drei Beispielen.

a) – Energiezufuhr dem Bedarf anpassen, bzw. niedriger halten.
– Ausgewogen und fettarm essen.
– Ballaststoffreich essen zur längeranhaltenden Sättigung.
– Kleine Zwischenmahlzeiten verhindern Heißhunger.
– Langsam essen!

b) – Übergewicht belastet die Gelenke und fördert damit Verschleißerscheinungen.
– Übergewicht belastet das Herz-Kreislauf-System, Bluthochdruck wird begünstigt.
– Der Stoffwechsel kommt aus dem Gleichgewicht, gesteigerter Fettstoffwechsel kann zu erhöhten Blutfettwerten und Arterienverkalkung führen.
Unter Umständen entsteht ein relativer Insulinmangel, d.h. Diabetes.

307 Wie heißt die Krankheit, die durch Überernährung und verminderte Harnsäureausscheidung entsteht, und nennen Sie zwei Nahrungsbestandteile, die daran beteiligt sind, und woher sie kommen.

Die Gicht wird begünstigt durch **Purine,** die im Fleisch, Innereien, Fettfischen, Hülsenfrüchten, Hefe usw. vorkommen und im Körper zu Harnsäure abgebaut werden. **Alkohol** steigert die Entstehung von Purinen in der Leber.

308 Diabetes wird nicht nur durch falsche Ernährung verursacht.

a) Wie werden die zwei unterschiedlichen Diabetes-Formen bezeichnet?
b) Wie unterscheiden sich die Behandlungen?

a) Typ I oder jugendlicher Diabetes
Typ II oder Alters-Diabetes
b) Bei **Typ I** ist neben der Diät unbedingt eine **Insulintherapie** nötig,
beim **Typ II** steht die **Diät** im Vordergrund, bei 90 % dieser Gruppe zusätzlich eine **Gewichtsreduktion.**

309 Welche Krankheit kann durch salzarme Ernährung günstig beeinflußt werden?

Bluthochdruck

310 Herzinfarkt zählt zu den häufigsten Todesursachen.

a) Inwieweit sind falsche Ernährungsgewohnheiten an der Entstehung beteiligt?
b) Nennen Sie weitere Risikofaktoren.

a) Übergewicht durch falsche Ernährung belastet das Herz. Cholesterinreiche Ernährung fördert zusätzlich erhöhte Blutfettwerte. Ballaststoffarme Ernährung begünstigt die Rückresorption von Cholesterin aus dem Darm. Salzreiche Kost hält Wasser im Körper und bewirkt damit weitere Herzbelastung.
b) Streß, Rauchen, Bewegungsmangel

311 Viele Kinder leiden schon im Kindergartenalter an Karies.

Beschreiben Sie in wenigen Worten die Entstehung von Karies.

Bakterien bauen Zucker zu **Zahnbelag** um, dieser verhindert den Einbau von Mineralstoffen in den **Zahnschmelz.** Bakterien bauen Fruchtzukker zu **Säuren** um, die Mineralstoffe aus dem Zahnschmelz lösen.

312 Welche Produkte werden mit dem „Zahnmännchen“ ausgezeichnet?

Es handelt sich hier um Süßwaren, die die zahnfreundlichen **Zuckeraustauschstoffe Mannit, Sorbit oder Xylit** enthalten, da diese nicht von Bakterien genutzt werden können.

313 Nennen Sie drei besonders kariesfördernde Verhaltensweisen.

1. mangelnde Zahnpflege
2. ständiges Trinken/Nuckeln
3. häufiges Naschen

314 Welche Krankheit wird durch Jodmangel in der Ernährung begünstigt?

Die Schilddrüsenunterfunktion, die häufig durch Ausbildung eines Kropfes erkennbar wird.

Sonderkostformen

315 Immer mehr Menschen ernähren sich aus unterschiedlichen Gründen vegetarisch.

a) Auf welche Nahrungsmittelgruppe verzichten Vegetarier?
b) Wie werden diese Nahrungsmittel ersetzt?
c) Was bedeutet „ovo-lacto-vegetabile Kost“?
d) Veganer haben extreme Vorstellungen von einer für den Menschen geeigneten Kost. Wie setzt sich ihre Nahrung zusammen?
e) Ist die Kost der Veganer für Kinder geeignet? Begründen Sie Ihre Antwort.

a) Vegetarier verzichten vor allem auf Fleisch und Fleischwaren.

b) Fleischeiweiß wird durch pflanzliches Eiweiß aus Soja und anderen Hülsenfrüchten ersetzt. Eisen stammt z. B. aus dunklen Gemüsen.

c) Ovo = Ei, lacto = Milch, also eine vegetabile = pflanzliche Kost, ergänzt durch Milch und Ei, d. h. tierisches Eiweiß, aber nicht von getöteten Tieren.

d) Veganer erachten jegliches tierische Eiweiß als schädlich für den Menschen. Die Kost setzt sich aus Getreide, Gemüse, Obst und Hülsenfrüchten, Nüssen und pflanzlichem Öl zusammen.

e) Nein. Kinder benötigen hochwertiges und leicht verwertbares tierisches Eiweiß und Eisen. Veganische Kost ist auch für Erwachsene problematisch, für Kinder aber im höchsten Maße kritisch, da nicht ausgewogen!

316 Welche der folgenden Nahrungsmittel/Speisen gehören in die Vollwertkost?

a) Weißbrot
b) Möhrenrohkost
c) Buchweizenpfannkuchen
d) Weißkrautsalat
e) Paniertes Schnitzel
f) Müsli
g) Hamburger

b) Möhrenrohkost
c) Buchweizenpfannkuchen
d) Weißkrautsalat
f) Müsli

317 Eine natriumarme Kost ist bei Bluthochdruck notwendig, aber auch bei eingeschränkter Nierenfunktion. Die Kost für Kleinkinder sollte ebenfalls natriumarm sein.

Beschreiben Sie die unterschiedlichen Maßnahmen, mit denen der Salzkonsum eingeschränkt werden kann.

- Statt Salz – Kräuter, Hefeflocken oder spezielle natriumarme Würzen verwenden.
- Besonders salzreiche Nahrungsmittel meiden oder nur selten verzehren, z. B. Schinken, Salzgebäck, Matjes, Konserven, Fertiggerichte.
- Viel frische Nahrungsmittel verwenden und geschmackserhaltend zubereiten, z. B. dämpfen, dünsten, grillen oder in der Mikrowelle.
- Natriumarmes Mineralwasser wählen.

318 Sowohl in der Säuglingsernährung als auch bei Vorliegen einer Zöliakie = Klebereiweiß-Unverträglichkeit (Klebereiweiß = Gluten) müssen glutenhaltige Getreide gemieden werden.

a) Nennen Sie drei glutenhaltige Getreidearten und
b) drei glutenfreie.

a) – Roggen
– Weizen
– Hafer

b) – Hirse
– Reis
– Mais

319 Nennen Sie drei Grundsätze zur Reduktionsdiät bei Alters-Diabetes.

Die Grundsätze sind
– **vollwertig,** d. h. Mischkost mit hohem Anteil an Salat, Gemüse und Vollkornprodukten →

▷ *Fortsetzung der Antwort* ▷

- **fettarm,** wenn Fett, dann hochwertige Pflanzenfette
- zuckerfrei, d. h. als Süßungsmittel Zuckeraustauschstoffe oder Süßstoffe

320 Leichte Vollkost wird in der Regel in der Gemeinschaftsverpflegung als Alternative angeboten.

a) Welche Nahrungsmittel sollten in der leichten Vollkost vermieden werden?
b) Wie wird sie zubereitet?
c) Wandeln Sie die folgende Speisefolge für die leichte Vollkost
- **bunte Gemüsesuppe**
- **paniertes Schnitzel**
- **Pommes frites**
- **gemischter Salatteller (Gurken, Tomaten, Kopfsalat, Weißkrautsalat, Möhrenrohkost)**

a) blähende und fette Nahrungsmittel, scharfe Gewürze, Süßigkeiten, hochprozentiger Alkohol, scharf Angebratenes (Röststoffe)

b) fettarm und reizarm, d. h. Dämpfen, Dünsten, Garen in Folie oder schwach Braten in beschichteter Pfanne

c)
- Gemüsecremesuppe
- Schnitzel Natur
- Pellkartoffeln oder Salzkartoffeln
- gedünstete Möhren oder Kopfsalat mit Joghurtdressing und sehr fein geraspelte Möhrenrohkost

321 Bei welchen Krankheiten oder gesundheitlichen Störungen wird leichte Vollkost empfohlen?

bei allen Magen-Darm-Störungen, die keine spezielle Diät erfordern, chronisch entzündlichen Erkrankungen des Verdauungssystems, z. B. Gastritis, Bauchspeicheldrüsenentzündung, Morbus Crohn, Leberentzündung (Hepatitis) oder als Nach-Operations-Kost

322 Nennen Sie fünf Getränke zur leichten Vollkost.

1. Kräutertee
2. dünner schwarzer Tee
3. verdünnte Fruchtsäfte
4. stilles Mineralwasser
5. milder Kaffee (speziell schwach geröstet)

2 Haushaltstechnik

2.1 Nahrungszubereitung

Physikalische und chemische Grundlagen

[1] Besonders Obst reagiert sehr empfindlich auf die küchentechnische Verarbeitung.
a) Beschreiben Sie die sichtbaren Veränderungen bei angeschnittenem Obst.
b) Nennen Sie die dafür verantwortliche chemische Reaktion.
c) Wie kann diese Reaktion in der Küche verhindert werden?

a) Die der Luft ausgesetzte Oberfläche wird braun, sie „läuft an".
b) Oxidation
c) durch Zugabe von Säure, z. B. Essig oder Zitronensaft

[2] Auch Metalle unterliegen Veränderungen durch Lufteinwirkung. Drei Metalle sind häufig im Lebensmittelbereich zu finden.
Nennen Sie diese drei Arten, die Reaktion und die Rückreaktion durch spezielle Putzmittel.

Es handelt sich um Silber, Kupfer und Messing. Die Oxidation kann durch Reduktionsmittel, die in Metallputzmitteln vorhanden sind, rückgängig gemacht werden.

[3] Welches Element der Luft ist für chemische Reaktionen und Vitaminabbau in Lebensmitteln verantwortlich?

Sauerstoff

[4] Ungesättigte Fettsäuren enthalten reaktionsfreudige Doppelbindungen.
a) Mit welchem Element reagieren diese besonders schnell?

a) Sauerstoff

→

▷ *Fortsetzung* ▷

b) Nennen Sie die Folgen dieser Reaktion.

c) Unter technologischen Bedingungen kann die Konsistenz von Fetten verändert werden. Die Doppelbindungen reagieren dabei mit einem anderen Element.

Nennen Sie den Reaktionspartner und den Fachausdruck für die Reaktion.

b) Ranzigwerden der Fette

c) Die Reaktion ungesättigter Fettsäuren mit Wasserstoff ergibt gesättigte Fettsäuren und damit festere Fette. Diesen Vorgang nennt man Fetthärtung.

5 Erklären Sie den Unterschied zwischen Atom und Molekül.

Ein Atom ist die **kleinste vollständige Einheit eines Elementes, Moleküle** sind **Verbindungen aus zwei oder mehr Atomen** des gleichen oder verschiedener Elemente zu einer Substanz.

6 Skizzieren Sie den Aufbau eines Kohlenstoffatoms. Benennen Sie die Bereiche unterschiedlicher Ladungen, die Ladungsträger und deren Polarität.

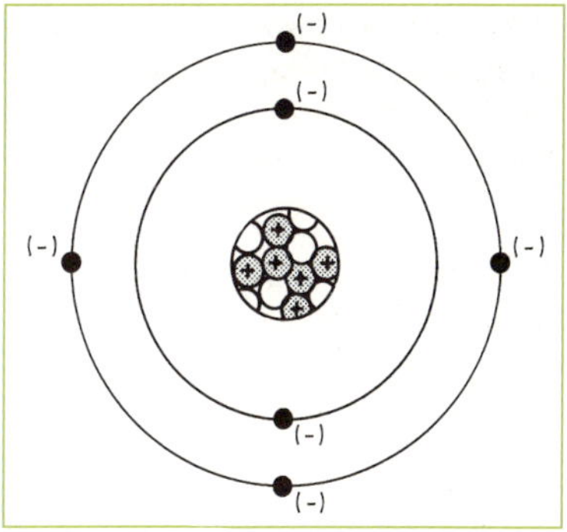

Das Kohlenstoffatom hat im Kern 6 Protonen (+) und 6 Neutronen, außen in 2 verschiedenen „Stockwerken" insgesamt 6 Elektronen (–).

7 Atome können nach außen auch nicht neutral erscheinen.

a) Wie heißen diese?

b) Welche Bindungsart entsteht zwischen unterschiedlich geladenen Atomen?

c) Nennen Sie ein Beispiel aus dem Nahrungsmittelbereich.

a) Ionen

b) die Ionenbindung zwischen positiv und negativ geladenen Teilchen

c) Kochsalz, $Na^{+}Cl^{-}$

8 Wenn unterschiedliche Stoffe gemeinsam vorkommen, sind sie nicht immer fest miteinander verbunden.

a) Wie heißt ein solches „Miteinander", z. B. Zucker und Zimt?

b) Welche Form des „Miteinanders" entsteht, wenn Salz in Wasser gegeben wird?

a) ein Gemisch oder ein Gemenge

b) eine Lösung

9 Manche Stoffe lassen sich in Wasser lösen, andere nicht. Wie nennt man diese Eigenschaften?

Nennen Sie je ein Beispiel.

Wasserlösliche Stoffe heißen **hydrophil,** wasserunlösliche heißen **hydrophob.**
hydrophil: Zucker, Wasser, Alkohol
hydrophob: Fett, Öl

10 Fett und Wasser lassen sich dauerhaft und gleichmäßig vermischen.

a) Welches Hilfsmittel ermöglicht das?

b) Wie heißt eine solche Mischung?

a) Emulgatoren, z. B. Lecithin

b) Emulsion

11 Welches Produkt entsteht beim Erwärmen von Fett mit Lauge?

Wie heißt diese Reaktion?

Es entsteht Seife, die Reaktion heißt „Verseifung von Fett".

12 Wodurch entstehen nach dem Baden, Handspülen oder der Handwäsche Ränder im Becken?

Ränder entstehen durch schwerlösliche Kalkseifen (Reaktionsprodukte von Magnesium- und Calciumionen mit den Seifenbestandteilen der Reinigungsmittel)

13 Essig ist eine in Küche und Haushalt häufig verwendete Säure.

a) Mit welcher Einheit wird angegeben, wie stark/giftig eine Säure ist?

b) Welche zwei Säuren sind besonders giftig?

c) Wie können Säuren neutralisiert/entgiftet werden?

d) Nennen Sie den ph-Wert für neutrale Lösungen und die pH-Bereiche für saure und für basische/alkalische Lösungen.

a) Der ph-Wert gibt Auskunft über die Stärke einer Säure.

b) Schwefelsäure und Salzsäure

c) Durch Zugabe von Laugen werden Säuren neutralisiert.

d) **neutraler Bereich:** pH 7
saurer Bereich: pH 0 bis 6
basischer Bereich: pH 8 bis 14

14 Carbonate finden in unterschiedlicher Form als Teiglockerungsmittel Verwendung:

a) Natriumhydrogencarbonat ist im Backpulver enthalten.
Welcher Reaktionspartner ist außerdem nötig?
Welches Produkt führt zur Teiglockerung?

b) Kaliumcarbonat oder Pottasche ist ein Triebmittel ohne weitere Komponente.
Welche Backzutaten enthalten den nötigen Reaktionspartner?

a) Nötig ist eine Säure, z. B. Weinsäure, die als Salz der Weinsäure im Backpulver vorliegt, sich im Teig löst und unter Hitze reagiert. Es entsteht Co_2-Gas, wodurch der Teig locker wird.

b) Durch längere Teigruhe entsteht Milchsäure. Zitronensäure ist in Zitronensaft, Ameisensäure im Honig und Fruchtsäuren im Sirup enthalten.

→

Haushaltstechnik

▷ *Fortsetzung* ▷

c) Ammoniumhydrogencarbonat (Hirschhornsalz) benötigt keinen Reaktionspartner.
Wie entfaltet es seine Wirkung?
Welches Gas bewirkt die Teiglockerung?
Für welche Gebäckarten ist es geeignet?

c) Hirschhornsalz zerfällt unter Hitzeeinwirkung in Ammoniak, CO_2 und Wasser. CO_2 bewirkt die Teiglockerung, Ammoniak muß entweichen können, deshalb ist es nur für Flachgebäcke zu verwenden.

15 Wofür werden in der Nahrungszubereitung Laugen (z.B. Natronlauge) verwendet?

für Laugengebäck, besonders für Brezeln

16 Nahrungszubereitung ist nicht ohne Energie möglich.
a) Welche Energieform wird am meisten benötigt?
b) Aus welchen Primärenergieträgern wird die benötigte Energieform gewonnen?
c) Auf welche Weise kann Energie übertragen werden?

a) Wärmeenergie
b) Erdgas, Strom aus Kohle, Kernenergie, Windkraft und Sonnenenergie
c) durch Konvektion, Strahlung und direkten Kontakt

17 Wie entsteht der Druck im Dampfdruckgarer, und warum steigt die Temperatur über 100 °C?

Durch Wärmezufuhr wird aus Wasser Dampf. Ist der Topf oder Kessel dicht verschlossen, steigt der Dampfdruck, da mehr Wasser in Dampf umgewandelt wird, als unter Normaldruck im Raum Platz wäre.
Der Siedepunkt des Wassers ist abhängig vom Druck. Je höher der Druck, desto höher der Siedepunkt.

Vorbereitungstechniken und Garverfahren

18 Nennen Sie mindestens drei trockene Vorbereitungstechniken mit je einem Beispiel.

1. Putzen: Strünke entfernen und schadhafte Stellen ausschneiden
2. Schälen: Entfernen von Schalen bei Obst, Gemüse, Kartoffeln
3. Parieren: Entfernen von Bindegewebshäuten, Fett und Knorpeln bei Fleisch
4. Rupfen: Entfernen von Geflügelfedern bei Gans, Huhn, Pute
5. Ausbrechen: Fleisch von Krustentieren aus dem Panzer brechen bei Krabben, Krebs, Hummer

19 Warum sollen Salat und Gemüse unzerkleinert gewaschen werden?

Es sollen möglichst wenig Vitamine und Mineralstoffe ausgelaugt werden.

20 Wasser ist für unterschiedliche nasse Vorbereitungsarbeiten nötig.

Beschreiben Sie die drei wichtigsten Vorbereitungstätigkeiten, nennen Sie deren Zweck und mindestens je zwei typische Anwendungsbeispiele.

1. **Waschen** unter fließendem oder in stehendem Wasser zur Entfernung von Mikroben, Schadstoffen oder Schmutz: Fleischstücke, Obst, Gemüse
2. **Wässern,** d. h. längeres Einlegen in kaltem Wasser oder Milch (evtl. zwischendurch Wasserwechsel), unerwünschte Stoffe werden herausgelöst oder neutralisiert, z. B. Salz beim Salzhering, Bitterstoffe bei Leber oder Harnstoffe bei Nieren
3. **Quellen** von Trockennahrungsmitteln, d. h. Liegen in Wasser zur Flüssigkeitsaufnahme zur Verkürzung der Garzeit; für Hülsenfrüchte, Getreide und Gelatine

[21] Bei der Nahrungszubereitung müssen häufig Lebensmittel zerkleinert werden. Dazu werden unterschiedliche Techniken angewandt.

Geben Sie für die folgenden Zerkleinerungsarbeiten die passenden Geräte an, nennen Sie Endprodukte aus unterschiedlichen Ausgangsprodukten.

a) schneiden
b) hacken
c) passieren
d) raspeln
e) reiben
f) hobeln

a) Messer, Aufschnittmaschine, Fleischwolf
Ergebnis: Zwiebelwürfel, Geschnetzeltes, Salatstreifen, Lauchringe, Wurstscheiben, Hackfleisch

b) Hackmesser, elektrischer Blitzhacker
Ergebnis: gehackte Kräuter, Nüsse, Pistazien, Schokolade

c) Sieb und Passierstab oder „Flotte Lotte“
Ergebnis: Fruchtmark aus gekochten Beeren oder Mus aus Äpfeln, auch für Cremesuppen

d) grobe oder feine Raffel
Ergebnis: kurze Käsestreifen, Kartoffelmasse für Puffer, Gemüsestreifen für Suppeneinlage oder Bratlingmasse

e) Handreibe oder rotierende Trommel
Ergebnis: feines Granulat, z. B. abgeriebene Zitronenschale, roh geriebene Äpfel für Kleinkindkost, geriebene Mandeln oder Nüsse

f) Handhobel oder Hobelscheibe zur Küchenmaschine
Ergebnis: gleichmäßige Gemüsescheiben, z. B. Gurkensalat, Weißkrautsalat, Kartoffelscheiben für Gratin, Käsescheiben (spezieller Käsehobel)

[22] Nennen Sie zwei spezielle Fleischzerkleinerungsgeräte, und begründen Sie die Notwendigkeit besonders sorgfältiger Reinigung.

Fleischwolf und **Aufschnittmaschine** müssen besonders sorgfältig gereinigt werden, da Fleisch Bakterien enthält, die sich schnell vermehren würden, wenn Reste in Ecken oder Zwischenräumen verbleiben würden. Auch für Maden ist Fleisch eine ideale Vermehrungsgrundlage. Die Mikroben und Maden würden bei der nächsten Benutzung auf gesundes Fleisch übertragen und damit zu einem Gesundheitsrisiko.

[23] Warum sollten Schneidwerkzeuge möglichst scharf sein?

Scharfe Werkzeuge ermöglichen ein **kräftesparendes, rasches Arbeiten.** Durch gleichmäßige, zügige Bewegungen wird die Unfallgefahr herabgesetzt. Scharfe Schnitte verletzen nicht mehr Zellen als nötig und vermindern damit Nährstoffverluste.

[24] Viele Lebensmittel werden vor der Weiterverarbeitung blanchiert.

a) Erklären Sie den Vorgang.

b) Aus welchen Gründen wird Gemüse vor der Weiterverarbeitung oder vor dem Tiefkühlen häufig blanchiert?

c) Nennen Sie strukturelle und geschmackliche Veränderungen durch Blanchieren, die man sich bei der Zubereitung zunutze macht.

d) Welche Nachteile hat das Blanchieren?

a) Blanchieren ist das kurzzeitige Eintauchen von Nahrungsmitteln in siedendes Wasser.

b) Blanchieren verhindert Verfärbungen der Oberfläche und Nährstoffabbau durch Inaktivierung von Enzymen.

c) Zellstrukturen werden gelockert, so daß sich z. B. Kohlblätter, Tomaten- oder Mandelschalen leichter ablösen lassen. Bitterstoffe oder Schärfen werden entfernt.

d) Vitamin C wird teilweise zerstört, wasserlösliche Vitamine und Mineralstoffe werden ausgelaugt.

[25] Welche Träger übertragen beim Braten die Hitze?

- der Metallboden des Bratgeschirrs
- das Fett

[26] Die Vorgehensweise und Herrichtung des Arbeitsplatzes beim Panieren von Fleisch bedarf besonderer Sorgfalt.

a) Beschreiben Sie beides.

b) Wie erzielt man eine besondes gut haftende Panade?

c) Welche Vor- und Nachteile hat das Panieren von Fleisch und Fisch?

a) Fleisch trockentupfen und würzen, erst in verquirltem Ei, dann in Semmelbröseln wenden, Brösel etwas festklopfen. Die Panierschalen werden von rechts nach links angeordnet, rechts neben der Mehlschale steht das trockene, gewürzte Fleisch, links neben der Bröselschale folgt die Pfanne mit heißem Fett.

b) Die Panade haftet besser, wenn das Fleisch zuerst in Mehl gewendet und abgeschüttelt wird.

→

Haushaltstechnik

▷ *Fortsetzung der Antwort* ▷

c) Paniertes/r Fleisch/Fisch bleibt saftiger, die Panade bildet wohlschmekkende Röststoffe. Aber sie saugt Fett auf, das Gericht bekommt einen wesentlich höheren Energiegehalt.

27 Garen verändert Lebensmittel.

Stellen Sie die positiven und negativen Veränderungen gegenüber.

positiv:
Eiweißgerinnung und Bindegewebslockerung fördern die Verdaulichkeit, Hitze tötet Mikroben ab und verhindert Lebensmittelvergiftungen.

negativ:
Hitze zerstört Zellen, so daß Flüssigkeit und Nährstoffe austreten. Lebensmittel schrumpfen und verlieren z. T. ansprechende Form und Farbe. Hitzeempfindliche Vitamine werden zerstört.

28 Worin besteht der Unterschied zwischen Kochen und Pochieren?
Für welche Nahrungsmittel sind diese Garverfahren geeignet?

Kochen erfolgt bei ca. 100 °C, während **Pochieren** das Garziehen bei ca. 75 °C bedeutet.
Kochen ist sinnvoll für Fleisch mit festem Bindegewebe und Gemüse. Pochiert werden Fisch, zarte Gemüse sowie ganze Eier, die sonst zerfallen.

29 Beschreiben Sie die schonendste Garmethode, die besonders für Diät und Schonkost eingesetzt wird.

Dämpfen: d. h. Garen in Wasserdampf, evtl. ohne Fettzugabe und bei geringen Nährstoffverlusten. Der Topf muß gut schließen, das Gargut liegt in einem gelochten Einsatz über kochendem Wasser.

30 Skizzieren Sie den Aufbau einer Friteuse mit Temperaturzonen.

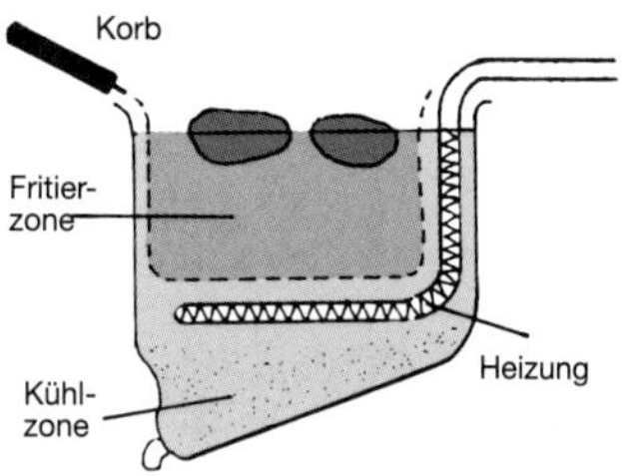

▷ *Fortsetzung* ▷

a) Welche Funktionen haben die unterschiedlichen Temperaturzonen?

b) Welche Temperatur sollte das Fett beim Eintauchen des Fritiergutes haben?

c) Nennen Sie zwei Voraussetzungen für bekömmliches Fritieren.

a) In der Kühlzone unter der Heizung sammeln sich Verunreinigungen, die abgelassen werden können, so daß weniger Fettabbauprodukte gebildet werden und das Fett länger verwendet werden kann. In der Fritierzone wird bei hohen Temperaturen gegart. Die hohe Temperatur bewirkt schnelle Krustenbildung und geringe Verluste.

b) 180 bis 200 °C

c) rechtzeitiger Fettwechsel, ausreichende, aber nicht überhöhte Temperatur

31 Welche Fette sind für die folgenden Garmethoden/Zubereitungsarten geeignet?

Nennen Sie mindestens ein Beispiel.

a) kurz, scharf anbraten
b) dünsten
c) verfeinern

a) Butterschmalz, gehärtete Pflanzenfette, Olivenöl
Fette mit wenigen Doppelbindungen oder/und mittelkettigen Fettsäuren, außerdem wasserfrei und weitgehend frei von Eiweißresten

b) reine Pflanzenöle, auch kaltgepreßt, Maiskeim-, Soja- und Distelöl, auch Margarine (keine Halbfettmargarine wegen des hohen Wassergehaltes)
Fette mit mehrfach ungesättigten essentiellen Fettsäuren

c) Butter (besonders wegen ihres typischen Geschmacks) und alle Fette mit einem Schmelzpunkt unter 37 °C, für bestimmte Speisen z. B. auch Olivenöl oder Nußöle.

32 Erklären Sie den Unterschied zwischen Braten und Schmoren.

- **Beim Braten** werden Portionsstücke unter Wenden in heißem Fett gegart.
- **Schmoren** ist ein kombiniertes Garverfahren: größere Stücke oder kleine Stücke längerer Garzeit werden erst angebraten, dann unter Wasserzugabe fertiggegart.

Haushaltstechnik

33 Nennen und beschreiben Sie die verschiedenen Garmethoden, die für den Backofen geeignet sind. Geben Sie auch Varianten für die leichte Kost an.

- **Braten in der Fettpfanne** mit fondbildenden Gemüsen, Wasser dient nur zum Übergießen.
- **Braten in Alufolie** kommt mit dem Eigenfett aus, bildet keine Kruste (leichte Kost), durch Öffnen der Folie, ca. 20 Minuten vor Garende, ist eine Krustenbildung möglich.
- **Braten im Schlauch** kommt ebenfalls mit fleischeigenem Fett und Wasser aus, Krustenbildung.
- **Schmoren,** z. B. auch von gefülltem Gemüse; durch die Rundumhitze werden die Resultate gegenüber dem Schmoren auf der Kochstelle verbessert.

34 Worin liegt der Unterschied zwischen Dämpfen und Dünsten?

Beim Dünsten wird vor dem Garen in Fett angeschwitzt, dann evtl. wenig Flüssigkeit angegossen.
Dämpfen erfolgt über der Flüssigkeit, es wird nur im Dampf gegart.

35 Erklären Sie die Vorteile einer senkrechten Wärmequelle beim Grillen (Gas- oder Elektrogrill).

Befindet sich die Wärmequelle neben dem Grillgut, kann kein herabtropfendes Fett verbrennen und gesundheitsschädigende Stoffe bilden.

36 Welche Voraussetzungen müssen Gefäße erfüllen, die im Mikrowellengerät verwendet werden.

Sie dürfen **nicht** aus **Metall** sein oder **mit Metallen beschichtet** sein, da sonst die Mikrowellen reflektiert werden. Geeignet sind hitzebeständige Kunststoffe, Glas und Keramik.

37 Erklären Sie das Prinzip des Mikrowellengarens.

Durch die Mikrowellen werden die Wassermoleküle im Gargut in starke Schwingungen versetzt, durch die Reibung erhitzen sie sich;
das Gargut wird von innen gegart und bildet – außer in Spezialgeschirr – keine Kruste.

38 Nennen Sie drei Vorteile des Mikrowellengarens.

1. Energieersparnis durch verkürzte Garzeit
2. keine Energieverluste durch Erwärmung eines oder mehrerer Trägermedien
3. gute Geschmacks-, Farb- und Formerhaltung der Nahrungsmittel
4. geringe Nährstoffverluste
5. Garen direkt im Serviergeschirr

39 Definieren Sie die Methode „Dampfdruckgaren".

Dampfdruckgaren ist Garen unter Druck bei Temperaturen von 110 bis 124 °C.

40 Mit welchen drei unterschiedlichen Verfahren kann der Dampfdrucktopf abgekühlt werden?

1. Gargut von der Kochstelle nehmen, bzw. beim Kessel Energiezufuhr stoppen, bis das Ventil Normaldruck erreicht. Achtung! Nachgareffekt berücksichtigen. Geeignet für unkritische Speisen, z. B. Eintöpfe.
2. Den Dampf in kurzen Intervallen ablassen – Ventil betätigen oder Deckel vorsichtig entriegeln. Achtung! Verbrennungsgefahr.
3. Unter fließendem kaltem Wasser abkühlen, bis der Topf drucklos ist. Geeignet für leicht schäumende Speisen.

41 Welche Vorteile bietet das Erwärmen oder Aufschlagen im Wasserbad?

Nennen Sie Beispiele.

Im Wasserbad brennt die Masse nicht an, Butter, Eier oder Sahne gerinnen weniger, z. B. Sauce hollandaise, Mousse au chocolat.

42 Was bedeutet „Garen im Wasserbad"?

Geben Sie ein Beispiel.

Hier wird ein Gericht in einem geschlossenen Gefäß (Puddingform) im Wasserbad gegart, z. B. süßer oder salziger Pudding.

Haushaltstechnik

Nährwerterhaltung

43 Welche Faktoren sind besonders am Vitaminabbau beteiligt?

- Licht
- Wärme
- Sauerstoff

44 Auf welche Weise gehen häufig Mineralstoffe verloren?

- durch Waschen von zerkleinerten Lebensmitteln
- durch Kochen in viel Wasser
- durch unnötig langes Liegen von geschälten Früchten oder Kartoffeln in Wasser

45 Erklären Sie, warum Aufwärmen i. d. R. besser ist als Warmhalten.

Beim Warmhalten werden ständig hitzeempfindliche Vitamine abgebaut, beim Aufwärmen nur in der kurzen Spanne des Erhitzens. Bei üblichen Warmhaltetemperaturen können sich außerdem Krankheitskeime gut vermehren, für Mikroben zu hohe Temperaturen würden Geschmack und Struktur der Speisen beeinträchtigen.

46 Wägen Sie unter dem Aspekt des Nährwertes die Vor- und Nachteile von Frischgemüse und Tiefkühlkost ab.

Vorteile
Frischgemüse der Saison bietet alle Möglichkeiten der Zubereitung, besonders der Rohkostherstellung ohne Kochverluste.

Nachteile
Gemüse, das länger in Lagerhallen gelegen hat, besitzt aber weniger Nährwert als TK-Gemüse, das frisch nach der Ernte tiefgefrostet wurde.

47 Begründen Sie, warum frische Kräuter erst direkt vor dem Servieren gehackt und an die Speisen gegeben werden.

Gehackte Kräuter bieten Luft, Licht und Wärme eine große Angriffsfläche für die Zerstörung der Vitamine. Auch Geschmacks- und Farbstoffe leiden unter diesen Einflüssen.

48 An welchem Ort und unter welchen Bedingungen wird Salat am besten gelagert?

Salat sollte kühl und unter hoher Luftfeuchte gelagert werden, d.h. entweder im Gemüsekeller/-kühlhaus, in der Frischezone des Mehrzonenkühlgerätes oder in speziellen Gefäßen im Kühlschrank.

49 Wie wird Fleisch nährstoffschonend vor- und zubereitet?

Nennen Sie drei Regeln mit Begründung.

1. Fleisch nur in heißes Fett oder Wasser geben, damit die obere Eiweißschicht schnell gerinnt (Poren werden geschlossen) und keine geschmacks- und wertgebenden Inhaltsstoffe verloren gehen.
2. Nie in gares Fleisch stechen, da sonst Fleischsaft austritt.
3. Fleisch – wenn nötig – nur kurz und unzerkleinert waschen, da sonst Inhaltsstoffe ausgeschwemmt werden.

50 Welche Lebensmittelinhaltsstoffe werden durch Hitze besonders leicht zerstört, welche gehen durch Auslaugen verloren?

- Vitamine, z.B. B_1 und C, sind hitzeempfindlich.
- Leicht ausgelaugt werden alle wasserlöslichen Vitamine und die Mineralstoffe.

51 Häufig läßt es sich nicht vermeiden, daß wertvolle Lebensmittelinhaltsstoffe beim Garen austreten.

a) Wie können die Verluste minimiert werden?

b) Wie können Vitaminverluste zwischen Garen und Servieren ausgeglichen werden?

a) Kochflüssigkeit, Fond und Schmorflüssigkeit immer mitverwerten. Geschnittener Salat, der in der Gemeinschaftsverpflegung häufig vorrätig gehalten wird, sollte leicht gesäuert werden; Dressing dementsprechend etwas milder abschmecken.

b) Die Zugabe von frisch gehackten Kräutern oder Abschmecken mit Würzhefe gleicht Verluste aus.

52 Nährwerterhalten bedeutet auch, unerwünschte Veränderungen und Reaktionen zu vermeiden und eine unnötige Erhöhung des Energiegehaltes zu verhindern.

Stellen Sie dazu mindestens drei begründete Regeln für die Nahrungszubereitung auf.

1. Geeignetes Fett ausreichend erhitzen, damit sich die Poren schnell schließen und nicht unnötig viel Fett aufgesogen wird.
2. Pökelwaren und Käse nicht gemeinsam stark erhitzen, da sich sonst Nitrosamine bilden (krebserregend).
3. Einmal über den Rauchpunkt erhitztes Fett entsorgen, es ist ungenießbar/gesundheitsschädlich.
4. Grillen und Braten bei zu hohen Temperaturen vermeiden, da verbrannte Lebensmittel gesundheitsschädlich sind (Benzpyrene).

Speisenplanung

53 Aus welchen Gängen besteht ein einfaches Menü?

- Vorspeise, kalt oder warm
- Hauptgericht
- Nachspeise (Dessert)

54 Die Speisenplanung in Groß- und Privathaushalt oder Betriebsgastronomie ist aufgrund der unterschiedlichen Zielsetzung verschieden. Einige grundsätzliche Regeln gilt es aber immer zu beachten.

Nennen Sie mindestens drei Regeln, die bei der Speisenplanung berücksichtigt werden sollten.

Zu berücksichtigen sind

1. das saisonale Angebot,
2. die Ausgewogenheit der Nährstoffe und damit die Bekömmlichkeit,
3. die Farbzusammenstellung und damit Appetitlichkeit und optischer Anreiz,
4. ansprechende Darreichung der Speisen nach Struktur, Zubereitung und Service,
5. keine Wiederholung der Grundstoffe oder besonderer Zubereitungsarten innerhalb des Menüs.

55 Den Vorspeisen kommt eine besondere Bedeutung zu.

a) Welche Funktion haben sie?

b) Welche Merkmale zeichnen eine gute Vorspeise aus?

a) – Anregen des Appetits
– Dämpfen des Heißhungers
– Überbrücken der Wartezeit

b) – appetitanregende Rohstoffe, d. h. Nahrungsmittel mit feinem, pikantem, aber nicht aufdringlichem Geschmack →

▷ *Fortsetzung* ▷

c) Nennen Sie unterschiedliche Vorspeisen-Gruppen.

d) Bei größeren Menüs werden mehrere Vorspeisen gereicht. In welcher Reihenfolge werden die unter c) genannten Vorspeisen serviert?

- kleine Portionen
- kontrastreiche Kombination

c) Suppe, warme Vorspeise, kalte Vorspeise

d) – kalte Vorspeise
– Suppe
– warme Vorspeise

[56] Welchen Sinn hat das Darreichen von Süßspeisen nach einem ausgewogenen, reichlichen Essen?

Desserts dienen dem Abrunden des Geschmackserlebnisses, da die Geschmacksrichtung „süß" i. d. R. als besonders positiv empfunden wird.

[57] Mittelpunkt des Hauptgerichtes ist häufig ein tierisches Lebensmittel mit hohem Eiweißgehalt.

Nennen Sie mehrere Möglichkeiten und geben Sie evtl. auch die Zubereitungsart an.

- Filetsteak, kurzgebraten
- Schnitzel, paniert, gebraten
- Schmorbraten
- Fisch, gedünstet oder pochiert
- Fisch, gekocht mit heller Sauce
- Cordon bleu, kurzgebraten

[58] Welche preiswerten und ernährungsphysiologisch günstigen Sättigungsbeilagen können gereicht werden?

Nennen Sie den charakteristischen Hauptnährstoff und mindestens sechs Beispiele.

Sättigungsbeilagen enthalten überwiegend Kohlenhydrate:

- Salzkartoffeln
- Kroketten
- Herzoginkartoffeln
- Semmelklöße, Serviettenkloß
- Kartoffelklöße (aus rohen oder gekochten Kartoffeln)
- Reis, auch Natur- oder Wildreis
- Nudeln, Spätzle

[59] Stellen Sie einen ansprechenden kleinen Vorspeisensalat zusammen.

- Bohnensalat, Möhrenrohkost, Endiviensalat, Tomatenscheiben
- Weißkrautsalat, Möhrenrohkost, Feldsalat, Rote Bete

[60] Stellen Sie drei Menüvorschläge für das Mittagessen eines Altenheimes zusammen. Als Mittelpunkt sollen Ei, Fisch und Rindfleisch berücksichtigt werden. Bieten Sie Salatteller oder Suppe und ein Dessert an.

1. Kraftbrühe
   gedünstetes Fischfilet, Buttermöhren, Petersilienkartoffeln
   Fruchtquark
2. kleiner Salatteller (Kopfsalat, Möhren-Sellerie-Rohkost, Rote-Bete-Streifen)
   Eierpfannkuchen mit Spinatfüllung
   Schokoladenflammeri (Milch mit 1,5 % Fett als Grundlage)
3. Blumenkohlcremesuppe
   Rinderschmorbraten, Reis, feine Erbsen
   Obstsalat

[61] Zuviel Fleisch ist ungesund, und viele Menschen verzichten aus ethischen Gründen auf Fleischkonsum.

Stellen Sie drei vegetarische Menüs zusammen (ovo-lacto-vegetabil).

Berücksichtigen Sie den Ergänzungswert unterschiedlicher Eiweißträger.

1. Tomaten-Mozzarella-Platte mit frischem Basilikum
   Hirse-Gemüse-Auflauf mit Ei-Sahne-Guß
   gebackene Banane
2. Rohkostplatte
   Champignoncremesuppe
   Grünkernbratlinge, Ratatouille
   Orangensorbet mit -filets
3. Tomatensuppe
   Kartoffel-Brokkoli-Plätzchen mit bunter Salatplatte
   Fruchtgelee mit Vanillesauce

[62] Welche Aspekte müssen bei der Speisenplanung für Kinderbetreuungseinrichtungen beachtet werden?

- die besonderen Nährwertbedürfnisse, z. B. leicht verdauliche Eiweiße, Calcium, Eisen
- bei Kleinkindern die geringeren Nahrungsmengen, Vorspeisen sind i. d. R. nicht sinnvoll
- die sehr unterschiedlichen Neigungen: besonders ausdrucksstarke Nahrungsmittel und scharfe Gewürze werden oft abgelehnt und sollten vermieden werden
- eine ansprechende Optik ist besonders wichtig

63 Mit welchen kleinen Zwischengerichten kann bei Menschen jeden Alters einem allzu starken Leistungsabfall zwischen den Hauptmahlzeiten vorgebeugt werden?

Geben Sie drei Beispiele an.

1. 1–2 Scheiben Knäckebrot mit Butter und/oder Käse, dazu ein Glas Gemüse- oder Fruchtsaft
2. 1 Becher Naturjoghurt, Obst je nach Bedarf (Banane, Apfel, Orange, Kiwi, Erdbeeren, usw.)
3. 1 Glas Milch oder Buttermilch, 1–2 Vollkornzwieback oder einige Vollkornkekse

64 Geben Sie die ungefähren Mengen (pro Person) für ein kaltes Hauptmahlzeit-Büfett an:

a) Fleischwaren und/oder Fisch
b) Käse
c) Salate auf Nährmittelgrundlage, sättigende Salate
d) Rohkost
e) Brot, Brötchen
f) Butter
g) Früchte oder Fruchtsalat
h) Creme, Dessert

a) 130 bis 160 g
b) 60 bis 80 g
c) 100 bis 150 g
d) 50 bis 100 g
e) 80 bis 100 g
f) 20 g
g) 80 bis 120 g
h) 50 bis 100 g

65 Zum Besuch eines hohen Repräsentanten der Trägerorganisation soll in einer Altenpflegeeinrichtung ein kleiner Empfang am Vormittag gegeben werden. Dabei werden Getränke und kleine Appetithappen gereicht.

Wie viele Happen werden pro Person gerechnet?

Gestalten Sie mindestens fünf ansprechende Beispiele für diesen Anlaß.

Pro Person werden fünf bis sieben Happen gerechnet:

1. Kräcker mit Kräuterfrischkäse, gespritzt mit Sterntülle, garniert mit Kresse oder Olivenringen
2. runde Pumpernickelscheibchen mit Butter, Fächer aus gekochtem Schinken, Mayonnaisefleck und Gurkenstreifen
3. geröstetes Weißbrotdreieck mit Graved Lachs, Mayonnaisestreifen (oder gewürzter Crème double), Dillzweig und Ketakaviar →

▷ *Fortsetzung der Antwort* ▷

4. Graubrotdreieck mit Butter, Matjesfiletstreifen (versetzt gelegt), Sahnetupfer, Zitronenfilet und Petersilienröschen
5. rund ausgestochenes Weißbrot, geröstet, mit Butter, drei senkrecht aufgesetzte Roastbeefröllchen, Merrettichsahnetupfer
6. gefüllte Eier mit unterschiedlichen Garnituren

Wichtige Grundrezepte

66 Geben Sie das Rührmasse-Grundrezept für 4 Eier an.

Beschreiben Sie die Herstellung unter Berücksichtigung unterschiedlicher Geräte (Betriebsmittel).

250 g Margarine
200 g Zucker
4 Eier
10 g Vanillezucker

---

125 ml Milch (1,5 %)
500 g Weizenmehl
6 g Backpulver

In der Küchenmaschine werden Eier, Fett und Zucker schaumig gerührt, bei Verwendung eines Handquirls erst Fett und Zucker aufgeschlagen und dann die Eier zugegeben. Milch unterrühren, Mehl und Backpulver mischen, sieben und kurz unterrühren. Bei leistungsstarken Großküchenmaschinen können alle Zutaten auf einmal verrührt werden.

67 Mürbeteig ist ein Knetteig:

a) Welche Bedeutung haben die beiden Begriffe in der Herstellung und beim Endprodukt?

b) Geben Sie ein Grundrezept für süßen Knetteig an, und weisen Sie auf die kritischen Punkte bei der Herstellung hin.

a) Der Teig wird in der Endphase der Herstellung geknetet; nach dem Abbacken ist der Teig mürbe, d. h. zart und brüchig.

b) 250 g Mehl
125 g Fett, gut gekühlt
60 g Zucker
1 Ei
(oder sog. 1:2:3 Mürbeteig, d. h. 1 Teil Zucker, 2 Teile Fett, 3 Teile Mehl, kein Ei) →

▷ *Fortsetzung* ▷

c) Wie erfolgt die Herstellung großer Teigmengen im Großhaushalt?

Nachdem alle Zutaten bis zur Streuselbeschaffenheit verhackt wurden, wird kurz (!) geknetet, der Teig soll nicht glänzen. Vor der Weiterverarbeitung kühl stellen, damit sich der Kleber entwickeln kann.

c) in der Küchenmaschine mit Knethaken

68 Mürbeteig wird auch gerne für salziges Gebäck verwendet.

Wie kann das Grundrezept für süßen Mürbeteig abgewandelt werden?

1. Statt 125 g Fett verwendet man 100 g Fett + 30 ml süße Sahne,
2. statt 60 g Zucker 4 g Salz + 2 g Zucker,
3. zusätzlich 6 g Backpulver.

69 Hefeteig ist eine vielseitige Grundlage für unterschiedliche Gebäcke.

a) Bereiten Sie einen Hefeteig aus 500 g Mehl nach der All-in-Methode zu.

Nennen Sie die übrigen Zutaten.

b) Unter welchen Bedingungen ist ein Vorteig sinnvoll?

c) Woraus besteht der Vorteig?

a) 40 g Hefe in 250 ml warmer Flüssigkeit auflösen, mit 500 g Mehl, 1 Ei, 80 g Fett und 80 g Zucker verkneten, ca. 1/2 Stunde zugedeckt gehen lassen, dann weiterverarbeiten.

b) Ein Vorteig ist sinnvoll bei erhöhtem Fett- und/oder Eigehalt oder bei Verwendung von Vollkornmehl, damit dieses ausreichend quellen kann und von der Hefe vergoren wird.

c) Der Vorteig besteht aus der vorgesehenen Flüssigkeitsmenge, der Hefe, ca. 50 % des Mehls und etwas Zucker.

70 Quark-Öl-Teig wird oft als Alternative zu Hefeteig verwendet. Welche Vorteile hat der Quark-Öl-Teig?

Quark-Öl-Teig trocknet durch den Magerquarkanteil nicht so schnell aus und ist sehr schnell herzustellen, da keine Wartezeiten für die Hefegärung nötig sind.

71 Stellen Sie eine Brandmasse her. Beschreiben Sie die einzelnen Herstellungsschritte und die Mengen der verwendeten Zutaten.

1/4 l Wasser, 50 g Margarine, 1 Pr. Salz im geschlossenen Topf aufkochen. Von der Kochstelle nehmen, 150 g Weizenmehl auf einmal zuschütten und mit dem Kochlöffel zum Kloß rühren. Auf der Kochstelle abbrennen, bis sich eine weiße Haut am Topfboden bildet. Topf vom Herd nehmen, zuerst 1 Ei mit Kochlöffel oder Knethaken unterrühren, abkühlen, dann nach und nach 3 weitere Eier. Die Masse muß glänzen und Spitzen bilden.

72 Nennen Sie die drei Hauptzutaten von Biskuit, und beschreiben Sie, wie er seine lockere Struktur erhält.

Biskuit besteht aus **Eiern, Zucker und Mehl.** Die Eier werden getrennt verarbeitet. Der steife Eischnee wird zum Schluß mit dem Mehl untergehoben, so daß die Schaumstruktur erhalten bleibt. Die Luftbläschen dehnen sich unter der Hitze aus und bewirken damit die lockere Struktur des Gebäcks.

73 Wie erfolgt die einfachere Herstellung mit Küchenmaschine?

Die Eier werden nicht getrennt, sondern mit dem Zucker aufgeschlagen, anschließend wird das gesiebte Mehl untergehoben.

74 Wie wird eine Knochenbrühe hergestellt?

Rinderknochen waschen, abtropfen lassen, in heißem Fett zusammen mit Möhren, Sellerie, Lauch, Zwiebeln anrösten, mit kaltem Wasser aufgießen, aufkochen und mit Salz, Pfeffer, Piment, Ingwer abschmecken. Ziehen lassen.

75 Wie erhält man eine Kraftbrühe bzw. eine doppelte Kraftbrühe?

Nach dem Abgießen und Abkühlen gibt man zerkleinertes, fettarmes Klärfleisch (Rinderwade, Geflügelklein) hinzu und kocht langsam hoch, so daß die Fleischproteine die Trübstoffe umschließen und Geschmacksstoffe u. a. ausgelaugt werden. Doppelte Klärfleischmenge ergibt die doppelte Kraftbrühe.

76 Wie erzielt man die cremige Konsistenz einer Cremesuppe?

durch Bindemittel wie Weizen-, Hafer-, Grünkern- oder Gerstenmehl, Stärkemehl, Grieß oder Graupen, sowie durch Zugabe von Sahne

77 Beschreiben Sie den Unterschied zwischen Flammeri und Pudding anhand der Herstellung und evtl. unterschiedlicher Zutaten.

Flammeri – im allgemeinen Sprachgebrauch oft als „Pudding“ bezeichnet – wird durch Aufkochen von Milch und Einrühren von angerührter Stärke, Geschmackszutaten und Zucker hergestellt. Je nach Rezept wird noch Eigelb und/oder Eischnee untergehoben. Echter süßer Pudding wird anfangs nach dem gleichen Prinzip hergestellt, enthält aber zusätzliches Fett und wird nach Unterarbeiten erheblicher Eigelb- und Eischneemengen in der geschlossenen Puddingform im Wasserbad gegart. Pudding wird auch salzig hergestellt: z. B. aus Hackfleisch und Weißkraut.

78 Geben Sie die Zutaten für ein Flammeri-Grundrezept für 40 Personen an.

5 l Milch
400 g Zucker
400 g Stärke
$^1/_2$ Tl Salz
geschmacksgebende Zutaten

79 Zu den häufig angewandten Rezepten gehört die helle Grundsoße.

a) Geben Sie das Grundrezept auf der Basis von Mehlschwitze – mit und ohne Zwiebeln – an, beschreiben Sie die Herstellung.

a) 30 g Margarine o. Butter erhitzen, evtl. Curry zugeben oder 30 g fein gewürfelte Zwiebeln glasig dünsten,
30 g Mehl auf einmal zugeben, mit Schneebesen unterrühren und schwitzen lassen, Topf von der Kochstelle nehmen, $^1/_2$ l Flüssigkeit, z. B. Fleischbrühe, Milch, Wasser, Sahne auf einmal zugeben und glattrühren.
Unter Rühren kurz aufkochen und bei geschlossenem Topf nachquellen lassen. →

▷ *Fortsetzung* ▷

b) Stellen Sie für die leichte Kost eine helle Soße her.

c) Nennen Sie vier unterschiedliche Geschmacksvarianten der hellen Grundsoße.

b) $^3/_8$ l Flüssigkeit (Brühe von Fleisch, Fisch, Gemüse) ankochen, 2 EL (20 g) Speisestärke mit $^1/_8$ l Milch glattrühren und in die kochende Flüssigkeit rühren, kurz aufkochen, abschmecken.

c) Meerrettich, Senf, Pilze, Kräuter, Dill, Käse

80 Nennen Sie ein Grundrezept, die Zubereitung und die Verwendungsmöglichkeiten für (Hack-)Fleischteig.

1 trockenes Brötchen (in kaltem Wasser einweichen) oder 30 g Haferflocken, 375 g Hackfleisch mit 1 feingewürfelten Zwiebel, 1 Ei, Salz, Pfeffer, Paprika, Muskat evtl. Petersilie und dem ausgedrückten Brötchen verkneten (Handrührgerät, Knethaken).
Abschmecken und weiterverarbeiten.
Geeignet für Frikadellen, Hackbraten, Füllung für Kohlrouladen oder Paprikaschoten, Königsberger Klopse.

Präsentation von Speisen/Tischdecken

81 „Das Auge ißt mit" – dieser bekannte Ausspruch darf weder bei der Nahrungszusammenstellung noch bei der Präsentation vernachlässigt werden.

Geben Sie je ein Beispiel für kontrastreiche und Ton-in-Ton gehaltene Tischgestaltung.

Kontrast:
weiße Damastdecke, bunte Teller im Pop-Art-Design, Servietten in einem Blauton der Teller, Servienttenringe aus Messing, Kerzenhalter in einem Rotton aus dem Teller-Design

Ton-in-Ton:
Tischdecke in hellem Rosé, silberne Platzteller, Teller mit rosé Muster oder Rand, Servietten in dunklerem Rosé/ Pink mit silbernem Serviettenring, Glasvasen mit Blüten und Glasschalen mit Schwimmkerzen in Rosé

82 Werden mehrere Gänge am Platz serviert, wird vorher das Besteck vollständig eingedeckt.

Beschreiben Sie die Besteckanordnung für ein Menü mit kalter Vorspeise, Suppe, Hauptgang, Eis.

rechte Seite von außen nach innen:
Menübesteck-Messer, Suppenlöffel, Tafelbesteck-Messer

linke Seite von außen nach innen:
Menübesteck-Gabel, Tafelbesteck-Gabel

oberhalb des Tellers:
Eislöffel, Stiel nach rechts

83 Beschreiben Sie den Grundaufbau eines Büfetts von rechts nach links.

Teller, Vorspeisen, Hauptspeisen, dabei Platten vorne, Schüsseln hinten, Blickfang erhöht hintere Mitte, z. B. Butterfigur, exotischer Früchtekorb, Meeresfrüchteplatte o. a., Bestecke, Servietten, Desserts, Dessertbesteck, Käseplatte, Brotkorb, Käsemesser

84 Zu welchen Getränken gehören die folgenden Glasformen?

Geben Sie jeweils eine kurze Erklärung zur Glasform.

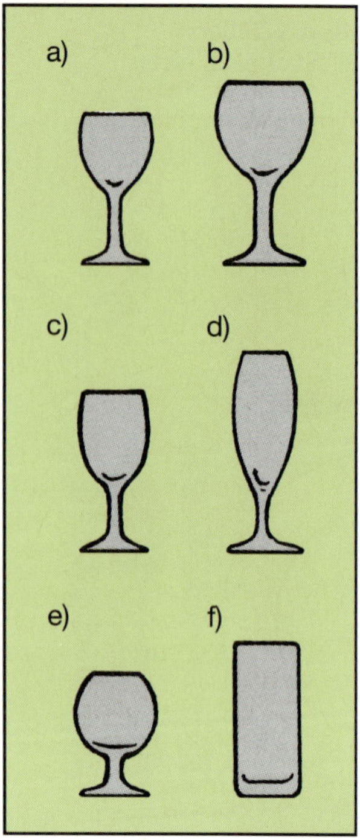

a) **Weißwein,** kleiner Kelch – durch häufiges Nachschenken ist der Wein stets kühl und frisch

b) **Rotwein,** großes Volumen – damit sich unter Sauerstoff mehr Bukett- und Geschmacksstoffe entfalten

c) **Sherry,** klein – da vollmundiger Aperitif nur in kleinen Mengen getrunken wird; hohe Form – da kein zusätzlicher Sauerstoff zur Entfaltung nötig ist

d) **Sekt** – moussiert in hohem Kelch länger

e) **Cognac,** großes Volumen – Sauerstoffzutritt ist nötig; zusätzlich wird noch stärker über das Bukett genossen

f) **Longdrinkglas** – die hohe zylindrische Form erlaubt das optische Genießen und die Verwendung von Strohhalm oder Löffel

2.2 Vorratshaltung

Vorratshaltung und -verwaltung

85 Nennen Sie mindestens vier Gründe, warum Vorratshaltung auch für den kleinsten Haushalt wichtig ist.

1. Vorratshaltung **spart Geld,** da Sonder- und Saisonangebote genutzt werden können.
2. Vorratshaltung **schafft Freiräume** durch Zeitverlagerung, z. B. Vorkochen mehrerer gleicher Mahlzeiten.
3. Vorratshaltung **macht unabhängig** von Ladenöffnungszeiten.
4. Vorratshaltung **ist Vorsorge** für überraschenden Besuch, Krankheit oder Umweltkatastrophen.
5. Vorratshaltung **spart Zeit** und Kraft, wenn einmal wöchentlich ein Großeinkauf getätigt wird.

86 Allgemeine Empfehlungen über Art und Umfang des Vorrats sind nur begrenzt möglich.

Welche Gesichtspunkte sind bei der Vorratsplanung zu berücksichtigen (z. B. Größe des Haushalts)?

- Haushaltsgröße
- Haushaltsstruktur, d. h. Alter, Tätigkeit, evtl. diätetische Bedürfnisse (besonders im Großhaushalt)
- Verzehrsgewohnheiten bzw. Speisenplanung, damit nur Lebensmittel eingelagert werden, die auch verzehrt werden
- häufige Besuche/Gastfreundschaft bedingen eine umfangreichere Vorratshaltung
- Lagermöglichkeiten, da nur bei optimaler Lagerung die Qualität erhalten bleibt und Einkaufsvorteile nicht durch Lagerverluste zunichte werden

87 Durch welche Maßnahmen wird gewährleistet, daß nur einwandfreie Ware gelagert wird?

Berücksichtigen Sie besonders die Vorgänge im Großhaushalt.

- Wareneingangsprotokolle durchführen, d. h. überprüfen, ob z. B. das Gemüse frisch und ohne Beschädigung/Faulstellen ist.
- Mindesthaltbarkeitsdatum prüfen.

→

▷ *Fortsetzung der Antwort* ▷

- Vorräte regelmäßig auf Verderb kontrollieren.
- Neue Ware hinter älterer lagern.

88 Welche Maßnahmen gehören zur Pflege des Vorrats?

- Durch geeignete Behältnisse die Vorräte vor Schädlingen schützen.
- Selbst haltbar gemachte Lebensmittel deutlich beschriften und regelmäßig kontrollieren.
- Mindesthaltbarkeitsdatum regelmäßig kontrollieren.
- Vorratsräume mindestens einmal jährlich gründlich reinigen.

89 Zur Vorratshaltung gehört die Ermittlung der günstigsten Einkaufsquellen. Besonders im Großhaushalt können hierdurch erhebliche Geldmittel gespart werden.

Wie ermitteln Sie die günstigsten Angebote für Lebensmittel und Getränke, die für den Vorrat benötigt werden?

- Nachschlagen in der Lieferantendatei und aktuelle Angebote einholen.
- Marktberichte der Tageszeitungen lesen.
- Vergleiche auf dem Großmarkt anstellen.
- Neue Anbieter aus der Fachpresse anschreiben und Angebotspalette mit Lieferkonditionen anfordern.

90 Wie behält die hauswirtschaftliche Betriebsleiterin, der/die Küchenleiter/in oder die Hausdame den Überblick über die Lagerbewegungen?

Wie wird gewährleistet, daß Vorräte rechtzeitig aufgestockt werden?

In größeren Betrieben werden alle Lagerentnahmen mit Warenanforderungsschein beantragt und die Ausgabe durch Unterschrift bestätigt. Möglich ist auch das direkte Buchen über das EDV-System. Durch Festlegen eines Mindestbestandes, der bei der Entnahmebuchung überprüft wird, wird die rechtzeitige Nachbestellung gesichert.

Waren, die direkt vom Personal entnommen werden, müssen regelmäßig – z.B. zweimal pro Woche – überprüft werden.

91 Nennen Sie Gelegenheiten/Anlässe, zu denen Vorräte besonders sorgfältig geplant werden müssen.

vor Festtagen, Wochenenden oder evtl. verlängerten Wochenenden; auch vor dem Urlaub der zuständigen Person sollte aufgefüllt und die Vertretung genau informiert werden

Vorratsräume und Lagerbedingungen

92 Beschreiben Sie die optimalen Lagerbedingungen in einem Vorratskeller.

dunkel, gute Lüftung, kühl, d.h. 4 °C im Winter, 12 °C im Sommer, relative Luftfeuchte 85 bis 90 %

93 Im Vorratskeller lagern bestimmte Lebensmittel optimal.

a) Welche Lebensmittel werden am besten dort gelagert?

b) Nennen Sie notwendige Einrichtungsgegenstände für die Frischlagerung.

a) Obst (Äpfel, Birnen), Gemüse (Wurzelgemüse, Kohl), Kartoffeln, Milchprodukte, Margarine, Öl

b) Regale, Horden, Kartoffelkiste, Sandkiste oder -ecke, Tisch, Thermometer, Hygrometer

94 Konserven – in jeder Form – benötigen andere Lagerbedingungen als Frischware.

a) Schildern Sie die Gegebenheiten in einer Speisekammer oder einem Keller für konservierte Nahrungsmittel.

b) Welche Vorräte werden unter diesen Bedingungen noch gelagert?

a) Damit Dosen nicht rosten und Gummidichtungen nicht schimmeln, ist folgendes zu beachten:
- relative Luftfeuchte 70 % bei ca. 15 °C
- dunkel oder geschlossene belüftete Schränke bzw. Regale mit Vorhang

b) Getränke und Trockenvorräte wie Mehl, Zucker, Getreide/Reis, Teigwaren

95 Auch der Kühlschrank ist ein Lagerraum. Im Großhaushalt übernehmen Kühlräume die Aufgaben des Kühlschranks.

a) Wo befinden sich im Kühlschrank die kältesten Zonen?

b) Welche Lagerbedingungen sollten in Kühleinrichtungen für Fleisch- und Milchprodukte vorhanden sein?

c) Frischezonen im Drei- oder Vierzonengerät sind u. U. gut für Obst und Gemüse geeignet.

Nennen Sie die genauen Bedingungen für lange Haltbarkeit.

a) in unmittelbarer Nähe der Verdampferplatten/des Kühlaggregats und in Bodennähe (Kälte fällt) bzw. auf der unteren Glas- oder Kunststoffplatte

b) 0–2 °C, 50 % relative Luftfeuchte

c) 0–1 °C, 85–90 % relative Luftfeuchte

96 Gefriergeräte oder -fächer sind mit Sternen gekennzeichnet.

Welche Temperaturen symbolisieren die 1, 2, 3 oder 4 Sterne?

Wofür sind die verschiedenen Temperaturbereiche geeignet?

* minus 6 °C oder kälter, zur kurzfristigen Lagerung von TK-Kost

** minus 12 °C oder kälter, Lagerung von TK-Kost bis 14 Tage

*** minus 18 °C, Lagerung für 2 bis 3 Monate

**** minus 18 °C und für Einfriervorgang wesentlich kälter einstellbar; zum Einfrieren kleinerer bis mittlerer Mengen, je nach Produkt längere Lagerung als 3 Monate

97 Warum ist es so wichtig, Vorräte möglichst dunkel zu lagern?

- Licht beschleunigt alle Lebensvorgänge, d. h. auch Abbauvorgänge.
- Licht fördert auch das Ranzigwerden und den Vitaminabbau.

98 Auch außerhalb des Hauses, besonders im landwirtschaftlichen Bereich, finden sich vielfältige Lagermöglichkeiten.

Beschreiben Sie den Aufbau einer Erdmiete, und erklären Sie die einzelnen Bestandteile.

Grube ausheben, 30 bis 40 cm tief, d. h. Boden gut erreichbar; mit Sand als Belüftungs- und Drainageschicht ausstreuen, Drahtgeflecht gegen Wühlmaus- und Maulwurffraß; Abdeckung mit einem Brett, das zur Belüftung auf Strohbündel gelagert wird; Isolierschicht aus Laub und Stroh sowie Schlußabdeckung aus Erde, damit Laub u. a. nicht verweht wird.

99 Nennen Sie zwei unterschiedliche Arten, Wurzelgemüse über den Winter zu lagern.

Beschreiben Sie die Verfahren.

1. **Sandeinschlag:** gesäubertes Wurzelgemüse auf eine Schicht mittelfeuchten Sand in saubere Kisten oder abgeteilte Kellerecke legen, mit Sand abdecken, Gemüse, Sand usw.
2. **Folienbeutel:** zur Verlangsamung der Atmung, die erst zur Nachreifung, dann zum Abbau/Verderb führt, auch für Kernobst

   Nach Arten getrennt in lebensmittelgeeignete PE-Beutel packen, nach 14 Tagen Beutel lochen, da sonst die CO_2-Konzentration zu hoch wird. Beutel in abgedeckte Kiste stellen, regelmäßig kontrollieren.

100 Die Lagerbedingungen können durch das Lagergut verändert werden.

Erklären Sie diese Aussage, und ziehen Sie Konsequenzen für die Beschaffenheit des Lagerraumes und die Einlagerung verschiedener Nahrungsmittel.

Bei der Atmung geben Obst und Gemüse CO_2 ab. Außerdem geben viele Früchte, besonders Äpfel, aber auch Birnen, Pfirsiche und Pflaumen, das als Reifungshormon wirkende Ethylen ab. Darauf reagieren andere Lebensmittel, z. B. Kohl und Kiwis, sehr empfindlich. Ausreichende Lüftung hält die Ethylenkonzentration niedrig. Außerdem sollten starke Ethylenausscheider nicht mit ethylenempfindlichen gelagert werden, außer in Folienbeuteln.

Haltbarmachungsverfahren

101 Lebensmittel werden häufig konserviert/haltbar gemacht, wenn sie keine lange natürliche Haltbarkeit besitzen.

Nennen Sie die zwei unterschiedlichen Gruppen der Haltbarmachungsverfahren, und erklären Sie ihre Wirkungsweise.

Physikalische Verfahren arbeiten mit Kälte, Hitze oder mit Wasserentzug, z.B. beim Trocknen.
Durch Hitze werden Mikroorganismen abgetötet, Kälte hemmt ihre Vermehrung, und ohne Wasser fehlt Mikroorganismen die wichtigste Lebensgrundlage.

Chemische Verfahren nutzen die bakterienhemmende oder -abtötende Wirkung chemischer/biochemischer Substanzen. Chemische Konservierungsmittel wirken direkt auf die Mikroorganismen, Zucker und Salz wirken wasserbindend, so daß das Wasser den Mikroorganismen nicht mehr zur Verfügung steht. Gärungen hemmen durch die Bildung von Alkohol oder durch pH-Absenkung.

102 Erklären Sie, warum Salzzusatz konservierend wirkt. Welche zusätzliche Wirkung hat das Pökeln?

Nennen Sie für beide Verfahren jeweils geeignete Ausgangsprodukte.

Wenn Salz in Wasser gelöst ist, sind die Wassermoleküle gebunden und für die Mikroorganismen nicht verfügbar. Ist kein freies Wasser mehr vorhanden, entzieht das Salz den Zellen das Wasser. Das Nitrit im Pökelsalz tötet zusätzlich einige Bakterien ab.

Salzen ist geeignet für Gemüse (in Verbindung mit Milchsäuregärung), Fisch, Fleisch.

Pökeln findet nur in der Fleischverarbeitung Verwendung.

103 Warum kann das Einlegen in Öl als Konservierungsverfahren bezeichnet werden?

Das Öl verhindert den Luftzutritt zum Lebensmittel und hemmt damit das Wachstum aller aeroben Mikroorganismen (Mikroorganismen, die Luft benötigen).

104 Zucker als Konservierungsmittel wird meist in Verbindung mit Hitze angewandt.

Nennen Sie die wichtigsten Anwendungsbeispiele, und erklären Sie die Wirkung einer hohen Zuckerkonzentration.

- Konfitüre, Gelee, Sirup, kandierte Früchte
- Zucker senkt den a_w-Wert, d.h. den Gehalt an verfügbarem Wasser. Durch Hitze werden Bakterien abgetötet. Bei ausreichend hoher Zuckerkonzentration können evtl. nachträglich eingedrungene Schimmelpilze nur noch bedingt Toxine bilden.

105 Mit welchen anderen Konservierungsmethoden kann der Zusatz von Zucker kombiniert werden?

Nennen Sie mindestens ein Anwendungsbeispiel.

Zucker wird häufig mit Säure und Hitze zur Herstellung süßsaurer Gemüse kombiniert. Die Senkung des a_w-Wertes und des pH-Wertes sowie die Heißabfüllung oder Sterilisierung ergeben ein haltbares Produkt mit ausgewogenem Geschmack, z.B. Kürbis, Gurken, Mixed Pickles, Chutneys.

106 Trocknen ist die älteste Haltbarmachungsmethode, da hierfür nicht unbedingt Strom und spezielle Geräte erforderlich sind.

a) Welche Lebensmittel eignen sich besonders gut zum Trocknen?

b) Was muß beim Verpacken und Lagern des Trockenproduktes beachtet werden?

c) Welche Kräuter eignen sich nicht zum Trocknen?

d) Welches technologische Verfahren ergibt besonders gute Trockenprodukte?

a) Obst, Gemüse, Kräuter, Pilze
b) Vor dem Verpacken völlig abkühlen lassen. Dunkel, kühl und trocken lagern, z.B. in voll gefüllten Schraubdeckelgläsern oder in Kunststoffbeuteln.
c) Borretsch, Sauerampfer, Pimpernelle
d) die Gefriertrocknung

Haushaltstechnik

107 Lebensmittel können durch Wasserentzug haltbar gemacht werden.

a) Erklären Sie den Unterschied zwischen „Trocknen“ und „Gefriertrocknen“.

Nennen Sie geeignete Ausgangsprodukte.

b) Wie lange sind Trockenprodukte haltbar?

c) Mit welcher zusätzlichen Maßnahme wird Trokkenobst häufig behandelt?

Begründen Sie!

a) Beim Trocknen erfolgt der Wasserentzug bei ca. 80 °C – geeignet für Obst, Kaffee, Tee, Milch und Hülsenfrüchte.
Gefriertrocknen erfolgt bei –20 °C bis –30 °C und ist besonders für empfindliche Produkte wie Pilze und Kräuter geeignet, deren Aromen unter der Hitze leiden würden.

b) Sie sind mehrere Jahre bei ausreichender Trocknung und optimaler Lagerung haltbar.

c) Trockenobst wird häufig geschwefelt, da das Schwefeldioxid das Nachdunkeln verhindert. Außerdem hat das Schwefeldioxid bakterizide und fungizide Eigenschaften, was die Haltbarkeit weniger stark getrockneter Produkte erhöht.

108 Räuchern ist eine kombinierte Konservierungsmethode.

Welche Faktoren wirken antimikrobiell?

- Beim Heißräuchern erfolgt eine Garung sowie eine äußere Trocknung. Hitze und Rauchinhaltsstoffe töten Bakterien ab, Trocknung senkt den a_W-Wert.
- Beim Kalträuchern erfolgt eine stärkere Trocknung, kein Garen, aber durch längere Räucherzeit stärkere Abtötung äußerlich anhaftender Keime (längere Haltbarkeit).

109 Zwei Gärungsprozesse sind in der Lebensmittelkonservierung gebräuchlich.

Nennen Sie die Verfahren, beschreiben Sie ihre Wirkungsweise und ergänzen Sie dazu je ein Beispiel.

Milchsäuregärung und alkoholische Gärung bilden Stoffwechselprodukte, die das Milieu des Lebensmittels verändern:

- pH-Wert-Senkung durch Milchsäurebakterien bei Sauerkraut oder sauren Bohnen
- Alkohol aus der Hefegärung, der bei ausreichender Konzentration das Zelleiweiß anderer Bakterien schädigt, z. B. Obstwein, Bier, Apfelmost

110 Worin bestehen die Verfahrensunterschiede bei der Sauerkraut- und Essiggurkenherstellung?

Wie verhält es sich mit den wertgebenden Inhaltsstoffen?

- Bei der Sauerkrautherstellung wird durch krauteigene Milchsäurebakterien Zucker zu Milchsäure vergoren. Salz senkt den a_w-Wert, der Vitamingehalt ist eher höher als im Ausgangsprodukt.
- Essiggurken entstehen durch zweimaliges Übergießen mit heißem Essigsud, wodurch Vitamine abgebaut werden.

111 Sogenannte „chemische Konservierungsstoffe" stoßen bei vielen Verbrauchern auf Ablehnung, obwohl sie teilweise in Pflanzen vorkommen oder im menschlichen Stoffwechsel entstehen.

Nennen Sie mindestens vier kennzeichnungspflichtige chemische Konservierungsstoffe.

1. Sorbinsäure
2. Benzoesäure
3. Schwefeldioxid
4. PHB-Ester
5. Ameisensäure
6. Diphenyl/Orthophenylphenol

112 Einkochen ist eine der gebräuchlichsten Methoden zur Konservierung von selbstangebautem Obst und Gemüse.

a) In welchem Temperaturbereich wird eingekocht?

b) Nennen Sie die vier möglichen Geräte, in denen eingekocht werden kann.

c) Beurteilen Sie den Nährstoffverlust beim Einkochen.

a) 75 bis 100 °C über 10 bis 120 Minuten je nach Lebensmittel

b) Einkochtopf
Backofen
Mikrowelle
Dampfdruckgerät

c) Die Vitaminverluste entsprechen denen üblicher Garmethoden, bei der Lagerung werden aber weitere Vitamine – besonders Vitamin C – abgebaut, deshalb kühl, dunkel und max. ein Jahr lagern. Mineralstoffe lösen sich z. T. in der Flüssigkeit.

113 Welche Besonderheit ergibt sich beim Einkochen eiweißreicher Lebensmittel?

Eiweißreiche Lebensmittel sind besonders anfällig. Da hitzeresistente Sporen, die häufig in Fleisch oder Wurstwaren, aber auch in Bohnen vorkommen, durch übliches Einkochen nicht abgetötet werden, muß nach zwei Tagen ein zweites Mal eingekocht werden, um die inzwischen ausgekeimten Sporen abzutöten.

114 Beschreiben Sie – vergleichend – das Einkochen von Obst und Gemüse im Backofen.

Gefüllte und verschlossene Gläser in mit Wasser gefüllte Fettpfanne stellen (berührungsfrei).
Obst bei 150 bis 180 °C erhitzen, bis die Flüssigkeit perlt. Abschalten, $^1/_2$ Stunde nachgaren.
Gemüse muß aufgrund seines höheren Eiweißgehaltes und seiner festeren Konsistenz länger eingekocht werden: Gläser einstellen – wie Obst –, auf 190 bis 200 °C erhitzen, bis es perlt, zurückschalten auf 150 °C, 25 bis 90 Minuten einkochen und 30 Minuten nachgaren.

115 Worauf muß beim Einkochen mit dem Einkochtopf besonders geachtet werden?

- Gläser berührungsfrei einstellen.
- Ausreichenden Wasserstand beachten – bis $^3/_4$ der Höhe des höchsten Glases.
- Produktspezifische Einkochzeit beachten.
- Nach Beendigung der Einkochzeit Gläser entnehmen und gegen Zugluft mit einem Tuch schützen.

116 Welche Fehler führen zum Aufgehen von Einmachgläsern?

– falsche Temperatur oder Zeit beim Einkochen
– Verunreinigungen auf dem Rand – deshalb keine Abtrockentücher verwenden, es könnten Flusen zurückbleiben →

▷ *Fortsetzung der Antwort* ▷

- Gläser zu voll, überkochendes Einkochgut verunreinigt den Gummiring
- beschädigte Deckel oder falsche Deckelform

117 Unter welchen Bedingungen ist die Herstellung von Konfitüre sinnvoll und rentabel?

- bei Marktschwemmen oder großer eigener Ernte geeigneter Obstsorten
- wenn Verzehr bis zur nächsten Ernte gewährleistet ist

118 Welche Verfahren zur Herstellung von Obst- und Gemüsesäften gibt es?

- Dampfentsaften
- Rohentsaften (Schneckenpresse oder Zentrifuge)
- Erhitzen und durch ein Tuch ablaufen lassen

119 Dampfentsaften ist die einfachste Methode zur Saftherstellung.

a) Erklären Sie den Vorgang, und beschreiben Sie dabei den Aufbau eines Dampfentsafters.

b) Worauf muß beim Abfüllen geachtet werden?

a) In einem speziellen Entsaftertopf wird Obst oder Gemüse heißem Wasserdampf ausgesetzt, bis die Zellen platzen und der Saft austritt. Durch den gelochten Zwischenboden läuft der Saft in eine Rinne und wird über dem heißen Wasser gesammelt, bis mindestens eine Flasche ohne Unterbrechung abgefüllt werden kann.

b) Zum Abfüllen einwandfreie, saubere Flaschen verwenden und nach dem Abfüllen sofort verschließen. Nach dem Abkühlen müssen Schraubdeckel nach innen gewölbt und Gummikappen eingezogen sein.

120 Brotaufstriche aus Früchten können nach unterschiedlichen Rezepturen hergestellt werden.

a) Erklären Sie die Begriffe „Marmelade", „Konfitüre" und „Gelee" nach dem Lebensmittelrecht.

a) **Marmelade:** Erzeugnisse aus Zitrusfrüchten unter Verwendung von Saft und feinen Schalenstreifen

Konfitüre: alle Produkte aus zerkleinerten oder zerdrückten Früchten

Gelee: aus unverdünntem Fruchtsaft →

Haushaltstechnik

▷ *Fortsetzung* ▷

b) Welches traditionelle Rezept gewährleistet die beste Haltbarkeit?

c) Nennen Sie weitere Rezepturen, die z. T. für die Diabetes- oder Reduktionskost verwendet werden.

b) Frucht : Zucker = 1 : 1, kochen, bis der natürliche Pektingehalt die Masse gelieren läßt; evtl. Zusatz von Zitronensäure

c) Zusatz von Geliermittel beschleunigt den Kochvorgang, bei reduzierter Zuckermenge wird Konservierungsmittel zugesetzt, um die Haltbarkeit zu gewährleisten (i. d. R. Sorbinsäure).
Möglich ist auch die Verwendung von Süßstoffen oder Zuckeraustauschstoffen, wodurch aber der Zusatz von Geliermitteln zwingend wird. Die Haltbarkeit nach dem Öffnen ist sehr begrenzt.

121 Wodurch unterscheiden sich die beiden Hitzekonservierungsmethoden „Pasteurisieren" und „Sterilisieren"?

Pasteurisieren erfolgt bei Temperaturen unter 100 °C (65 bis 85 °C), wobei nicht alle Mikroorganismen abgetötet werden, einige werden nur gehemmt.

Beim Sterilisieren wird mit Temperaturen über 100 °C (ca. 120 °C) gearbeitet, alle Mikroorganismen werden abgetötet.

Pasteurisierte Lebensmittel halten mehrere Tage/bis zu einem Jahr, müssen z. T. aber kühl gelagert werden.

Sterilisierte Lebensmittel halten mehrere Jahre ohne besondere Lagerbedingungen.

122 Nennen Sie zwei Konservierungsmethoden, die mit Wärmeentzug arbeiten.

1. Kühlen
2. Tiefgefrieren

123 Die Lagerung im Kühlraum oder Kühlschrank ist eine kurzfristige Verlängerung der Haltbarkeit.
Wie wird die haltbar machende Funktion des Kühlraumes/-schrankes optimal genutzt?

- Möglichst frische Lebensmittel einlagern.
- Nach dem Einkauf/Lieferung sofort einräumen.
- Aufbewahren in geeigneten Behältern.
- Wahl des richtigen Platzes: Temperaturgefälle, Nachbarschaft.

124 Wie lange können folgende Lebensmittel bei üblichen Kühltemperaturen von 2 bis 8 °C gelagert werden?

a) Hackfleisch, roh
b) Fleisch, gegart
c) Wurzelgemüse, roh
d) Eier, roh/gekocht

a) max. 8 Stunden
b) 2 bis 3 Tage
c) ca. 1 Woche
d) 15 bis 20/10 bis 14 Tage

125 Tiefgefrorene Lebensmittel halten sich besonders lange.

a) Warum sind sie im tiefgefrorenen Zustand relativ lange haltbar?
b) Was ist nach dem Auftauen zu beachten?

a) Temperaturen von –18 °C unterbrechen das Wachstum der Mikroorganismen und hemmen die Enzymtätigkeit. Abbauprozesse verlaufen deshalb nur sehr langsam.

b) Nach dem Auftauen können sich Mikroorganismen wieder vermehren, so daß die Lebensmittel dann sofort verbraucht werden sollten. Durch Eiskristalle werden z. T. Zellwände zerstört, und der austretende Zellsaft bietet den Mikroorganismen zusätzlichen Nährboden.

126 Nennen Sie die maximalen Lagerzeitspannen für tiefgekühltes

a) Fleisch
b) Gemüse
c) Obst
d) Fertiggerichte.

a) 3 bis 12 Monate, je nach Fettgehalt und Art
b) 6 bis 12 Monate
c) 8 bis 12 Monate
d) je nach Zutaten bis 13 Monate

Haushaltstechnik

127 Welche Vorbereitungsarbeiten sind vor dem Einfrieren der folgenden Lebensmittel nötig.

Begründen Sie!

In welchen Behältern werden die jeweiligen Lebensmittel am besten eingefroren?

a) Gemüse
b) Obst
c) Fleisch
d) fertige Speisen

a) Waschen, putzen, zerkleinern, blanchieren, so bleibt die Farbe erhalten, Mikroorganismen werden reduziert, verderbnis-/abbaufördernde Enzyme werden zerstört. Zerkleinerte Produkte sind schnell einsatzfähig. In Folienbeutel einschweißen (flach!) oder in Gefrierbehältern einfrieren.

b) Waschen, putzen, zerkleinern, evtl. in Zitronensaft tauchen und abtropfen lassen. Obst kann auch auf dem Blech schockgefroren werden, dann in Beutel einschweißen oder in Dosen füllen.

c) Hackfleisch sofort in Beuteln flach einschweißen. Fleischstücke evtl. abhängen und reifen lassen, dann in Beuteln einschweißen.

d) Fertige Braten in Beuteln oder – wie die meisten anderen Fertiggerichte – in Glaskeramik-, Glas-, Spezialkunststoff- oder Alubehältern, die aus dem Gefrierbereich direkt zur Erhitzung geeignet sind, einschweißen.

128 Warum sollen Lebensmittel möglichst schnell, bei möglichst tiefen Temperaturen eingefroren werden?

Im Temperaturbereich von –0,5 °C bis –5 °C erfolgt die Eiskristallbildung. Je länger ein Lebensmittel in diesem Bereich bleibt, um so größer werden die Eiskristalle.
Eiskristalle schädigen die Zellwände, so daß nach dem Auftauen mit Qualitätsverlusten zu rechnen ist.

Verderb

129 Welche drei – grundsätzlich unterschiedlichen – Ursachen des Verderbs gibt es?

1. Verderb durch Mikroorganismen (Bakterien, Schimmelpilze)
2. Verderb durch tierische Schädlinge (Nager, Käfer, Motten, Milben)
3. Verderb durch biochemische/enzymatische Reaktionen (Ranzig werden)

130 Welche schwerwiegenden Folgen kann der mikrobielle Verderb von Lebensmitteln für den Menschen haben?

Es kann zu akuten, lebensbedrohlichen Lebensmittelvergiftungen und Lebensmittelinfektionen kommen oder zu Organschäden aufgrund chronischer Vergiftungen.

131 Welche Problematik ergibt sich bei der Beurteilung verschimmelter Lebensmittel?

Das Schimmelpilzmyzel zieht sich unsichtbar durch das befallene Lebensmittel, so daß aufgrund der Lebensmittelbeschaffenheit abgeschätzt werden muß, inwieweit Teile des Lebensmittels noch genießbar sind, da im Myzel wasserlösliche hochgiftige Toxine (Gifte) gebildet werden können.

132 Wie heißt die große Gruppe der Schimmelpilzgifte?

Nennen Sie die bekanntesten und gefährlichsten Vertreter.

Von welchen Faktoren ist die Entstehung dieser Gifte abhängig?

Schimmelpilzgifte heißen Mykotoxine. Die bekanntesten sind die Aflatoxine, die in hohem Maße krebserregend sind. Die Gefahr der Toxinbildung steigt mit Temperatur, Feuchtigkeit und Lagerdauer.

[133] In Getreidekörnern vermehrt sich unter günstigen Witterungsbedingungen oft ein Pilz mit schwarzviolettem Dauermyzel.

a) Wie heißen solcherart befallene Körner, und woran erkennt man sie?

b) Welche Getreideart ist besonders häufig betroffen?

c) Welches Gift wird gebildet, und welche Folgen hat es für den Menschen?

a) Die sogenannten Mutterkörner erkennt man an der schwarzvioletten Färbung und an ihrer Größe: 1 bis 2 cm lang.

b) Roggen

c) Mutterkornalkaloide führen zu Krämpfen und Lähmungserscheinungen – bis zum Tod.

[134] Welche Gefahr besteht bei biologisch angebautem Getreide (frei von Pilzbekämpfungsmitteln)?

Wie kann dem begegnet werden?

Bei Bio-Getreide besteht erhöhte Mutterkorngefahr, so daß dieses Getreide vor dem Vermahlen besonders gründlich gesichtet werden muß.

[135] Wie sollte mit verschimmelten Lebensmitteln umgegangen werden?

Unterscheiden Sie nach unterschiedlicher Konsistenz und Zusammensetzung, geben Sie zur Verdeutlichung Beispiele an.

- **Brot, Hartkäse u. a. feste Nahrungsmittel** großzügig ausschneiden bzw. bei ausgedehntem Befall wegwerfen.
- **Flüssige oder sehr wasserhaltige Nahrungsmittel** – Kompott, Joghurt, Weich- und Frischkäse – wegwerfen, da sich das Myzel und die Toxine in solchen Nahrungsmitteln sehr schnell ausbreiten.
- Bei einem Gesamtzuckergehalt um 60 % entstehen keine Toxine, so daß bei Konfitüre nach herkömmlichem Rezept der Schimmelpilzrasen großzügig abgehoben werden kann.

136 Einige Bakterien sind gesundheitsbedrohend.

a) Welche bekannten und gefürchteten Bakterien verursachen Lebensmittelvergiftungen mit lebensbedrohlichen Darmerkrankungen?

b) Wo kommen sie besonders häufig vor?

a) Salmonellen

b) in Geflügel, Eiern, Hackfleisch, Feinkostsalaten mit Mayonnaise, außerdem bei Menschen, die diese Krankheit überstanden haben, aber noch Salmonellen ausscheiden – Schmierinfektion!

137 Botulismus ist eine besonders schwere Form der Lebensmittelvergiftungen. Botulismus-Bakterien benötigen keinen Sauerstoff (anaerob).

a) Woran erkennen Sie botulismusinfizierte Konserven oder Lebensmittelverpackungen?

b) Warum sollten besonders Bohnen beim Einkochen zweimal erhitzt werden?

a) Dosen sind nach außen ausgebeult, sog. „Bombagen". Einmachgläser gehen auf.
Vakuumverpackungen – besonders von Fleisch- und Wurstwaren – sind aufgebläht.

b) Bohnen enthalten sehr häufig Botulinus-Sporen, die beim ersten Einkochen nicht abgetötet werden. Sind sie nach 2 bis 3 Tagen ausgekeimt, werden sie beim zweiten Einkochen abgetötet.

138 Welches Bakterium wird durch eiternde Wunden oder Speichel – besonders von Personen mit entzündlichen Nasen- und Rachenerkrankungen – übertragen?

Wie kann dieser Übertragung entgegengewirkt werden?

Staphylococcus aureus ist der Eitererreger. Durch ihn verursachte Lebensmittelvergiftungen können durch folgende Maßnahmen verhindert werden:

- Wunden sauber abdecken.
- Personen mit Hautausschlägen und eitrigen Entzündungen dürfen nicht im Lebensmittelbereich arbeiten.
- Nicht auf Speisen husten oder niesen. Lebensmittel nur mit sauberem Löffel probieren.
- Gekochten Schinken u. a. nicht mit bloßen Händen anfassen.

139 Tierische Vorratsschädlinge sind immer wieder zu finden.

a) Nennen Sie mindestens vier Gruppen mit je einem Beispiel.

b) Nennen Sie die wichtigsten Maßnahmen zum Schutz vor Befall und Vermehrung der o. g. Schädlinge.

a) – Rüsselkäfer, z. B. Kornkäfer und Reiskäfer
– Fliegen, z. B. Stubenfliege und Schmeißfliege
– Motten, z. B. Dörrobstmotte und Getreidemotte
– Schaben, z. B. Küchenschabe und Kakerlake
– Nagetiere, z. B. Mäuse und Ratten

b) kühle Lagerung und dicht verschlossene Gefäße

140 Die Schäden, die die tierischen Schädlinge anrichten, können ganz erheblich sein.

a) Welche Schäden verursachen sie an den befallenen Lebensmitteln?

b) Welche gesundheitsgefährdenden Folgen kann der Befall mit tierischen Schädlingen haben?

a) Vorratsschädlinge verursachen Fraßschäden, Verunreinigungen durch Ausscheidungen, Veränderungen der Inhaltsstoffe – Folge sind unangenehme Geruchs- und Geschmacksentwicklung, Verschlechterung der Backfähigkeit u. a.

b) Reste von Käfern, Motten oder Milben können zu allergischen Reaktionen oder Darmerkrankungen führen. Nagetiere, Schaben oder Fliegen können Bakterien und Schimmelpilze übertragen und damit Lebensmittelvergiftungen verursachen.

141 Die Silberfischchen gehören auch zu den tierischen Schädlingen.

a) Welche Nahrungsmittel werden von ihnen bevorzugt?

b) Nennen Sie auch eine Lebensmittelverpackungsart, die durch Silberfischchen besonders oft zerstört wird.

c) Welche Lagerverhältnisse begünstigen den Befall?

a) Kohlenhydrate, z. B. Zucker, Stärke, Mehl

b) Papiertüten

c) Feuchtigkeit und schmale Ritzen im Fußboden oder zwischen Wand und Boden

142 Besonders große Probleme ergeben sich in der Gemeinschaftsverpflegung beim Auftreten von Küchenschaben und Kakerlaken.

a) Beschreiben Sie – vergleichend – die beiden o.g. Schädlinge.

b) Welche Verhältnisse begünstigen das Auftreten dieser Schädlinge?

c) Erklären Sie, warum und in welchem zeitlichen Abstand zwei Bekämpfungsaktionen durchgeführt werden müssen.

a) Küchenschaben sind ca. 1 bis 1,5 cm groß und damit wesentlich kleiner als die 2 bis 3 cm großen Kakerlaken. Küchenschaben sind gelbbraun, Kakerlaken dagegen dunkel- bis schwarzbraun. Beide Arten haben körperlange Fühler, bedornte Laufbeine mit Haftballen zum Laufen auf senkrechten Flächen. Die Flügel sind nur Sprunghilfen.

b) Dauernde Beheizung und Feuchtigkeit, z.B. in Verkleidungen um Heizungs- oder Warmwasserrohre, rund um Spüleinrichtungen. Auch länger gelagerte Abfälle oder verschmutze Wäsche bieten optimale Lebensbedingungen.

c) Die Eikokons der Schaben sind resistent gegen Insektizide, deshalb muß ein zweiter Bekämpfungsdurchgang nach Ablauf der Larvenentwicklungszeit erfolgen.

143 Welche baulichen und hygienischen Maßnahmen verhindern das Auftreten und Wiederauftreten von Schaben?

- Verzicht auf Wand- oder Rohrverkleidungen.
- Fußböden ohne Fugen, fugenloser Übergang zwischen Boden und Wand.
- Schnelle und gründliche Beseitigung von Abfällen und Essensresten.
- Schmutzwäschelagerung – sofern nötig – in trockenen, kühlen Räumen.
- Regelmäßige Kontrolle!

144 Fliegen gelten hauptsächlich als lästig. Sie können aber u. U. zu einer Gesundheitsgefahr werden. Erklären Sie, inwieweit Fliegen am Lebensmittelverderb beteiligt sind.

Nennen Sie Vorbeugungs- und Bekämpfungsmaßnahmen.

Fliegen kommen im Freien, an Aas und Ausscheidungen vor. Von dort übertragen sie Krankheitskeime, bevorzugt auf tierische Lebensmittel. Außerdem legen sie in kleine Vertiefungen Eier, aus denen u. U. in kürzester Zeit Larven schlüpfen, die sich einbohren und nicht mehr gesehen werden. →

▷ *Fortsetzung der Antwort* ▷

Neben der Gefährdung durch Zersetzungsprodukte tierischen Eiweißes entstehen Schäden durch Fraß und Verflüssigung.
- Gefährdete Lebensmittel immer abdecken.
- Essensreste gleich kühl stellen.
- Fliegengitter vor dem Fenster schützt und ist in der Großküche Vorschrift.
- Leimfallen aufhängen oder bei extremem Befall Kontaktgift verwenden.

[145] Nagetiere können im Vorratslager große Schäden verursachen.

a) Welche Schäden und Gefahren sind mit dem Auftreten von Nagetieren im Vorratslager verbunden?

b) Beschreiben Sie die beiden üblichen Methoden der Nagetierbekämpfung und beurteilen Sie deren Effektivität.

a)
- Verunreinigung durch Kot, Urin und Haare
- Materialschäden durch Zernagen von Verpackungen und Papierwaren
- erhebliche Fraßverluste
- Übertragung von Krankheitskeimen

b)
- Mause- oder Rattenfalle mit Köder und Auslösefeder für Genickschlag – ständige Wartung und Standortwechsel wegen Lerneffekt der Restpopulation nötig.
- Effektiver und einfacher ist das Auslegen von Nahrungsmittel-Gift-Mischungen. Wichtig ist, daß Kinder oder Haustiere keinen Zugang haben.

2.3 Materialreinigung

Grundlagen der Hygiene

146 Hygiene spielt im Groß- und Privathaushalt eine wichtige Rolle.

Beschreiben Sie die drei wichtigsten Bereiche zur Anwendung von Hygienemaßnahmen.

1. **Betriebshygiene**
   Hierzu zählen alle Maßnahmen zur Reinhaltung von Arbeitsräumen und Arbeitsgeräten.
2. **persönliche Hygiene**
   Diese umfaßt alle Vorkehrungen der Mitarbeiter, um eine Übertragung von Krankheiten zu vermeiden.
3. **Lebensmittelhygiene**
   Durch hygienisch einwandfreien Umgang sollen Infektionen durch Lebensmittel vermieden werden.

147 Nennen Sie vier Beispiele für Maßnahmen der Betriebshygiene.

a) Mülleimer leeren
b) Fensterreinigung
c) Trennung in reine und unreine Bereiche
d) Vorratsregale auswischen

148 Benennen Sie Beispiele für sog. reine und unreine Bereiche in unterschiedlichen Arbeitsbereichen.

Wäscherei:
Waschmaschinen mit zwei Öffnungen zum getrennten Beschicken und Entleeren

Vorratshaltung:
getrennte Vorratshaltung für Gemüse und Trockenvorräte

Speisesaal:
unterschiedliche Theken für Speisenausgabe und Geschirrückgabe

149 Machen Sie drei Vorschläge für die persönliche Hygiene der Mitarbeiter in Großküchen.

1. regelmäßige, sorgfältige Körperpflege
2. Tragen von sauberer Arbeitskleidung
3. Ablegen von Fingerringen und Armreifen vor Arbeitsbeginn

Haushaltstechnik

150 Die Hände sind Keimüberträger und müssen daher besonders saubergehalten werden.

Beschreiben Sie, wie Sie sich als Mitarbeiterin richtig verhalten.

- Die Hände vor Arbeitsbeginn und nach jeder Toilettenbenutzung gründlich waschen.
- Seifenspender und Einmalhandtücher benutzen.
- Hände an einem separaten Waschbecken unter fließendem Wasser waschen.

151 Nennen Sie drei wichtige Gesetze, die im Umgang mit Lebensmitteln zu beachten sind.

1. Bundesseuchengesetz
2. Lebensmittel- und Bedarfsgegenständegesetz
3. Hygieneverordnungen der Länder

152 Welche Krankheiten können durch Lebensmittelvergiftungen hervorgerufen werden?

- Salmonellosen
- Botulismus
- Hepatitis A
- infektiöse Darmerkrankungen

153 Sie wollen bei der Arbeit in der Küche besonders auf sauberes Arbeiten achten.

Erstellen Sie hierfür eine kleine Checkliste zu Ihrer persönlichen Kontrolle.

a) Ablagemöglichkeit für Kochbesteck und Abfälle bereitstellen.
b) Abfälle sofort entsorgen.
c) Arbeitsfläche bei Bedarf reinigen.
d) Zum Abschmecken Probierlöffel verwenden.

154 Im Rahmen der betriebshygienischen Maßnahmen werden Reinigungsarbeiten ausgeführt.

Wählen Sie die Aussagen aus, die den Zweck der Reinigung zutreffend beschreiben.

Reinigung dient:
a) zur Schmutzentfernung
b) zur Ausbildung
c) zur Werterhaltung der Objekte
d) zur Verbesserung des Aussehens
e) zum Verbrauch von Reinigungsmitteln

Zweck von Reinigungsarbeiten:
a) Schmutzentfernung
c) Werterhaltung der Objekte
d) Verbesserung des Aussehens

155 Nehmen Sie Stellung zu der Aussage, daß Hausreinigung der Gesunderhaltung dient.

Durch die Entfernung des Schmutzes werden den Mikroorganismen Lebensbedingungen entzogen, so daß sie sich nicht beliebig vermehren können. Das Infektionsrisiko kann verringert werden. Eine Voraussetzung zum Wohlbefinden von Allergikern ist eine staubarme Umgebung.

Hausschädlinge

156 Nennen Sie die drei wichtigsten Lebensbedingungen für Mikroorganismen.

1. Nahrung, z. B. Lebensmittelreste
2. Wärme, z. B. Zimmertemperatur
3. Feuchtigkeit, z. B. Getränkereste

157 Teilen Sie die Hausschädlinge entsprechend den von ihnen verursachten Schäden in Gruppen ein.

- Hygieneschädlinge
- Materialschädlinge
- Vorratsschädlinge

158 Nennen Sie drei Hygieneschädlinge, und beschreiben Sie deren Wirkung.

1. **Läuse**
   Sie stechen den Menschen. Die juckenden Stiche werden aufgekratzt und können zu eitrigen Geschwüren führen.
2. **Schaben**
   Sie werden im Dunkeln aktiv. Ihre Ausscheidungen sind gesundheitsschädlich.
3. **Hausstaubmilben**
   Ihre Ausscheidungen, vermischt mit Hausstaub, führen zu allergischen Reaktionen.

159 Wie können Sie Kleidungsstücke aus Wolle mottensicher aufbewahren?

- Wollsachen waschen, bevor sie aufbewahrt werden.
- Zedernholzstücke oder Duftkissen mit Lavendel- oder Kampfergeruch dazwischenlegen.
- Kleidungsstücke gut verpacken.

160 Beschreiben Sie die notwendigen Maßnahmen zur Vorbeugung gegen Mehlmottenbefall.

a) Lebensmittel in dicht schließenden Behältern aufbewahren.
b) Gefährdete Lebensmittel regelmäßig kontrollieren.
c) Schränke immer sauberhalten, von Zeit zu Zeit lüften.
d) Vorratsschränke mit Lavendelöl auswischen.

161 Nennen Sie drei Regeln, die Sie bei einer wirkungsvollen Schädlingsbekämpfung beachten müssen.

1. Die Lebensweise der Schädlinge kennenlernen, damit notwendige Lebensbedingungen ausgeschaltet werden können.
2. Die Schädlingsbekämpfungsmittel genau nach Dosieranweisung einsetzen.
3. Bei hartnäckigen Fällen Hygienefachkräfte hinzuziehen.

Grundlagen der Reinigung

162 Nennen Sie drei Gesichtspunkte, die Sie bei der Durchführung von Reinigungsarbeiten beachten sollten.

Bei allen Reinigungsarbeiten ist darauf zu achten, daß
a) materialschonend,
b) rationell,
c) möglichst wenig umweltbelastend
gearbeitet wird.

163 Welche drei Faktoren des „Sinnerschen Kreises“ wirken hauptsächlich bei der Reinigung zusammen?

1. Mechanik durch Reiben
2. Chemie durch Reinigungsmittel
3. Zeit durch Einwirkenlassen

164 Nennen Sie vier mögliche Bestandteile von Schmutz.

1. Staub
2. Papierfetzen
3. Getränkereste
4. Fett

165 Welche Eigenschaften des Schmutzes müssen Sie kennen, um die richtigen Reinigungsverfahren auszuwählen?

Haftungseigenschaft:
lose aufliegend oder fest haftend
Lösungseigenschaft:
wasserlöslich oder mit Lösemitteln entfernbar

166 Teilen Sie die Reinigungsmittel nach ihrer Wirkungsweise in Gruppen ein. Beschreiben Sie kurz deren Reinigungswirkung.

a) chemisch wirkend
b) mechanisch wirkend

zu a) Schmutz wird abgelöst
zu b) Schmutz wird abgerieben

167 Geben Sie die pH-Bereiche von Reinigungsmitteln an, und nennen Sie für jeden Bereich zwei typische Reinigungsmittel.

alkalisch
Schmierseife, Backofenreiniger

neutral
Allzweckreiniger, Seifenreiniger

sauer
Essig, Silbertauchbad

168 Was haben folgende Reinigungsmittel gemeinsam, was unterscheidet sie?

a) Scheuermilch
b) Stahlwolle
c) Quarzsand
d) Schlämmkreide

Alle Reinigungsmittel wirken mechanisch;
a + d sind feinkörnig
b + c sind gröber und können Oberflächen aufrauhen.

169 Wählen Sie Materialien aus, die die Reinigung mit Alkoholreinigern gut vertragen:

a) Fensterscheiben
b) Holztüren
c) PVC-Fußbodenbelag
d) Küchenmöbel aus Kunststoff
e) Wandfliesen

Alkoholreiniger verdunsten schnell, bei richtiger Dosierung ist ein Nachtrocknen nicht erforderlich.

Geeignete Materialien sind:
a) Fensterscheiben
d) Küchenmöbel aus Kunststoff
e) Wandfliesen

170 Beschreiben Sie die Auswirkungen, wenn Sie Keramikwaschbecken über längere Zeit mit Scheuerpulver reinigen.

Die Glasur wird im Laufe der Zeit aufgerauht, und es kommt zu einer schnelleren Wiederverschmutzung.

171 Nennen Sie drei Beispiele für kombinierte Reinigungs- und Pflegemittel.

1. Edelstahlreiniger mit Silikon
2. Silberputzmittel mit Anlaufschutz
3. Wischpflegemittel für Fußböden

172 Warum finden Bürsten in unterschiedlichsten Formen so häufig Verwendung bei Reinigungsarbeiten?

- Schwer zugängliche Stellen können durch die flexiblen Borsten erreicht werden.
- Bürsten erhöhen die mechanische Reinigungswirkung.
- Kraftaufwand beim Reinigen wird verringert.

173 Auf welche Eigenschaften eines Putztuches zur Fußbodenreinigung ist beim Kauf besonders zu achten?

a) saugfähig
b) strapazierfähig
c) fusselfrei
d) zur Schrubberbreite passend

174 Welche Vorteile bieten Mikrofasertücher?

a) großes Schmutzaufnahmevermögen
b) Reinigen ohne/oder mit geringem Zusatz von Reinigungsmitteln
c) trocken, feucht oder naß einsetzbar
d) waschbar

175 Nennen Sie Möglichkeiten für umweltbewußtes Verhalten beim Umgang mit Reinigungsmitteln.

- Putzeimer mit Litermarkierung verwenden.
- Reinigungsmittel genau abmessen.
- Geringe Wassermenge nehmen und diese häufiger wechseln.
- Erst schwache Reinigungsmittel anwenden. Führen sie nicht zum Erfolg, aggressivere Produkte einsetzen.

176 Welche Anforderungen sollen Reinigungsmittel erfüllen?

- vielseitig einsetzbar
- umweltverträglich
- hautschonend
- ergiebig
- wirksam
- nachfüllbar

Reinigungsgeräte

177 Worauf achten Sie beim Kauf eines Besens?

a) Breite mindestens 35 cm
b) eingestanzte oder eingezogene Borsten
c) Stiellänge mindestens 1,40 m

178 Beschreiben Sie die zwei Gerätearten zum Feuchtreinigen.

1. **Feuchtwischgerät**
   Vliese oder Tücher werden über einen Rahmen gezogen und nach Gebrauch gewaschen oder entsorgt.
2. **Feuchtwischmop**
   Mops mit kurzen Schlingen oder Fransen werden über einen Halter gezogen und nach Gebrauch gewaschen.

179 Welche Geräte würden Sie zur Naßreinigung von Fußböden empfehlen:
a) in einer 12 m² großen Küche,
b) bei einem 10 m langen Flur?

a) Putztuch mit Schrubber und Eimer
b) Breitwischgerät oder Naßwischmop mit Fahreimer und Presse

180 Welche Bauarten von Staubsaugern sind am gebräuchlichsten?

a) Bodenstaubsauger
b) Handstaubsauger

181 Nennen Sie Arbeitsregeln, die Sie beim Staubsaugen beachten müssen.

- langsame Saugbewegungen
- aufrechte Körperhaltung
- Reinigungsfläche in Abschnitte einteilen

182 Kennzeichnen Sie die einzelnen Düsen mit Namen.

a) Bodendüse
b) Polsterdüse
c) Fugendüse
d) Bürstvorsatz

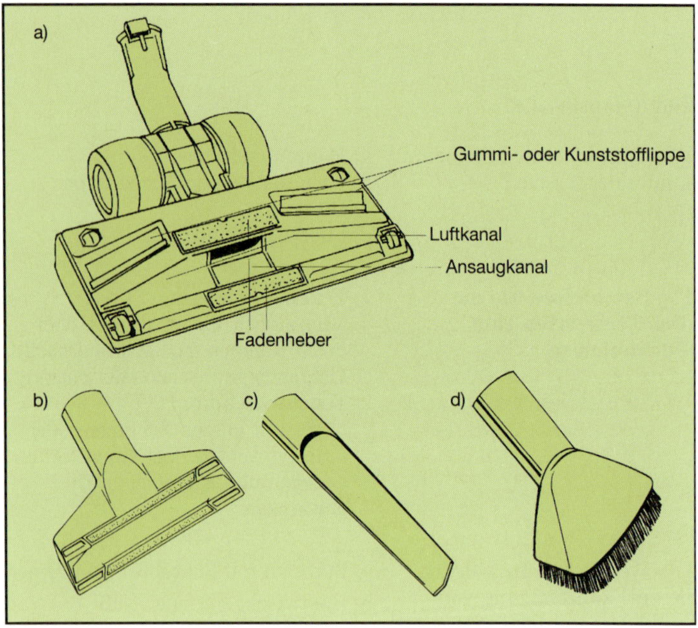

183 Welche Teile gehören zum Filtersystem eines Fußbodenstaubsaugers?

a) Staubsammelbehälter
b) Microfilter
c) Motorfilter
d) Abluftfilter

184 Beschreiben Sie die Arbeitsweise eines Sprühextraktionsgerätes.

Reinigungsgerät zur Grundreinigung von textilen Fußbodenbelägen. Über mehrere Düsen wird Reinigungslösung auf der Fläche verteilt, und gleichzeitig wird der gelöste Schmutz durch ein Vakuum aufgesaugt.

185 Nennen Sie typische Einsatzbereiche für Hochdruckreiniger.

- Fußböden in Großküchen
- strahlwassergeschützte Gargeräte
- Sanitärbereiche

Materialien im Haushalt

186 Unterteilen Sie Metalle nach deren Zusammensetzung.

- Eisenmetalle
- Nichteisenmetalle
- Edelmetalle

187 Nennen Sie Eisenmetalle, die im hauswirtschaftlichen Bereich Verwendung finden.

a) Edelstahl
b) Gußeisen
c) Stahl

188 Welche Qualitäten gibt es bei Edelstahl, und woran kann man diese erkennen.

a) Chromstahl = Legierung aus Eisen und Chrom; evtl. magnetisch
Kennzeichnung: INOX, stainless steel usw.
b) Chrom-Nickel-Stahl = Legierung aus Eisen, Nickel und Chrom; korrosionsbeständig
Kennzeichnung: 18/10 für die Prozentanteile für Chrom und Nickel
c) Chrom-Mangan-Stahl = Legierung aus Eisen, Chrom und Mangan; besonders widerstandsfähig

189 Warum sind in Großküchen viele Arbeitsgeräte aus Edelstahl?

Wählen Sie die richtigen Antworten aus:

a) dekorativ
b) unempfindlich gegen Lebensmittel
c) leichtes Eigengewicht
d) glatte Oberfläche
e) einfach zu reinigen

Edelstahl wird für Arbeitsgeräte in Großküchen verwendet, weil er
b) unempfindlich gegen Lebensmittel ist,
d) eine glatte Oberfläche hat,
e) einfach zu reinigen ist.

190 Nennen Sie Nichteisenmetalle, die für Ziergegenstände verwendet werden.

a) Messing
b) Kupfer
c) Zinn

191 Wie können diese gegen Oxidationen geschützt werden?

Lacküberzüge schützen Kupfer und Messing gegen das sog. „Anlaufen".

192 Chrom befindet sich an Armaturen in dünnen Schichten als haltbarer Überzug.

Worauf müssen Sie bei der Reinigung besonders achten?

Die dünne Chromschicht darf nicht mit scheuernden Reinigungsmitteln beschädigt werden, damit die darunterliegenden Metalle nicht rosten.

193 Warum wird Aluminium für Backformen verwendet?

Aluminium ist gut wärmeleitend und hat ein geringes Eigengewicht.

194 Nennen Sie die Eigenschaften von „eloxiertem Aluminium".

Eloxiertes Aluminium ist unempfindlich gegen Säuren und ist leicht zu reinigen.

195 Erläutern Sie die Unterschiede zwischen „Feinsilber" und „versilbert".

Feinsilber ist eine Legierung aus Silber und Kupfer, z. B. 835 Teile Silber, 165 Teile Kupfer. Dadurch wird das Silber etwas fester. Der Stempelaufdruck gibt die Silberanteile an.

Versilbern ist das Überziehen eines Metallkernes mit Silber, z. B. Eßbestecke. Der Stempelaufdruck gibt an, wieviel Silber für 24 cm^2 Besteckoberfläche verwendet wurde.

196 Beschreiben Sie an der Zeichnung die Merkmale der Patentversilberung.

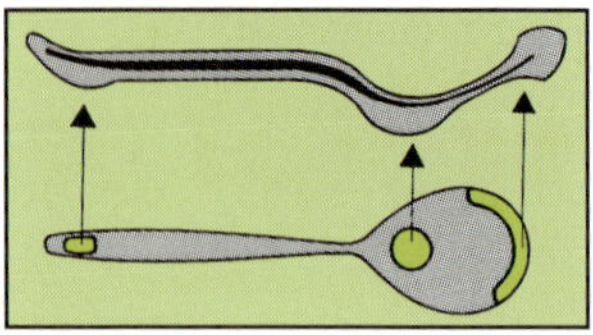

Bei patentversilberten Bestecken ist die Silberauflage an den stark beanspruchten Stellen verstärkt.

[197] Beschreiben Sie die Eigenschaften von Email.

Email ist eine Glasur, die auf den Metallkern aufgetragen wird. Emaillierte Gebrauchsgegenstände sind beständig gegen Säuren und Laugen, unempfindlich gegen hohe Temperaturen, jedoch empfindlich gegen Schlag und Stoß.
Stahlemail ist ein besonders hartes Email.

[198] Nennen Sie typische Gebrauchsgegenstände für folgende Metallüberzüge:
a) Kunststoff
b) Zinn
c) Lack

a) beschichtete Bratpfannen, Abtropfkörbe für Geschirr
b) Backformen (Weißblech), Siebe
c) Backformen (schwarz lackiert), Heizkörper

[199] Welche Werkstoffe werden hauptsächlich für Kochgeschirre verwandt?

- Edelstahl
- Stahlemail
- Gußeisen
- eloxiertes Aluminium
- feuerfestes Glas
- feuerfestes Porzellan

[200] Beschreiben Sie an Hand der Zeichnung, worauf beim Einkauf von Kochtöpfen zu achten ist.

a) Deckelgriff mit Fingerschutz
b) hitzebeständige Griffe, auswechselbar, gut in der Hand liegend
c) Schüttrand
d) abgerundeter Übergang zwischen Boden und Wand
e) gut schließender Deckel
f) auf Herdart abgestimmter Topfboden

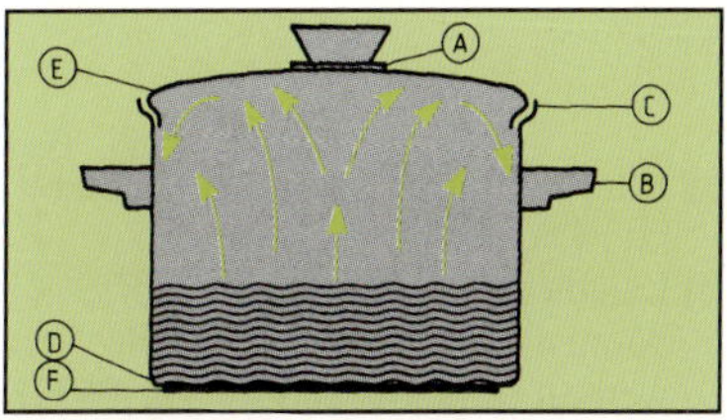

Haushaltstechnik

201 Ordnen Sie die Topfböden den jeweiligen Herdarten zu:

a) Mehrschichtboden
b) dünner Stahlboden
c) dicker Stahlboden

a) Elektroherd mit Kochstellen
b) Gasherd
c) Elektroherd mit Kochfeldern

202 Machen Sie Vorschläge zum energiesparenden Umgang mit Kochtöpfen.

a) für alle Herdarten gültig:
   - kleinstmögliche Kochgefäße auswählen
   - Garflüssigkeit genau abmessen
   - mit geschlossenem Deckel garen

b) besonders bei E-Herden wichtig:
   - Topfboden muß eben und im Durchmesser etwas größer als die Kochstelle sein
   - Restwärme der Herdplatte nutzen

203 Erläutern Sie die Vorteile von kunststoffbeschichteten Backformen.

a) gute Wärmeleitung
b) gutes Backergebnis
c) Gebäck löst sich gut aus der Form
d) geringer Reinigungsaufwand

204 Welche Materialien sind als Backformen für Gasbacköfen geeignet?

a) Weißblech
b) Aluminium

205 Kunststoffe werden nach ihren Molekülverbindungen unterschieden.

Nennen Sie die Kunststoffarten und ihre wichtigsten Eigenschaften.

- Thermoplaste sind hitzeempfindlich.
- Duroplaste sind weniger hitzeempfindlich.
- Elastomere sind elastisch.

206 Welchen Zweck hat die Kennzeichnung von Kunststoffen?

a) Kunststoffabfälle können sortiert und leichter recycelt werden.
b) Leichter abbaubare Kunststoffe können bevorzugt ausgewählt werden (z. B. PE und PP vor PVC).

207 Wählen Sie die wichtigsten Gebrauchseigenschaften für Kunststoffe aus, die in Großküchen verwendet werden:

a) kräftig bunt
b) säurebeständig
c) ungiftig
d) geruchsfrei
e) leicht

Arbeitsgeräte in Großküchen wie Schneidbretter und Schüsseln müssen folgende Eigenschaften haben:

b) säurebeständig
c) ungiftig
d) geruchsfrei

208 Nennen Sie die drei Arten von Glas für Trinkgläser.

1. Natronglas
2. Kaliglas
3. Bleikristallglas

209 Welche Merkmale gibt es zur Unterscheidung von Glasqualitäten?

- **Natronglas** ist dickwandig und trübe.
- **Kaliglas** ist klar, hat einen hellen Klang.
- **Bleikristall** ist bläulich schimmernd und durch Etiketten gekennzeichnet.

210 Nach welchen Kriterien kaufen Sie Trinkgläser ein?

a) einfache Formen
b) gut zu reinigen
c) standsicher
d) für mehrere Getränkearten zu verwenden
e) Nachkaufgarantie

211 Wie können Sie beim Einfüllen von heißer Marmelade das Springen von Gläsern vermeiden?

- Gläser vorwärmen.
- Gläser auf feuchtes Tuch stellen.
- Metallbesteckteil in das Glas stellen.

212 Tragen Sie Argumente zusammen, die die Vorteile von Glas als Verpackungsmaterial für Gemüsekonserven beschreiben.

a) Inhalt ist gut sichtbar.
b) Bei Twist-off-Deckeln können angebrochene Gläser wieder verschlossen werden.
c) Glas ist recycelbar.

213 Welche Spezialglasarten finden für Glastüren Verwendung?

Verbundglas
Sicherheitsglas

214 Zu den keramischen Erzeugnissen werden unterschiedliche Materialien gerechnet.

Benennen Sie diese, und geben Sie zwei hierfür typische Gebrauchsgegenstände an.

Porzellan:
Eßgeschirr, Blumenvasen

Steinzeug:
rustikales Eßgeschirr, Krüge

Steingut:
einfaches Eßgeschirr, Waschbecken

Ton:
Blumentöpfe, Römertopf

215 Nennen Sie eindeutige Erkennungsmerkmale für Eßgeschirre aus Porzellan und Steingut.

a) **Porzellan** hat einen harten Scherben, kann sehr dünnwandig sein, angeschlagene Stellen bleiben weiß.
b) **Steingut** hat einen weichen Scherben, Geschirrteile sind nicht so dünn, die Glasur erhält beim Gebrauch leichte Haarrisse, angeschlagene Stellen werden grau.

216 Welche Kriterien beachten Sie beim Kauf einer Kaffeekanne?

a) fest sitzender Deckel
b) tropffreie Tülle
c) geeigneter Griff
d) standfest
e) gut zu reinigen

217 Welche Bezeichnungen weisen darauf hin, daß gemustertes Geschirr in der Spülmaschine gereinigt werden kann?

a) spülmaschinenfest
b) Unterglasurdekor
c) Inglasurdekor

218 Erklären Sie folgende Fachbegriffe zum Werkstoff Holz:

a) Rohholz
b) Massivholz
c) Furnierholz

Rohholz ist unbehandeltes Holz.

Massivholz ist Holz, das zur Herstellung von Möbeln verwendet wird bzw. wurde.

Furnierholz ist ein Material, bei dem dünne Holzschichten auf Trägerplatten aufgeleimt worden sind.

219 Wählen Sie zweckmäßige Oberflächenbehandlungen für Küchenmöbel aus:

a) Lackieren
b) Ölen
c) Mattieren
d) mit Kunststoffen überziehen
e) Imprägnierlasieren

Für Küchenmöbel geeignete Oberflächenbehandlungen sind:

a) Lackieren
b) Ölen
d) mit Kunststoffen überziehen

220 Nennen Sie Möglichkeiten, Wasserflecken auf Tischplatten von offenporigem Holz zu vermeiden.

- Getränke sorgfältig eingießen, ohne etwas zu verschütten.
- Gläser auf Untersetzer stellen.
- Verschüttetes sofort wegwischen.

221 Schuhe aus Leder sind in der Anschaffung nicht billig.

Wie können Sie Schuhe behandeln, damit sie lange getragen werden können.

- Schuhe immer wieder wechseln.
- Schuhe auf Schuhspanner ziehen.
- Schuhe in Schränken aufbewahren.
- Schuhe regelmäßig reinigen.

222 Wie können Sie sicher sein, daß Polstermöbel aus echtem Leder sind und nicht aus Kunststoff?

Es gibt ein Gütezeichen für Leder (Garantie für echtes Leder).

Reinigungsabläufe

223 Beschreiben Sie den Zweck von Reinigungs- und Pflegearbeiten. Geben Sie jeweils drei Beispiele an.

Reinigungsarbeiten dienen der Schmutzentfernung wie z. B.
- Tische abwischen,
- Möbel abstauben,
- Fußboden wischen.

Pflegearbeiten dienen dem Schutz der Materialoberfläche, z. B.
- Gußeisenpfannen einfetten,
- Möbel mit Politur einreiben,
- Schuhe imprägnieren.

[224] Reinigungsarbeiten können nach ihrem Arbeitsinhalt unterschieden werden.

Nennen Sie die Fachausdrücke.

Sichtreinigung
Unterhaltsreinigung
Grundreinigung

[225] Listen Sie notwendige Arbeiten für die Sichtreinigung einer Eingangshalle auf.

- Aschenbecher leeren.
- Flaschen und Gläser wegräumen.
- Zeitschriften ordnen.
- Blumensträuße erneuern.

[226] Welche Tätigkeiten gehören zur Unterhaltsreinigung eines Büroraumes?

Wählen Sie entsprechende Tätigkeiten aus:

a) Staub wischen
b) Stuhlpolster shampoonieren
c) Fenstersimse feucht abwischen
d) Papierkorb leeren
e) Türen abwaschen

Zur Unterhaltsreinigung gehören:
a) Staub wischen
c) Fenstersimse feucht abwischen
d) Papierkorb leeren

[227] Was versteht man unter Grundreinigung?

Grundreinigung ist eine umfassendere und intensivere Reinigung als die Unterhaltsreinigung.

Hierbei werden
- schwer erreichbare Stellen gereinigt,
- Objekte gereinigt, die nur in größeren zeitlichen Abständen gesäubert werden,
- alte Pflegemittelfilme und Flecken entfernt.

[228] Nennen Sie Anlässe, bei denen unbedingt desinfiziert werden muß.

a) Arbeitsgeräte in der Küche nach der Verarbeitung von tiefgefrorenem Geflügel
b) beim Auftreten von Infektionskrankheiten

229 Welche Aussagen beschreiben das Desinfizieren zutreffend?

a) Desinfizieren ist die beste Reinigungsmethode.

b) Beim Desinfizieren werden krankmachende Keime entfernt, teilweise abgetötet.

c) Desinfektionsmittel müssen auf den Anwendungsbereich abgestimmt werden.

d) Nach dem Desinfizieren sind alle bearbeiteten Objekte steril.

e) Tägliches Desinfizieren des Treppenhauses verhindert das Verschleppen von Mikroorganismen.

Richtige Aussagen:

b) Beim Desinfizieren werden krankmachende Keime entfernt, teilweise abgetötet.

c) Desinfektionsmittel müssen auf den Anwendungsbereich abgestimmt ausgewählt werden.

230 Erläutern Sie die Folgen von zu häufigem Desinfizieren.

Bei zu häufigem Desinfizieren besteht die Gefahr, daß die Keime widerstandsfähige Stämme entwickeln, gegen die das Desinfektionsmittel nicht mehr wirksam ist.

231 Sie sollen Reinigungsarbeiten durchführen und die hierfür notwendigen Reinigungsmittel auswählen.

Nennen Sie drei Kriterien, die Sie dabei beachten müssen.

Bei der Auswahl des Reinigungsmittels ist zu beachten:

1. Verschmutzungsart,
2. Verschmutzungsgrad,
3. Reinigungseigenschaften des Materials.

232 Beschreiben Sie den Bewegungsablauf beim Kehren.

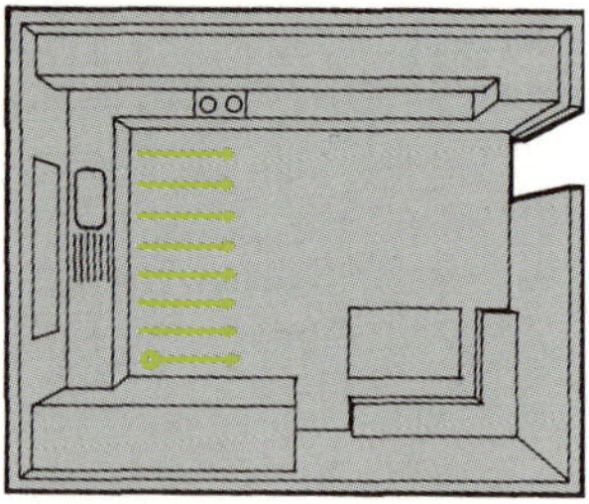

Vom Raumende ausgehend strichweise zur Tür hin kehren. Die Arbeitsperson steht hinter dem Besen und schiebt diesen von sich weg. Am Ende des Raumes wird der Schmutz mit einem Handfeger auf einem Kehrblech zusammengenommen.

233 Welchen Vorteil bietet das Feuchtwischen im Vergleich zum Kehren?

Beim Feuchtwischen ist die Staubaufwirbelung wesentlich geringer als beim Kehren.

234 Worauf müssen Sie beim Führen eines Feuchtwischmops achten?

Der Feuchtwischmop muß schlingenförmig geführt werden und darf während des Arbeitens nicht hochgehoben werden, damit der aufgenommene Schmutz nicht auf den Fußboden zurückfällt.

235 Beschreiben Sie drei Situationen, in denen es sinnvoll ist, eine Naßreinigung mit Schrubber und Putztuch durchzuführen.

a) bei kleinen Reinigungsflächen
b) bei schmalen, engen Treppenstufen
c) bei dicht überstellten Sanitärräumen

236 Wie können Sie unnötiges Bücken beim Einsatz von Schrubber und Putztuch vermeiden?

- Schrubber mit langem Stiel verwenden.
- Putzeimer auf Hocker oder fahrbaren Untersatz stellen.
- Zu reinigende Fläche in kurze Abschnitte einteilen und bearbeiten.

237 Machen Sie Vorschläge für den vielseitigen Einsatz eines Staubsaugers zur Reinigung einer Schrankwand (Stil altdeutsch).

a) mit Saugpinsel:
Bücher und Verzierungen
b) mit Fugendüse:
Schubladenecken, Gleitschienen, von Schiebetüren

238 Wie können Sie beim Staubsaugen nach dem Prinzip der „Artteilung“ bzw. „Serienarbeit“ vorgehen?

Es werden mit einem Zubehörteil alle hierfür geeigneten Teile abgesaugt, bevor das Gerät umgerüstet wird.

239 Welche Wartungsarbeiten sind an einem Staubsauger durchzuführen?

a) Staubsammelbeutel leeren
b) Filter wechseln
c) Bodendüse reinigen
d) Staubsaugergehäuse feucht abwischen

240 Welche Verfahren können Sie anwenden, wenn Sie von PVC-Fußboden lose aufliegenden Schmutz entfernen möchten?

Kehren
Staubsaugen
Feucht wischen

241 Sie sollen in einem Kinderzimmer mit PVC-Fußboden die wöchentliche Reinigung durchführen.

Wählen Sie ein Verfahren aus, und begründen Sie Ihre Wahl.

In einem Kinderzimmer würde ich **naß reinigen,** weil es dort manchmal festhaftende Verschmutzungen durch Getränke oder Süßigkeiten gibt. Die Schmutz- und Staubentfernung ist mit diesem Verfahren am erfolgreichsten.

242 Nennen Sie wichtige Regeln für folgende Arbeitsschritte während einer Unterhaltsreinigung:

a) Abstauben
b) Fußbodenreinigung

a) **Abstauben**
- Vor dem Abstauben im Raum aufräumen.
- Inventar von oben nach unten abstauben, reinigen.
- Alle Teile in einer geordneten Reihenfolge abstauben.

b) **Fußbodenreinigung**
- Leicht bewegliche Möbel zur Seite schieben.
- Brücken und Teppiche vor dem Fußbodenbelag reinigen.

243 Beschreiben Sie Möglichkeiten, Parkettfußboden zu reinigen.

- Mit **neutralem Reinigungsmittel** feucht wischen.
- Mit **Wischpflegemittel** feucht wischen.

Haushaltstechnik

244 Begründen Sie die Notwendigkeit, warum zum Abwischen von Einrichtungsgegenständen, in den Bereichen von Toiletten, Körperpflege, Wohnen verschiedenfarbige Tücher zu verwenden sind.

Aus hygienischen Gründen ist das Reinigen mit verschiedenen Tüchern notwendig. Die Farben erleichtern die Unterscheidung der Tücher und ihrer Einsatzbereiche.

245 Wählen Sie geeignete Verfahren zur Grundreinigung von Teppichfußboden aus:

a) Detachieren
b) Klopfsaugen
c) Shampoonieren
d) Sprühextrahieren
e) Abkehren

Geeignete Verfahren zur Grundreinigung sind:

c) Shampoonieren
d) Sprühextrahieren

246 Bringen Sie die für die Grundreinigung eines Büroraumes anfallenden Arbeiten in eine sinnvolle Reihenfolge:

- **Gardinen waschen und aufhängen**
- **Decken, Tapeten und Wände säubern**
- **Fenster, Heizkörper, Lampen und Türen reinigen**
- **Gardinen und Wandschmuck abnehmen**
- **bewegliche Möbel aus dem Raum entfernen und reinigen**
- **nicht bewegliche Möbel reinigen**
- **Grundreinigung des Fußbodenbelages**
- **Raum wieder einräumen**

Möglicher Arbeitsablauf:

a) Gardinen und Wandschmuck abnehmen
b) bewegliche Möbel aus dem Raum entfernen und reinigen
c) Decken, Tapeten und Wände säubern
d) nicht bewegliche Möbel reinigen
e) Fenster, Heizkörper, Lampen und Türen reinigen
f) Grundreinigung des Fußbodens
g) Gardinen waschen und aufhängen
h) Raum wieder einräumen

247 In welcher Bewegungsrichtung arbeiten Sie beim Reinigen von Türen?

Bei Türen mit glatter Oberfläche wird quer von oben nach unten in wellenförmigen Bewegungen gewischt.

248 Wählen Sie Reinigungsmittel aus, um leichte Kalkablagerungen von Armaturen zu entfernen:

a) Phosphorsäure
b) kratzfreier Padschwamm und Reinigungsmittel
c) Scheuerpulver
d) Essig
e) Alkoholreiniger

Materialschonende Reinigungsmittel sind:

b) kratzfreier Padschwamm und Reinigungsmittel
d) Essig

249 Machen Sie Vorschläge, wie angebrannte Speisereste aus Kochtöpfen zu entfernen sind.

a) Speisereste einweichen,
b) etwas Wasser mit Spülmittel im Kochtopf aufkochen (anstelle von Spülmittel kann auch Universalwaschmittel verwandt werden),
c) mit Geschirrschwamm reiben.

250 Warum dürfen Backformen niemals mit Scheuerpulver und Topfkratzer bearbeitet werden?

Die Oberflächen von Backformen sind besonders kratzempfindlich (Ausnahme bildet Aluminium).

251 Nennen Sie verschiedene Reinigungsmittel für Silber und bewerten Sie diese.

Schlämmkreide und Spiritus
umweltfreundlich, ohne Anlaufschutz, hoher Kraftaufwand

Silberputzmittel
sehr sparsam im Verbrauch,
häufig mit Anlaufschutz, mittelhoher Kraftaufwand

Silbertauchbad kalt
sehr schnelle Reinigungswirkung,
Zieroxidationen werden entfernt,
kein Anlaufschutz

Aluminium-Kontaktverfahren
große Besteckmengen, schnelle Reinigung großer Besteckmengen,
Zieroxidationen werden entfernt,
kein Anlaufschutz

252 Beschreiben Sie die Reinigungseigenschaften von Kunststoffen am Beispiel von Küchenmöbeln.

- Kunststoffe sind unempfindlich gegen Wasser, Reinigungsmittel im neutralen pH-Bereich, gegen weiche Reinigungspads.
- Kunststoffe sind empfindlich gegen starke mechanische Reinigungsmittel.

253 Listen Sie die Arbeitsschritte für die Grundreinigung eines Gefrierschrankes auf.

a) Gerät abstellen, ausräumen, abtauen
b) Lebensmittel sortieren und kalt aufbewahren
c) Roste reinigen
d) Schrankinnenraum reinigen
e) Tür innen und außen reinigen
f) Schrank außen reinigen
g) Gerät anstellen, auf TK-Temperatur abkühlen lassen
h) Schrank einräumen

254 Erläutern Sie unterschiedliche Reinigungsverfahren zur Fensterreinigung.

Die auszuwählenden Verfahren hängen immer von der Glasfläche, der Fensterart, dem Rahmenmaterial und der Verschmutzung ab.

bei geringer Verschmutzung
Aufsprühen von Fensterreiniger und Abreiben der Scheiben.

bei normaler Verschmutzung
- 1-Eimer-Verfahren mit Fensterreiniger (verdünnt) und Fenstertuch (Einwaschen und Nachwischen mit Fenstertuch, Nachreiben mit fusselfreiem Tuch)
- 2-Eimer-Verfahren mit Reinigungsmittellösung und Spirituswasser (Schwammtuch zum Einwaschen, Gummilippe zum Abziehen, Fensterputztuch zum Trockenreiben)

255 In welcher Reihenfolge spülen Sie folgende Geschirrteile?
- **Backformen**
- **Teller**
- **Gläser**
- **Kaffeetassen**
- **Eßbestecke**
- **Arbeitsgeräte**

a) Gläser
b) Kaffeetassen
c) Teller
d) Eßbestecke
e) Arbeitsgeräte
f) Backformen

256 Welche Vorbereitungsarbeiten fallen an, wenn das Geschirr mit einer Bandspülmaschine gereinigt wird?

a) Lebensmittelreste entfernen,
b) Geschirr sortiert in Körbe einsetzen,
c) Geschirr abbrausen.

257 Beschreiben Sie wichtige Arbeitsregeln für die Verwendung von Möbelpolitur.

- Möbelpolitur nur ganz selten verwenden.
- Möbelstücke vor dem Auftragen der Politur gründlich abstauben.
- Möbelpolitur dünn auftragen.
- In Faserrichtung des Holzes reiben.
- Nach einer gewissen Einwirkzeit Politurreste abreiben.

258 Wählen Sie geeignete Reinigungsmethoden für Schuhe aus Nubukleder aus:
a) mit Schuhcreme dünn einreiben
b) in der Waschmaschine waschen
c) mit Gummibürste bürsten
d) mit Farbspray behandeln
e) mit Nubukledermittel einstreichen

Mögliche Reinigungsmethoden für Nubukleder sind
c) mit Gummibürste bürsten,
d) mit Spray behandeln,
e) mit Nubukledermittel einstreichen.

2.4 Textilien

Textilkunde

259 Textilien werden aus unterschiedlichen Fasern hergestellt.

Teilen Sie diese entsprechend ihrer Herkunft in vier Gruppen ein.

- tierische Fasern
- pflanzliche Fasern
- Cellulosefasern
- synthetische Fasern

260 Wählen Sie Fasern pflanzlicher Herkunft aus.

a) Hanf
b) Seide
c) Baumwolle
d) Polyester
e) Leinen

a) Hanf
c) Baumwolle
e) Leinen

261 Nennen Sie fünf Gebrauchseigenschaften von Baumwolle.

1. geringes Wärmevermögen
2. hohe Saugfähigkeit
3. reißfest
4. neigt zur Knitterbildung
5. strapazierfähig

262 Beschreiben Sie drei Ausrüstungsverfahren für Baumwolle.

1. Mercerisieren:
   Behandlung mit starken Laugen und Hitze
2. Pflegeleichtausrüstung:
   Veredelung mit Kunstharzen
3. Sanforisieren:
   krumpfecht machende Hitzebehandlung

263 Wählen Sie die Eigenschaften aus, die die Verwendung von Leinen für Sommerkleidung erklären.

Beschreiben Sie kurz deren Bedeutung.

a) Die Leinenfaser ist glatt.
b) Leinen läßt sich gut färben.
c) Leinen ist eine pflanzliche Faser.
d) Leinen ist sehr saugfähig.
e) Leinen ist hitzebeständig.

a) Die glatte Leinenfaser bedingt, daß Leinen nur ein geringes Wärmevermögen hat.
d) Leinen ist sehr saugfähig, dadurch wird Körperschweiß gut aufgenommen.

264 Erklären Sie, warum Wolle solch ein gutes Wärmevermögen hat.

Die Wollfaser hat eine **schuppenförmige Oberfläche,** die es ermöglicht, Luft und Feuchtigkeit aufzunehmen.

265 Was versteht man unter der Bezeichnung „Superwash"?

Superwash ist eine Filzfreiausrüstung für Wolle.

266 Nennen Sie Vorteile von chemischen Fasern.

Die Vorteile liegen in den Gebrauchseigenschaften
- knitterarm,
- pflegeleicht,
- strapazierfähig.

267 Zählen Sie vier Chemiefasern auf.

1. Polyester
2. Polyamid
3. Polyacryl
4. Elasthan

268 Welche Nachteile haben Kleidungsstücke aus Chemiefasern im Hinblick auf ihre Trageeigenschaften?

a) nicht feuchtigkeitsdurchlässig
b) laden sich elektrostatisch auf
c) verschmutzen schneller als Kleidungsstücke aus Naturfasern

269 Bei der Herstellung von Chemiefasern wird die Spinnlösung durch feine Düsen gepreßt. Die dabei entstandenen Fäden können „Filamentgarn“ oder „Spinnfaser“ sein.

Erklären Sie diese beiden Begriffe.

Filamentgarn ist ein langer, fortlaufender Faden.

Spinnfaser ist eine kurzgeschnittene, gekräuselte Faser, die noch versponnen wird.

270 Nennen Sie zwei Rohstoffe zur Herstellung von Cellulosefasern.

1. Holz, z.B. Fichte oder Tanne
2. Baumwollabfälle

271 Modal und Viskosefaser sind Fasern, die häufig mit Baumwolle verglichen werden.

Beschreiben Sie die Unterschiede, die zwischen ihnen bestehen.

Viskose
geringe Naßfestigkeit
sie verträgt wenig trockene Hitze

Modal
knitterarm
pflegeleicht
kochfest

272 Beschreiben Sie das Erscheinungsbild von gewebten und gewirkten Stoffen.

gewebte Stoffe
Längs- und Querfäden sind durch verschiedene Bindungen miteinander verflochten.

gewirkte Stoffe
Sie entstehen durch das Ineinanderhängen von Maschen.

273 Zählen Sie vier Eigenschaften von Maschenwaren auf, die Grund dafür sind, daß diese immer mehr zu Oberbekleidung verarbeitet werden.

Oberbekleidung aus Maschenware ist
- schmiegsam,
- luftdurchlässig,
- saugfähig,
- knitterunempfindlich.

274 Was versteht man unter Textilverbundwaren?

Textilverbundwaren sind Flächengebilde aus wirrliegenden Faserschichten, die miteinander verfestigt werden.
Hierzu zählen Filze und Vliesstoffe.

275 Welche gemeinsamen Eigenschaften haben sogenannte High-Tech-Textilien?

High-Tech-Textilien sind gleichzeitig
- wasserdicht,
- windabweisend,
- atmungsaktiv.

276 Durch Ausrüstungen können die Pflegeeigenschaften von Textilien verbessert werden.

Wählen Sie entsprechende Verfahren aus, und erläutern Sie kurz deren Auswirkungen:

a) Flammfest machen
b) Scotchgard
c) Eulanisieren
d) Pflegeleichtausrüstung
e) Fixieren

b) **Scotchgard**
Fleckschutzimprägnierung

d) **Pflegeleichtausrüstung**
Kunstharzbehandlung, um Knitterbildung zu vermindern.

277 Benennen Sie die drei Bindungsarten, und geben Sie typische Stoffe dafür an:

a) **Leinwandbindung**
Nessel, Linon, Handarbeitsstoffe

b) **Köperbindung**
Flanell, Jeansstoffe

c) **Atlas- oder Satinbindung**
Damast, Inlett

a)

b)

c)

Einkauf von Textilien

278 Nennen Sie den Namen des Gesetzes, das die gültige Rechtsgrundlage für die Materialangabe bei Textilien ist.

Textilkennzeichnungsgesetz

279 Welche Angaben müssen laut Textilkennzeichnungsgesetz gemacht werden?

a) Ausrüstungsverfahren
b) Material für Zubehör
c) Rohstoffmengen
d) Hinweise zur Pflege
e) Name des Herstellers

Laut Textilkennzeichnungsgesetz müssen nur die Rohstoffmengen in Gewichtsprozenten angegeben werden.

280 Nennen Sie drei Vorschriften des Textilkennzeichnungsgesetzes, die bei der Kennzeichnung eingehalten werden müssen.

- Wenn ein Textilerzeugnis aus mehreren Einzelteilen besteht, müssen die Rohstoffangaben einzeln angebracht werden.
- Rohstoffmengen, die unter 10% liegen, können als „sonstige Fasern“ gekennzeichnet werden.
- Die Kennzeichnung ist eingewebt, aufgedruckt, aufgeklebt oder auf der Verpackung angebracht.

281 In einem Kleidungsstück sind folgende Angaben.

Finden Sie die dafür zutreffenden Bezeichnungen.

a) eingetragenes Warenzeichen
b) Herkunftsland
c) Rohstoffangabe
d) Pflegekennzeichnung
e) Gütezeichen
f) Herstellername

a)
b)

e)

c)
d)

f)

282 Sie sollen für ein Kinderheim Tischwäsche einkaufen.

Welche Eigenschaften erscheinen Ihnen hierbei besonders wichtig?

- wenig fleckempfindlich
- pflegeleicht
- waschbar bei 60 °C
- kräftig bunt

283 Für den Speisesaal einer Tagungsstätte sollen Übergardinen beschafft werden.

Nennen Sie vier Kriterien, die Sie bei der Materialauswahl beachten müssen.

Dekor und Farbe
Pflegeeigenschaften
Farb- und Lichtbeständigkeit
Flammfestausrüstung

284 Sie kaufen unbehandelte Stoffe aus Baumwolle oder Leinen, um daraus eine Hose zu nähen.

Worauf müssen Sie bei der Berechnung des Stoffbedarfes achten?

a) Länge und Weite der Schnitteile
b) Zugaben für Nähte und Säume
c) Breite des Stoffes
d) Zuschlag für das Einlaufen des Stoffes

285 Die Pflegekennzeichen bieten wichtige Informationen, die schon beim Kauf eines textilen Gegenstandes beachtet werden müssen.

Benennen Sie die einzelnen Symbole, und beschreiben Sie deren Informationen:

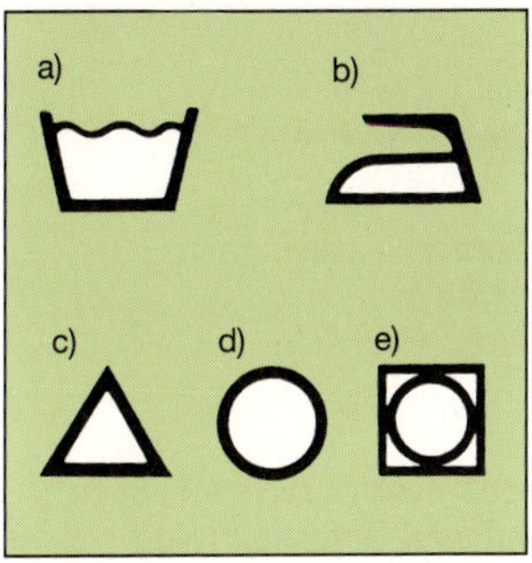

a) Waschbottich:
Eignung zum Waschen
Waschtemperatur
Art des Waschprogrammes

b) Bügeleisen:
Eignung zum Bügeln
Bügeltemperatur

c) Dreieck:
Eignung zum Chlorbleichen

d) Reinigungstrommel:
Eignung zum Chemischreinigen
Buchstaben stehen für die Reinigungsmittel

e) Trockentrommler:
Eignung zum Trocknen im Tumbler
Angaben zur thermischen Belastung

286 Zeichnen Sie die wichtigsten Pflegesymbole für eine weiße Tischdecke.

Textilverarbeitung

287 Welche Maschinennadeln müssen Sie für gewebte oder gewirkte Stoffe wählen?

für gewebte Stoffe:
Nadeln mit Rundspitze

für gewirkte Stoffe:
Nadeln mit Kugelspitze

288 Nennen Sie die Gesichtspunkte, die Sie bei der Auswahl des Nähgarnes beachten müssen.

- Garn und Stoff sollen aus demselben Rohstoff sein.
- Farbe des Garnes muß auf Farbe des Stoffes abgestimmt sein.
- Ober- und Unterfaden müssen die gleiche Stärke haben.

289 Beurteilen Sie folgende Stichbilder:

a)

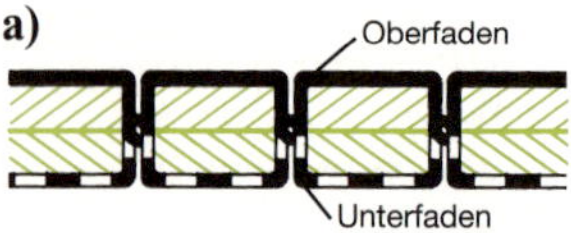

b)

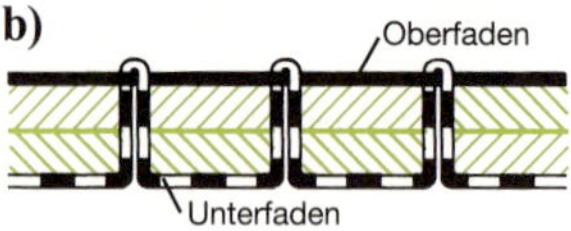

c)

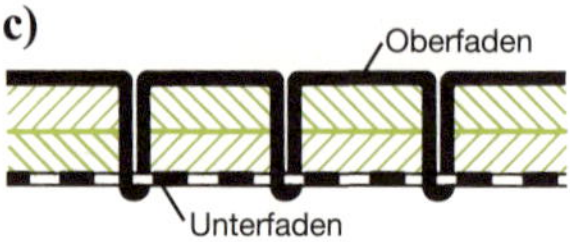

a) guter Stich
b) Fadenverschlingungen werden nach oben gezogen, weil Oberfaden zu fest ist.
c) Fadenverschlingungen werden nach unten gezogen, weil Oberfaden zu lose ist.

290 Zählen Sie drei Wartungsarbeiten auf, die an Nähmaschinen durchgeführt werden müssen.

1. Funktionsteile entstauben.
2. Greifer ölen.
3. Glühbirne wechseln.

291 Nennen Sie Einsatzmöglichkeiten für folgende Stiche:

a) Zickzackstich
b) Blindstich
c) Overlockstich

a) Versäubern von offenen Kanten
b) unsichtbares Befestigen von Säumen
c) elastische Nähte und Versäubern von Kanten bei Maschenware

292 Bestimmen Sie folgende Nähte:

a) einfache Naht
b) Flachnaht
c) Doppelnaht

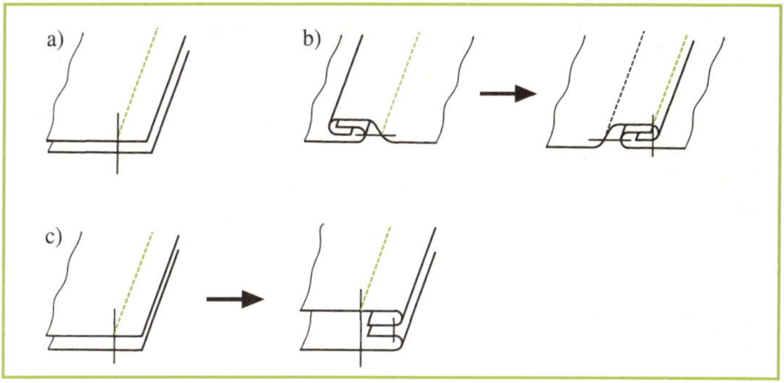

293 Welche Arten von Kantenbefestigung finden Sie an Tischwäsche?

- dichte Zickzackstiche
- Säume
- Einfassung mit Schrägstreifen

294 Welche Teile eines Saumes müssen Sie beim Berechnen der Zugabe beachten?

Einschlag
Umschlag

295 Um Stoffteile für Kleidung zusammenzufügen, können unterschiedliche Verschlußarten ausgewählt werden.
Nennen Sie drei Verschlußarten sowie jeweils ein Anwendungsbeispiel.

gesäumten Schlitz
– an Ärmeln

Knopfverschluß
– an Blusen

Reißverschluß
– an Hosen

296 Nennen Sie drei Regeln, die Sie bei der Markierung von Knopflöchern beachten müssen.

1. Knopfloch muß 2 mm größer sein als der Knopfdurchmesser.
2. Knopflöcher sollen in Zugrichtung gearbeitet werden (Ausnahmen wegen Stoffmusterung möglich).
3. Bei Oberbekleidung richtet sich die Lage der Knopflöcher nach der vorderen Mitte.

Haushaltstechnik

297 Für das Einsetzen von Reißverschlüssen gibt es zwei Möglichkeiten.

Benennen Sie diese, und geben Sie je ein Anwendungsbeispiel.

a) **beidseitig verdeckt eingenäht**
   – wird in einen Schlitz eingenäht, der in der Fortsetzung einer Naht liegt.

b) **einseitig verdeckt eingenäht**
   – wird in Schlitze eingearbeitet, die an einer Seite offen sind (Hosen).

298 Bei der Herstellung von Kleidungsstücken müssen häufig Stoffweiten eingehalten werden.

Welche Verfahren können für einen Rock angewandt werden?

- kräuseln
- Falten legen
- Banddurchzug
- Gummilitze
- Abnäher

299 Ausbesserungsarbeiten sind zeitintensiv, helfen aber, die Lebensdauer von Textilien zu verlängern.

Beschreiben Sie mögliche Ausbesserungsarbeiten für eine Kinderhose.

a) **Ersetzen von Fäden**
   Stopfen

b) **Reparieren von Löchern und Rissen**
   Flicken aufsetzen
   Flicken aufbügeln

300 Stellen Sie eine Grundausstattung von Arbeitsmitteln für die Durchführung einfacher Näharbeiten zusammen.

Nähnadeln
Stecknadeln
Nadelkissen
Schere
Bandmaß
Fingerhut
Nähgarn
Stopfgarn

Textilpflege

301 Wäscheschäden an Textilien verursachen Kosten und zusätzliche Arbeit.

Zählen Sie vier Wäscheschäden auf, und machen Sie Vorschläge, wie diese vermieden werden können.

1. **Knitterbildung**
   Bei pflegeleichten Textilien richtiges Waschprogramm auswählen.
2. **Verfärben**
   Wäsche richtig sortieren, Waschtemperatur nicht zu hoch einstellen.

→

▷ *Fortsetzung der Antwort* ▷

3. **Verfilzen**
   Textilien aus Wolle nicht zu stark schleudern.
4. **Versengen**
   Bügeleisen nicht auf Textilien stehen lassen oder mit zu heißen Temperaturen bügeln.

302 Welche Bedeutung hat das Wasser im Waschprozeß?

Wasser erfüllt hierbei folgende Aufgaben:
- das Waschmittel auflösen
- das Gewebe durchfluten
- Wärme übertragen
- Schmutz transportieren

303 Erklären Sie folgende Begriffe:
a) Härtebereich
b) Flottenverhältnis
c) Restfeuchte

a) Die sog. **Härte des Wassers** hängt von den darin enthaltenen Calcium- und Magnesiumsalzen ab. Die Maßeinheit ist Millimol. Die Unterscheidung in Härtebereiche ist wichtig für die Dosierung des Waschmittels.

b) Das **Flottenverhältnis** beschreibt das Verhältnis der Trockenwäsche zur Wassermenge.

c) Die **Restfeuchte** ist die nach dem Schleudern noch im Gewebe enthaltene Feuchtigkeit.

304 Nennen Sie die vier Faktoren, die neben Wasser im Reinigungsprozeß zusammenwirken.

1. Mechanik
2. Temperatur
3. Zeit
4. Chemie

305 Inwiefern können Sie beim Waschvorgang den Faktor „Mechanik“ beeinflussen?

Maschinenwäsche
Auswahl des Waschprogramms, z. B. Normal- oder Pflegeleichtprogramm.

Handwäsche
Reiben der Wäsche
Auswringen der Wäsche

[306] Das Marktangebot an Waschmitteln ist vielfältig. Um sich darüber einen Überblick zu verschaffen, ist es sinnvoll, diese in Gruppen einzuteilen.

Nehmen Sie solch eine Einteilung vor, und erläutern Sie diese kurz.

a) **Universalwaschmittel**
geeignet für alle Temperaturbereiche und alle Fasern, außer Wolle und Seide

b) **Spezialwaschmittel**
jeweils geeignet für einzelne Waschprogramme oder Textilfasern (z. B. farbempfindliche Kleidungsstücke, Wolle, weiße Synthetiks)

c) **Waschhilfsmittel**
zur Verstärkung der Wirkung der anderen Waschmittel (z. B. Vorbehandeln von starken Flecken oder Fleckensalz)

[307] Zählen Sie fünf Inhaltsstoffe von Universalwaschmitteln auf.

1. Tenside
2. Gerüststoffe
3. Bleichmittel
4. Enzyme
5. optische Aufheller

[308] Welche dieser Inhaltsstoffe sind in den einzelnen Teilen der Baukastenwaschmittel enthalten?

Tenside im Grundwaschmittel
Gerüststoffe im Enthärter
Bleichmittel im Fleckenmittel

[309] Beschreiben Sie die Wirkung von Tensiden.

Die Wirkung von Tensiden ist vielseitig:

a) Sie setzen die Oberflächenspannung des Wassers herab,
b) benetzen die Textilien,
c) lösen den Schmutz,
d) emulgieren und dispergieren den Schmutz,
e) halten ihn in der Waschflotte in Schwebe.

[310] Wählen Sie gängige Arten von Gerüststoffen aus:

a) Phosphat
b) Perborat
c) Duftstoff
d) Zeolith A
e) Polycarboxylat

Zu den Gerüststoffen gehören:

a) Phosphat,
d) Zeolith A,
e) Polycarboxylat.

311 Nennen Sie typische Inhaltsstoffe von zwei Spezialwaschmitteln.

Gardinenwaschmittel
hoher Anteil an optischen Aufhellern

Wollwaschmittel
besondere Tensidarten, keine Bleichmittel und optischen Aufheller

312 In welchen Formen werden Waschmittel derzeit angeboten?

pulverförmig
- normales Volumen, kompakt
- konzentriert
- als Granulat

flüssig

phosphathaltig oder **phosphatfrei**

Ein- oder **Mehrkomponentenwaschmittel**

313 Durch welche Maßnahmen können Sie den Waschmittelverbrauch so gering wie möglich halten?

- Waschmittel genau dosieren.
- Bei Wasser im Härtebereich 4 Enthärter einsetzen.
- Flecken vorbehandeln, um Vorwäsche einzusparen.

314 Sie sollen Tischwäsche aus Baumwolle stärken.

Welche Nachbehandlungsmittel können Sie dafür verwenden?

a) Weichspüler
b) Dauerappretur
c) Feinappretur
d) Formspüler
e) Stärke

b) Dauerappretur
e) Stärke

315 Nehmen Sie Stellung zu der Meinung, daß Weichspüler ein besonders geeignetes Nachbehandlungsmittel für Frottierhandtücher sei.

Dieses Mittel ist hierfür wenig geeignet, denn dadurch verlieren Handtücher einen Teil ihrer Saugfähigkeit.

Haushaltstechnik

316 Nennen Sie die wichtigsten Angaben auf einer Waschmittelverpackung (entsprechend dem Wasch- und Reinigungsmittelgesetz).

a) die wichtigsten Inhaltsstoffe
b) Dosierung in ml entsprechend den Härtebereichen
c) Reichweitenangabe
d) Angabe der UBA-Nummer

317 Das Marktangebot an Waschmaschinen ist sehr vielfältig.

Nennen Sie vier Unterscheidungsmerkmale, die für Sie beim Einkauf wichtig sind.

1. Bauform
2. Beschickung
3. Schleuderdrehzahl
4. Steuerung

318 Nennen Sie die drei Hauptprogramme einer Waschmaschine und die hierfür empfohlene Füllmenge.

1. **Normalwaschprogramm**
   Füllmenge 4,5 kg
2. **Pflegeleichtprogramm**
   Füllmenge 2,5 kg
3. **Schonprogramm**
   Füllmenge 1 kg

319 Wählen Sie Textilien aus, die mit dem Pflegeleichtprogramm gewaschen werden müssen;

a) Bettlaken aus Linon
b) Herrenhemden aus BW/PE
c) Spannbettlaken mit Elasthananteil
d) bunte Damasttischwäsche
e) Wollpullover

b) Herrenhemden aus BW/PE
c) Spannbettlaken mit Elasthananteil

320 Erklären Sie folgende Programmausstattungen:

a) Mengenautomatik
b) Energie einsparen
c) Zeiteinsparen

a) Die zulaufende Wassermenge richtet sich nach Menge und Saugfähigkeit der Textilien.
b) Bei Betätigen der Spartaste wird mit niedrigeren Temperaturen gewaschen.
c) Bei diesem Kurzprogramm wird die Nachwaschzeit verkürzt, und die Vorwäsche entfällt.

321 Um den Wasserverbrauch zu reduzieren, werden Waschmaschinen mit Sparvorrichtungen ausgestattet.

Beschreiben Sie, anhand der Skizzen, zwei solcher Systeme.

a) **Sprühsystem**
Die Waschflotte wird von einer Umwälzpumpe fortlaufend nach oben gefördert und von dort durch Düsen auf die Wäsche gesprüht.

b) **Direkteinspülsystem**
Während des Einlaufens fließt das Wasser bereits direkt auf die Wäsche, um diese zu durchfluten.

a)

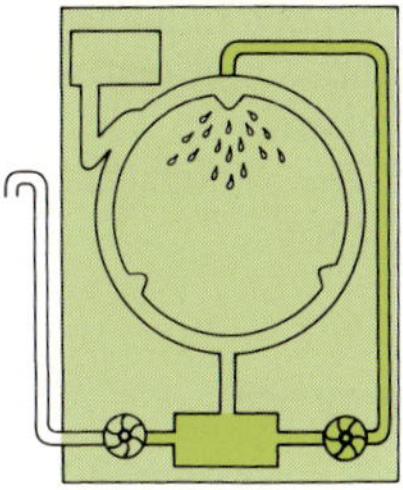

b)

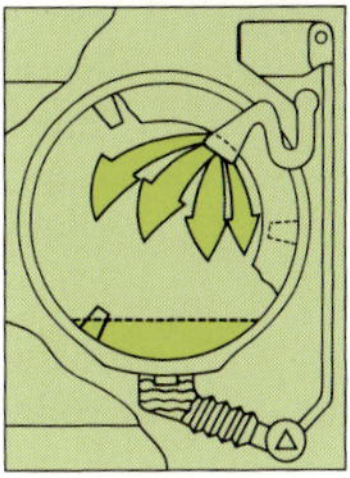

322 Wäschetrockner unterscheiden sich in ihrer Funktionsweise und ihrer Steuerung.

Erläutern Sie diese kurz.

Funktionsweise
- Ablufttrockner
  Die der Wäsche entzogene Feuchtigkeit wird als Luft abgegeben.
- Kondensationstrockner
  Die Luft wird umgewälzt und nimmt Feuchtigkeit auf. Diese wird kondensiert. Das Kondenswasser läuft in ein Auffanggefäß.

Steuerung
- zeitabhängig
  Die Trockendauer wird mittels einer Zeitschaltuhr gesteuert.
- feuchtigkeitsabhängig
  Die Trockendauer richtet sich nach dem gewünschten Trocknungsgrad.

323 Wie hoch muß die Schleuderdrehzahl einer Waschmaschine sein, wenn man die Wäsche in einem Wäschetrockner trocknen will?

Die Schleuderdrehzahl muß mindestens 800 Umdrehungen/min betragen,
besser sind 1000 U/min.

324 Welche Vorteile bietet das Handbügeln mit einem Dampfbügeleisen?

- Die Wäsche muß vor dem Bügeln im allgemeinen nicht eingesprengt werden.
- Durch den Dampf ist die Glättewirkung verstärkt.
- Die kleine Sprühdüse am vorderen Griffende ermöglicht ein Befeuchten zum Nachbügeln von Knittern.

325 Zählen Sie drei wichtige Sicherheitseinrichtungen an Mangeln auf.

1. Fingerschutz an der Einlaufstelle
2. Notschalter zum sofortigen Anhalten der Walze
3. Handrad, um bei Stromausfall die Mulde anzuheben

326 Wählen Sie wichtige Kriterien aus, die Sie vor dem Kauf einer Bügelmaschine bedenken müssen:

a) Kosten
b) Herstellerfirma
c) Gehäusefarbe
d) Walzenbreite
e) Platzbedarf

a) Kosten
d) Walzenbreite
e) Platzbedarf

327 Worauf achten Sie beim Aufbewahren von Schmutzwäsche?

- Schmutzwäsche soll in luftdurchlässigen Behältnissen aufbewahrt werden.
- Nach Waschtemperaturen getrennt aufbewahren erleichtert das Sortieren.
- In Großhaushalten müssen die jeweils gültigen Hygienevorschriften beachtet werden.

328 Beschreiben Sie die Vorgehensweise beim Sortieren der Wäsche.

Das Sortieren erfolgt – der Reihe nach – nach folgenden Merkmalen:

a) Temperaturbereich
b) Waschprogramm
c) Farben
d) evtl. Verschmutzungsgrad

329 Welche Vorbereitungsarbeiten sind vor dem Waschen an folgenden Wäscheteilen auszuführen?
a) Hose mit Umschlag
b) stark verschmutztes Herrenhemd
c) Bettbezug

a) **Hose:**
Taschen leeren, Reißverschluß schließen, Umschlag ausbürsten.

b) **Herrenhemd:**
Tasche leeren, Kragen und Manschetten vorbehandeln.

c) **Bettbezug:**
Nach links wenden, Nähte ausbürsten, Knöpfe schließen.

330 Nennen Sie vier Regeln zum Waschen von empfindlichen Wollpullovern.

1. Spezialwaschmittel verwenden.
2. Wenig reiben und wringen.
3. Nicht wärmer als 30 °C waschen.
4. Möglichst liegend trocknen.

331 Bringen Sie die anfallenden Arbeitsschritte zum Waschen von Stores in eine richtige Reihenfolge:
- **Stores abnehmen und zum Waschen vorbereiten**
- **Waschmaschine in Gang setzen**
- **Stores in Waschmaschine geben**
- **Waschmaschine abstellen**
- **Stores entnehmen**
- **Stores entwässern**
- **Leiter sicher aufstellen**
- **Waschprogramm wählen**
- **Leiter wegräumen**
- **Waschpulver dosieren**
- **Stores aufhängen**

a) Leiter sicher aufstellen
b) Stores abnehmen und zum Waschen vorbereiten
c) Stores in Waschmaschine geben
d) Waschpulver dosieren
e) Waschprogramm wählen
f) Waschmaschine in Gang setzen
g) Stores entwässern
h) Waschmaschine abstellen
i) Stores entnehmen
j) Stores aufhängen
k) Leiter wegräumen

332 Worauf legen Sie bei der Gestaltung des Bügelarbeitsplatzes besonderen Wert?

- Lichteinfall von links oder vorne
- Stromzufuhr von rechts
- Ablagemöglichkeit für gebügelte Wäsche
- Abstellmöglichkeit für Wäschekorb mit ungebügelter Wäsche
- höhenverstellbarer Arbeitsstuhl

333 Durch welche Maßnahmen kann Oberbekleidung aufgefrischt werden, um dadurch eine chemische Reinigung hinauszuzögern?

a) regelmäßiges Lüften
b) Ausbürsten
c) Aufbügeln
d) Fleckentfernung

334 Nennen Sie vier Regeln zum Legen von Tischtüchern.

1. Erst der Länge nach falten, dann quer.
2. Alle gleich großen Tücher müssen gleich gefaltet werden.
3. Die rechte Stoffseite muß immer sichtbar sein.
4. Zu häufiges Falten vermeiden, damit das Tischtuch nicht so viele Brüche bekommt.

335 Folgende Gegenstände sind zu bügeln. In welcher Reihenfolge würden Sie diese bearbeiten?

- **Geschirrhandtücher**
- **Herrenhemden aus Mischgewebe**
- **Leinenstickereien**
- **Damenblusen aus Viskose/Polyester**

a) Damenblusen
b) Herrenhemden
c) Geschirrhandtücher
d) Leinenstickereien

336 Welche Aussagen sind als Bügelregeln zu beachten?

a) nur fleckenfreie Wäsche bügeln
b) Bettwäsche nur von rechts bügeln
c) langsame Bügelbewegungen
d) vom Engen ins Weite bügeln
e) Knopfleisten immer zuletzt bügeln

a) nur fleckenfreie Wäsche bügeln
c) langsame Bügelbewegungen

2.5 Wohnen und Gestalten

Wohnen – Grundbedürfnisse und Lebensqualität

337 Erklären Sie, welche menschlichen Bedürfnisse mit einer eigenen Wohnung gestillt werden.

Eine Wohnung stillt das Bedürfnis nach Erholung, Schlaf, Geborgenheit, Schutz, Individualität und Kommunikation.

338 Nennen Sie wirtschaftliche, kreative und soziale Wohnfunktionen.

wirtschaftlich: Wäschepflege, Nahrungszubereitung, Vorratshaltung

kreativ: Spiel, Freizeitgestaltung

sozial: Geselligkeit, Unterhaltung, Erholung, Sichzurückziehen

339 In welcher Weise kann die Wohnungsaufteilung und -einrichtung die Entwicklung von Kindern positiv beeinflussen?

Eine Wohnung mit ausreichend bewegungsaktiver Fläche, altersgerechten Möbeln und Materialien und anregenden Dingen und Farben fördert die Wahrnehmungsfähigkeit, die Fähigkeit zu sozialem Verhalten, Verantwortungsbewußtsein und den sachgemäßen Umgang mit Einrichtungsgegenständen.

340 Nicht jede Wohnung in jeder Lage wird gleichermaßen den Bedürfnissen der Bewohner gerecht.

a) Nennen Sie Bewertungs- und Auswahlkriterien für die Wohngegend.

b) Nennen Sie Beurteilungskriterien für Kinderzimmer und Schlafzimmer.

a)
- Verkehrsverbindungen
- Belästigungen durch Lärm und Abgase
- Erreichbarkeit und Qualität von Schulen, Kindergärten und Spielplätzen
- Nachbarschaftsstruktur
- Einkaufsmöglichkeiten und medizinische Versorgung
- Freizeitangebote

b) **Kinderzimmer** sollten wegen der Lärmbelästigung nicht in der Nähe des Arbeitszimmers liegen. Günstig ist eine von Küche oder Hausarbeitsraum einsehbare Lage.

Schlafzimmer sollten nicht zur Straße hin liegen.

341 Welches Grundbedürfnis wird in Einrichtungen der Kinder-, Jugend-, und Behindertenpflege oft zu wenig berücksichtigt?

Das Bedürfnis nach Ruhe und Individualität wird oft vergessen. Den Bewohnern ist es kaum möglich, sich ungestört zurückzuziehen und Räume individuell zu gestalten.

342 Ordnen Sie wirtschaftliche, soziale und kreative Wohnfunktionen den unterschiedlichen Bereichen und Angeboten einer Altenwohneinrichtung zu (z. B. Nahrungszubereitung – Großküche, Speisesaal).

wirtschaftlich: Wäschepflege in der Wäscherei, Vorratshaltung in Lager/ Magazin und Kühlräumen sowie den Kühlschränken der persönlichen Teeküchen

sozial: Ruhe und Erholung im Wohnbereich, Geselligkeit/Kontaktpflege in Parkanlagen und Gemeinschaftsräumen, Schwimmkurs im Hallenbad des Hauses

kreativ: Spiele und Freizeitaktivitäten im Gemeinschaftsraum, Malen und kunstgewerbliche Veranstaltungen in Kursräumen

Grundriß und Raumgruppen

343 Fertigen Sie eine Skizze an, die verdeutlicht, wie die vier Raumgruppen zueinander und zu den Himmelsrichtungen liegen sollten. Benennen Sie dabei die Raumgruppen, den Verkehrsbereich und die jeweils dazugehörenden Räume.

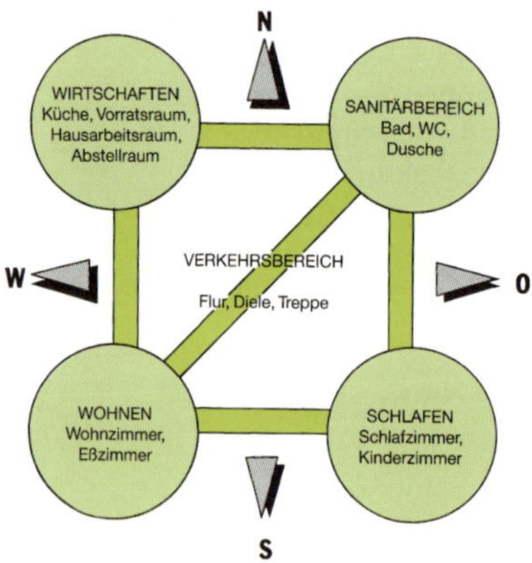

344 Welche Sachverhalte, Raumgruppierungen und positiven ökonomischen und ökologischen Effekte sind mit dem Begriff „Installationswand“ verbunden?

In dieser Wand sind Wasser- und Elektroinstallation konzentriert. Küche, Bad, WC und Hausarbeitsraum sollten entlang dieser Wand auch übereinander liegen. Damit werden Installationskosten und Wärmeverluste durch lange Wege vermieden.

345 Was verstehen Sie unter dem Begriff „Verkehrsbereich“?

Der Verkehrsbereich umfaßt alle Wege und Durchgänge zwischen den Räumen und Stockwerken einer Wohnung/Einrichtung.

346 Der Grundriß eines Raumes und einer Wohnung bestimmt, ob die Wohnfläche gut nutzbar ist.

Erläutern Sie diese Aussage mit Hilfe von Beispielen.

- Ein guter Grundriß zeichnet sich durch ausgewogene Raumverhältnisse und vernünftige, der Nutzung angemessene Raumgrößen aus.
- Schlafräume benötigen weniger Fläche als Kinderzimmer und Wohnräume – außer bei integrierten Arbeitsplätzen.
- Flure sollten nicht zu groß sein, da sonst Wohnraum verlorengeht – es sei denn, Nischen oder Verbreiterungen sind als Arbeits- oder Spielecke nutzbar.
- In den Räumen ist das Verhältnis von Länge zu Breite entscheidend. Langgezogene Räume sind schlecht möblierbar.
- Bad und WC sollten keine Repräsentationsmaße haben.

347 Geben Sie für die folgenden Räume/Wohneinheiten vernünftige Grundflächenmaße (ca. mind.–max.) an.

a) Kinderzimmer für zwei Kinder
b) Wohnraum ohne Eßplatz
c) Küche mit Eßplatz
d) Bad mit Waschmaschine

a) 12 bis 18 m^2
b) 18 bis 20 m^2
c) 8 bis 15 m^2
d) 4 bis 5 m^2

→

▷ *Fortsetzung* ▷

e) Abstellraum
f) 1-Zimmer-Apartment im Altenwohnheim
g) Hausarbeitsraum

e) mind. 1 m^2
f) 35 m^2
g) 6 bis 8 m^2

348 In Grundrißzeichnungen werden zur Veranschaulichung oft Einrichtungssymbole eingezeichnet.

Für welche Gegenstände stehen die folgenden Symbole?

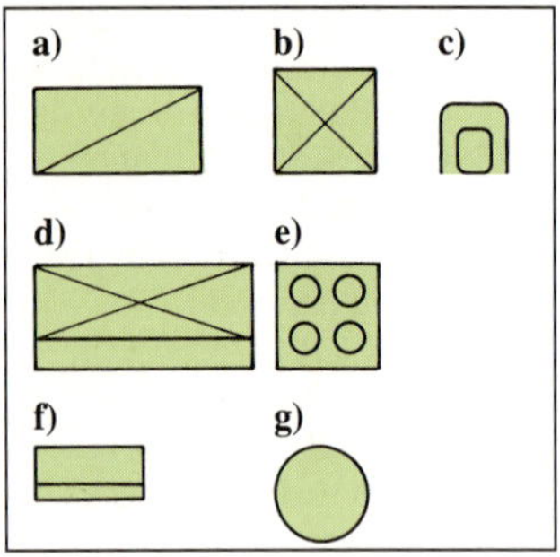

a) Bett
b) Hochschrank
c) Sessel
d) Unterschrank und Hängeschrank
e) Herd
f) Anrichte
g) Tisch

Ausstattung der Wohnung – Fenster, Türen, Böden, Wände

349 Welchen allgemeinen Anforderungen müssen Ausstattung und Einrichtung von Wohnbereichen in der Altenpflege genügen?

Nennen Sie drei passende Schlagworte mit Beispielen.

Sicherheit:
rutschfeste Bodenbeläge, keine scharfen Kanten, Überhitzungsschutz und Zündsicherung für Gas- und Elektrogeräte

pflegeleicht:
abwaschbare und evtl. desinfizierbare Flächen, waschbare Raumtextilien, wenig Nischen

freundlich/hell:
helle Farben, beruhigende Farbtöne, ausreichende, aber nicht grelle Beleuchtung

350 Fenster bestimmen ganz entscheidend den Eindruck eines Raumes.

a) Machen Sie Angaben zu den unterschiedlichen Funktionen von Fenstern.

b) Beschreiben Sie verschiedene Fenstertypen anhand ihrer Drehachse.

c) Nennen Sie drei unterschiedliche Rahmenmaterialien.

a) Fenster sollen Belichtung und Belüftung ermöglichen. Trotz Blickkontakt mit der Außenwelt bieten sie Schutz gegen Wind, Regen, Kälte, Hitze und Einbruch.

b) Der häufigste Fenstertyp ist das Drehkippfenster mit seitlicher und unten liegender Bewegungsachse (B.a.). Daneben gibt es Schwingflügel (B.a. horizontal, Mitte), Klappflügel (B.a. oben), Wendeflügel (B.a. vertikal, Mitte) und Drehflügel (B.a. nur seitlich).

c) Holz, Kunststoff, Aluminium

351 Die Verglasung von Fenstern kann heute für jeden Anspruch und jede Anforderung ausgeführt werden. Das alte Einfachglas verschwindet nach und nach aus den Altbauten.

Beschreiben Sie

a) verschiedene Wärmeschutzverglasungen,
b) Schallschutzverglasung,
c) Sicherheitsverglasung,
d) Sichtschutzverglasung.

a) **Doppelverglasungen** mit Vakuum sind die erste Stufe der Isolierverglasungen. Dreifachverglasung und die spezielle Wärmeschutzdoppelverglasung mit innenliegender Edelmetallbeschichtung reduzieren den k-Wert auf 1,7 bzw. 1,3.

b) **Schallschutzfenster** haben eine besonders dicke Scheibe (8 bis 9 mm) mit einem besonders großen Zwichenraum, evtl. mit spezieller Gasfüllung.

c) **Die Sicherheitsverglasung** ist als sog. Verbundglasscheibe aufgebaut, d.h., zwischen zwei Glasflächen ist eine Spezialfolie eingezogen, so daß das Glas springen kann, die Glasfläche aber geschlossen bleibt.

d) **Sichtschutzscheiben** sind aus Mattglas oder durch Ornamente blickdicht. Leicht zu reinigen sind solche Produkte, deren Strukturseite zur Vakuumseite des Doppelglases zeigt.

352 Fenster dienen der Be- und Entlüftung. Wozu dient das Lüften? Wie wird effektiv und energiesparend gelüftet?

Beim Lüften wird verbrauchte Luft gegen frische ausgetauscht. Öfter kurz und kräftig durchlüften, damit die Wände nicht auskühlen.

353 Türen sind nicht nur Ein- und Ausgänge.

Nennen Sie weitere Funktionen von Türen, und beschreiben Sie Besonderheiten von Spezialtüren – besonders aus dem Großhaushalt aus öffentlichen Einrichtungen.

- Türen stellen Kontakte nach außen her und schützen andererseits vor äußeren Einflüssen.
- Sie sind mehr oder weniger Schallschutz und Brandschutz – je nach Bauweise und Material.
- Für Heizungsanlagen sind Feuerschutztüren vorgschrieben.
- Im Großhaushalt sind Notausgänge und Brandschutztüren von besonderer Bedeutung. Sie unterliegen besonderen baulichen Vorschriften und dürfen nicht blockiert werden. Brandschutztüren schließen sich bei Rauchentwicklung automatisch.

354 Nicht immer kann die Be- und Entlüftung von Räumen allein mit Fenstern und Türen bewerkstelligt werden.

Nennen Sie weitere Einrichtungen, die ausreichenden Luftaustausch gewährleisten.

Lüftungsschacht:
gut ziehender Schacht nach oben mit ausreichend großen Lüftungsschlitzen; dazu gehören Lüftungsschlitze in der Türe, die den Außenluftnachschub gewährleisten

elektrische Ventilatoren:
an einem Schacht oder an der Außenwand, dicht unter der Decke, evtl. direkt in der Nähe von Koch- und Arbeitsstellen

355 In der Raumausstattung und auch bei den Verkehrsbereichen spielt die Bodenbeschaffenheit eine entscheidende Rolle.

Nennen Sie Beispiele für Bodenbeläge, auf die folgende Eigenschaften zutreffen:
a) warm
b) pflegeleicht
c) rutschfest
d) baubiologisch besonders günstig und pflegeleicht

a) Teppichboden
Kork

b) Fliesen
Gummi
Kunststoff/PVC

c) Teppichboden
rauhe Fliesen
Noppen-Kunststoffe

d) Kork
Linoleum
Holz/Parkett/Dielen

356 Nennen Sie
a) pflanzliche,
b) tierische Fasern für textile Bodenbeläge.

a) Baumwolle, Jute, Stroh, Sisal, Mais, Kokos, Reis

b) Schafwolle, Ziegenhaar, Seide

357 Teppichböden erfreuen sich großer Beliebtheit.

a) Nennen Sie die Vor- und Nachteile.

b) Für welche Bereiche sind Teppichböden geeignet? Welchen allgemeinen Anforderungen müssen die Teppichböden genügen?

a) **Vorteile**
Teppiche lassen Räume wohnlicher und wärmer erscheinen, verbessern die Schall- und Trittschalldämmung sowie die Wärmedämmung. In der Regel sind Teppiche – wenn sie entsprechend den Anforderungen ausgewählt werden – pflegeleicht.

Nachteile:
Flecken lassen sich schlechter entfernen. Teppiche sind für Kleinstlebewesen ein idealer Lebensraum.

b) Teppichböden sind für den Wohn-, Schlaf- und Gemeinschaftsbereich geeignet, für Eingangshallen und Besprechungsräume.
Die Teppiche sollten kurzflorig, antistatisch und für Sprühextraktions- oder Hochdruckdampfreinigung geeignet sein.

358 Was bedeuten die folgenden Symbole? Für welche Räume können Teppiche mit diesen Symbolen verwendet werden?

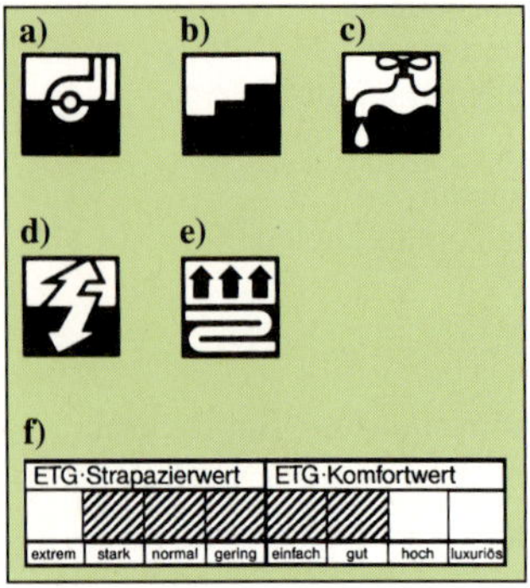

a) **stuhlrollengeeignet,** d. h. für Räume mit Rollstühlen und Rollsesseln, für Büroräume

b) **treppengeeignet,** d. h. für Treppen in Wohnhäusern, Großhaushalten und öffentlichen Gebäuden

c) **feuchtraumgeeignet,** d. h. für Bad, WC, Küche und Hausarbeitsraum

d) **antistatisch,** notwendige Ausrüstung für alle Räume

e) **geeignet für Fußbodenheizung,** sehr wichtiges Symbol, wenn Teppich auf Fußbodenheizung gelegt werden soll

f) **starke Beanspruchung möglich,** guter Komfortwert, z. B. für Wohnräume von Familien, Hotelzimmer oder Büroräume

359 In einigen Wohnbereichen sollten Steinfußböden bevorzugt werden.

a) Für welche Räume sind sie geeignet?

b) Nennen Sie Beispiele für unterschiedliche Steinfußböden.

a) Steinfußböden sind geeignet für Sanitär- und Wirtschaftsräume, für Eingangs- und Außenbereiche. Bei Fußbodenheizung können Steinfußböden mit entsprechendem Design auch im Wohnbereich verlegt werden.

b) **Naturstein:**
Marmor, Schiefer, Solnhofer Platten

Kunststein:
Terrazzo, keramische Platten und Fliesen, Ziegeltonplatten

360 Nennen Sie verschiedene Varianten von Holzböden, beschreiben Sie Eigenschaften und Anwendungsbereiche.

Dielen aus Weichhölzern und evtl. auch Harthölzern, umweltfreundlich lasiert, gewachst oder mit Kunstharzlack versiegelt. Geeignet für alle Wohn- und Verkehrsbereiche, nicht für Feuchträume.

Parkett aus Harthölzern mit Kunstharzfilm, Lasur oder Wachs, schalldämmend und wärmend. Wie alle Holzböden gibt auch Parkett eine angenehme Raumatmosphäre. →

▷ *Fortsetzung der Antwort* ▷

Hirnholzpflaster aus Weich- und Harthölzern hat eine besonders hohe Trittfestigkeit, ist warm und für vielbegangene Räume geeignet.

361 Wo finden Kunststoffbeläge für Fußböden hauptsächlich Verwendung?

Nennen Sie positive und negative Eigenschaften, differenzieren Sie dabei zwischen unterschiedlichen Materialien.

Kunststoffböden finden hauptsächlich in Feucht- und Arbeitsräumen Verwendung, d.h. in Sanitär- und Wirtschaftsräumen sowie Produktionshallen und Verkehrsbereichen in öffentlichen Gebäuden.

positiv:
Bei optimalem Unterbau weisen PVC-Weichbeläge und Verbundbeläge eine gute Trittschalldämmung auf und sind pflegeleicht. Kunstharzböden mit Quarzsand sind zusätzlich rutschhemmend und beständig gegen Fette, Öle, Chemikalien, Hitze und Kälte.

negativ:
PVC- und Verbundbeläge wirken kalt, Verbundbeläge sind relativ empfindlich. Alle Kunststoffbeläge sind in der Herstellung und Entsorgung nicht umweltfreundlich, besonders bei PVC entsteht bei Bränden giftiges Chlorgas.

362 Beschreiben Sie die folgenden Tapeten und Wandbeschichtungen, und heben Sie besondere Eigenschaften heraus:

a) Rauhfasertapete
b) Textiltapete

a) **Eingepreßte Holzspäne** im Papier erzeugen eine rauhe Oberfläche. Die zum Überstreichen verwendete Farbe bestimmt die Wirkung und Strapazierfähigkeit der Tapete und ihre Auswirkung auf das Raumklima.

b) Auf eine **Trägertapete** wird Textilmaterial wie Jute, Baumwolle oder Seide als Faden oder Gewebe aufkaschiert. Wirkt warm und schalldämmend. →

Haushaltstechnik

▷ *Fortsetzung* ▷

c) Glasfasertapete
d) Vinyl-Tapete
e) Naturfaser-Dekorputz

c) **Glasfasertapete** besteht aus Mineralfasergewebe unterschiedlicher Struktur mit oder ohne Papieruntergrund. Mit Spezialkleber und unterschiedlichen Beschichtungen entstehen robuste Tapeten, die schwer entflammbar und scheuerbeständig, evtl. aber auch desinfektionsmittel- und chemikalienfest sind.

d) **Vinyl-Tapete** besteht aus zwei Papierschichten und einer Kunststoffolie, ist voll abwaschbar und sehr strapazierfähig.

e) **Dekorputz** besteht hauptsächlich aus Baum- und Zellwolle, ist wärme- und schalldämmend, mit Naturfarben und Mineralien sehr abwechslungsreich im Design und baubiologisch empfehlenswert.

363 Was bedeuten die folgenden Qualitätszeichen für Tapeten?

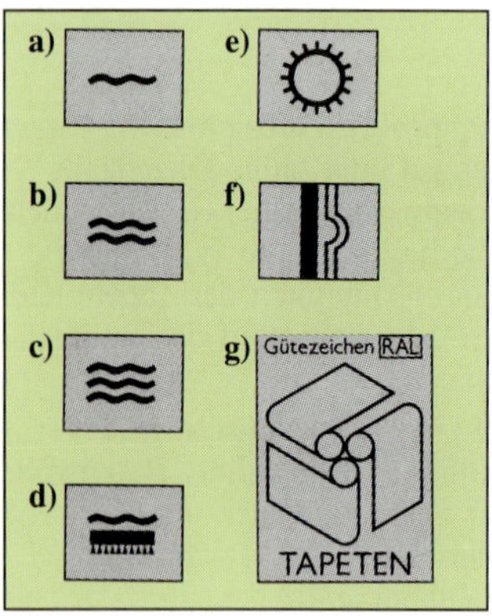

a) wasserfeste Tapete
b) wasserbeständige Tapete
c) hochwaschbeständige Tapete
d) scheuerbeständige Tapete
e) gut lichtbeständig
f) Prägung der Tapete bleibt erhalten
g) Tapeten mit RAL-Gütezeichen, ohne FCKW, schädliche Lösemittel, leichtflüchtige Weichmacher und giftige Farbpigmente, Formaldehydgehalt unterschreitet gesetzliche Grenzwerte

364 Welche Materialien würden Sie für Boden und Wände in folgenden Räumlichkeiten auswählen?

a) Flur im Kinder- und Jugendhaus
b) Gemeinschaftsraum in einer Altenhilfeeinrichtung
c) Kinderzimmer

a) **Boden** aus Linoleum oder Teppich (kurzflorige Schlingenware mit Strapazierwert „extrem" und Komfortwert „einfach" oder „gut")

Wände aus Glasfasertapete, Naturfaser-Dekorputz oder Rauhfaser mit scheuerbeständiger Ölfarbe

b) **Boden** aus Holz (Dielen oder Parkett) oder Teppichboden (Strapazierwert „stark", Komfortwert „hoch")

Wände mit Glasfasertapete, Holzverkeidung, Wandbespannung oder hochwaschbeständige Strukturtapete

c) **Boden** aus Korkparkett oder Dielen

Wände mit Rauhfaser und lösemittelfreiem Anstrich oder Fondtapete

Einrichtung von Wohn- und Schlafräumen

365 Nennen Sie wichtige Kriterien für die Auswahl von Kinderzimmermöbeln.

- abgerundete Ecken
- warmes Material (Holz)
- robust
- kippsicher
- den Bedürfnissen und dem Geschmack des Kindes/der Kinder, soweit möglich, entsprechend

366 Welchen Anforderungen müssen Sitzmöbel für ältere Menschen genügen?

- hoch genug, damit das Aufstehen erleichtert ist
- Rückenlehne orthopädisch geformt, damit die Wirbelsäule gestützt wird
- abgerundete Ecken
- kippsicher
- Armlehnen als Aufstehhilfe

367 Damit eine Mahlzeit harmonisch verlaufen kann, müssen die Teilnehmer über genügend Platz am Tisch verfügen.

Skizzieren Sie

a) eine Sitzanordnung mit rundem Tisch und sechs Stühlen (Tischdurchmesser, Gesamtmaße der Anordnung),

b) eine lange Tafel für 14 Personen mit Maßangaben.

a)

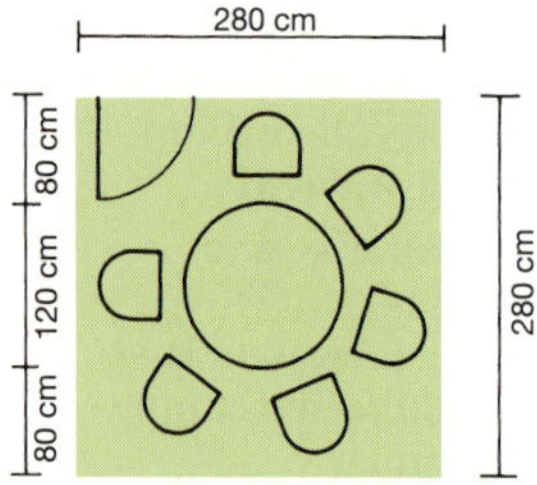

b)

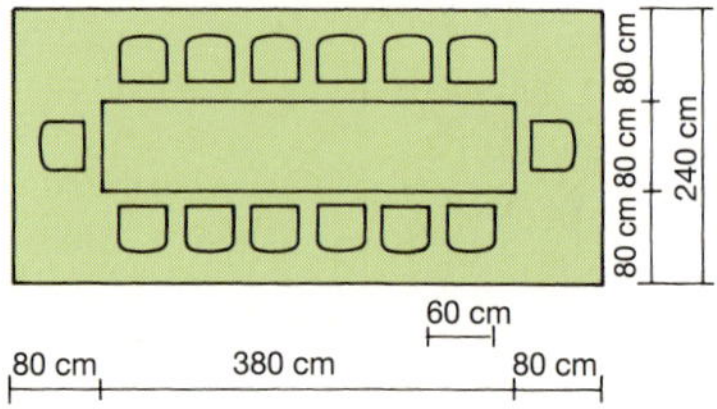

368 Beschreiben Sie den Aufbau eines Bettes. Wie sind die einzelnen Elemente optimal gestaltet?

Bettgestell:
so hoch, daß die Matratze auf Sitzhöhe ist, Bettlänge der Größe des Schläfers angemessen (optimal: Körpergröße + 20 cm), Material ohne flüchtige, das Raumklima negativ beeinflussende Substanzen

Lattenrost:
gewölbte Latten, im Schwerpunktbereich verstärkt, einzeln in flexiblen Gummielementen gelagert, Härte verstellbar

Matratzenschoner:
luftdurchlässig, fest – um Druckschäden durch Latten zu verhindern –, rutschfest

Matratze:
dem Körpergewicht angepaßt, Berücksichtigung von Schlafgewohnheiten/Vorlieben (fest oder weich), luftdurchlässig, feuchtigkeitsaufnehmend, abziehbare Überzüge für Allergiker

369 Bei Bettwäsche gibt es sehr unterschiedliche Materialien und Qualitätsstufen.

a) Nennen Sie natürliche und synthetische Materialien für Oberbetten.

b) Was bedeuten die folgenden Qualitätsbezeichnungen für Federbetten?

– Originalfedern
– Daunen
– Halbdaunen

a) **natürliche Materialien:**
Federn, Daunen, Wolle, Seide, Kamel- oder Lamahaar, Baumwolle

synthetische Materialien:
Polyesterfasern, evtl. zu Kügelchen verarbeitet, die gut die Form halten und den Luftaustausch gewährleisten; Acryl für Web- und Heimdecken

b) **Originalfedern** sind ungebrauchte Gänse- oder Entenfedern mit max. 5% anderen Federn.

Daunen sind mind. 90% Daunen, der Rest dürfen kleine Federn des gleichen Gefälles sein.

Halbdaunen enthalten nur 15% Daunen, der Rest sind kleine Federn des gleichen Gefälles.

370 Welche Anforderungen werden an ein gutes Inlett gestellt?

- Das Inlett-Gewebe muß feder- und daunendicht sein, d.h. in der Webart abgestimmt auf die Füllung – grobfädig für kräftige Federn, feinfädig für feine Federn und Daunen.
- Gute Inletts werden aus mercerisierter Baumwolle hergestellt, sind luftdurchlässig, wasch-, schweiß- und reibecht gefärbt.

371 Raumtextilien runden das Erscheinungsbild eines Raumes ab.

Nennen Sie verschiedene Raumtextilien und Kriterien für die Auswahl von Material und Farbe.

Zu den Raumtextilien gehören Gardinen, Vorhänge, Rollos, Möbelbezüge, Tagesdecken, Tischdecken, Wandbespannungen, Lampenschirme und Teppiche.
Die Materialien sollten nach den zu erwartenden Beanspruchungen ausgewählt werden, z.B. natürliche, aber nicht waschbare Materialien nicht im Eß- oder Kinderspielbereich.
Materialien sind z. T. stilbildend und sollten dann dem Gesamteinrichtungsstil entsprechen. →

▷ *Fortsetzung der Antwort* ▷

Farben können Raum- oder Möbelwirkungen verstärken oder abmildern – helle Raumtextilien lassen einen kleinen oder dunkel möblierten Raum freundlicher erscheinen.
Schlichte, zweckmäßige Möbel, wie sie im Großhaushalt häufig zu finden sind, können durch gemusterte, fröhliche Raumtextilien aufgelockert werden. Die Raumtextilien eines Raumes müssen zueinander passen.

Beleuchtung und Farbwirkungen

372 Welche Funktionen haben natürliche und künstliche Beleuchtung? Wie beeinflußt das Licht die Lebens- und Arbeitsqualität?

- Licht beeinflußt den Wohnwert und die Stimmung positiv.
- Licht unterstützt Konzentration und Arbeitswilligkeit, verhindert Unfälle und vorzeitige Ermüdung.
- Licht schont Augen und Nerven und ist somit ein wichtiger Gesundheitsfaktor.

373 Nennen Sie die drei Lichtfarben für Leuchtstoffröhren. Mit welcher Lichtfarbe können normale Glühlampen problemlos kombiniert werden?

tageslichtweiß = tw
neutralweiß = nw
warmweiß = ww
Glühlampen können mit warmweiß kombiniert werden.

374 Wonach richtet sich die Beleuchtungsstärke, d. h. die nötige Leistung der Glüh- oder Energiesparlampen?
Geben Sie drei Beispiele für unterschiedliches Beleuchtungsniveau (verwenden Sie die Watt-Zahlen normaler Glühlampen).

Die Beleuchtungsstärke richtet sich nach den örtlichen Gegebenheiten, d. h. nach den Wand- und Deckenfarben, da dunkle Farben Licht schlucken, helle und besonders glänzende Flächen das Licht reflektieren.
Je feiner die Arbeit, desto höher muß das Beleuchtungsniveau sein.
Flure z. B. ca. 20 W/m^2
Eßplatz 60 bis 100 W/m^2
Handarbeitsbeleuchtung 100 bis 120 W/m^2

375 Wie wird Blendung bei der Arbeitsplatz- und Raumbeleuchtung vermieden?

Lichteinstrahlung von oben oder bis 45° von der Senkrechten ist blendarm. Arbeitsplatzleuchten sollten so ausgerichtet sein, daß die Reflexion von Tisch oder Papier nicht das Auge trifft. Indirekte Beleuchtung im Wohnbereich ist ebenfalls blendfrei.

376 Welche Vorteile haben Leuchtstofflampen gegenüber Glühlampen?

Sie verbrauchen **weniger Energie** und haben eine **längere Lebensdauer.**

377 Welche Beleuchtung ist für den Flur einer Gemeinschaftswohneinrichtung sinnvoll?

Sinnvoll sind permanente schwache Notbeleuchtung und mit Zeittakt geschaltete Energiesparlampen als Deckenleuchten.

378 Farben haben eine deutliche Wirkung auf die Psyche und auf das Wohlfühlen in einem Raum.
a) Wie wirken die Farben Rot, Gelb, Grün und Blau?
b) Wie wirken stark gemusterte Tapeten?

a) Rot = anregend bis aggressiv
Gelb = anregend, heiter, sonnig
Grün = ausgleichend, beruhigend
Blau = kalt

b) Sie wirken aufdringlich und unruhig.

379 Farben können Raumproportionen verändern.
a) Wie wirkt ein hoher Raum niedriger?
b) Wie wirkt ein langer, schmaler Raum ausgewogener?
c) Wie wirkt ein niedriger Raum höher?

a) durch einen dunklen, z. B. violetten Deckenanstrich, der als oberer Wandrand heruntergezogen wird
b) durch einen kräftigen Anstrich aus dem Rot-/Braun-Bereich an der Schmalseite und Querstreifen an der Decke
c) durch vertikale Streifen an den Wänden und heller Decke (weiß oder hellgelb)

Arbeits- und Wirtschaftsräume

380 Welche Räume einer Wohnung gehören zu den Arbeits- und Wirtschaftsräumen?

a) Küche
b) Vorratsräume
c) Hausarbeitsraum

381 Nennen Sie drei Bedingungen, die erfüllt werden müssen, wenn eine Küche zweckmäßig eingerichtet sein soll.

1. ausreichende Arbeitsflächen
2. richtige Anordnung der Arbeitsplätze
3. auf die Körpergröße des arbeitenden Menschen abgestimmte Arbeitshöhe

382 Beschreiben Sie die drei Arten von Küchen:

a) Arbeitsküche
b) Wohnküche
c) Kochnische

a) **Arbeitsküche**
Hier werden nur alle Arbeiten erledigt, die im Zusammenhang mit der Speisenversorgung der Familienmitglieder stehen.

b) **Wohnküche**
Sie bietet daneben mindestens noch Platz für Tisch und Sitzplätze zur Einnahme der Mahlzeiten.

c) **Kochnische**
Die notwendigste Kücheneinrichtung ist auf engem Raum zusammengefaßt. Sie kann durch einen Vorhang oder eine Falttür vom Raum getrennt werden.

383 Sie wollen eine Wohnung anmieten und sollen die Lage der Küche beurteilen.

Nennen Sie vier Gesichtspunkte, die für deren Beurteilung hierbei wichtig sind.

1. direkter Zugang vom Flur
2. unmittelbar neben dem Eßzimmer liegend
3. mit vorhandenem Vorratsraum direkt verbunden
4. evtl. Kinderzimmer nicht zu weit entfernt

384 Aus der Anordnung der Kücheneinrichtung ergeben sich die sog. Formen der Küche.

Zählen Sie vier Küchenformen auf, und erstellen Sie eine Grundrißskizze.

a) einzeilige Küche
b) zweizeilige Küche
c) L-förmige Küche
d) U-förmige Küche

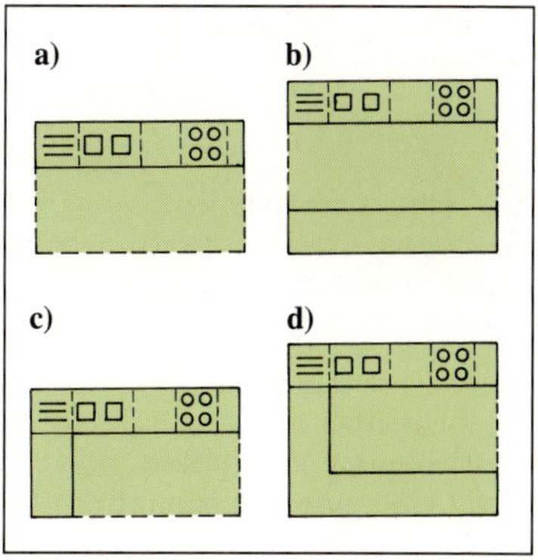

385 Geben Sie wichtige Maße an, die bei der Einrichtung von Küchen zu beachten sind:

a) Tiefe von Unterschränken
b) Höhe von Arbeitsflächen
c) Abstand zwischen zwei Küchenzeilen.

a) Tiefe von Unterschränken: 60 cm
b) Höhe von Arbeitsflächen: 85 bis 90 cm
c) Abstand zwischen zwei Küchenzeilen: 120 cm

386 Den anfallenden Arbeiten entsprechend sollen in jeder Küche mindestens drei Arbeitszentren vorhanden sein.

Zählen Sie die Arbeitszentren auf, und geben Sie je drei Tätigkeiten an, die dort ausgeführt werden können.

1. Vorbereitungszentrum
   – Gemüse putzen
   – Lebensmittel zerkleinern
   – Teige herstellen
2. Nahrungszubereitungszentrum
   – Speisen garen
   – Speisen abschmecken
   – Speisen anrichten
3. Spülzentrum
   – Geschirr abwaschen
   – Lebensmittel waschen
   – Reinigungsarbeiten durchführen

387 Verbessern Sie folgenden Küchengrundriß.

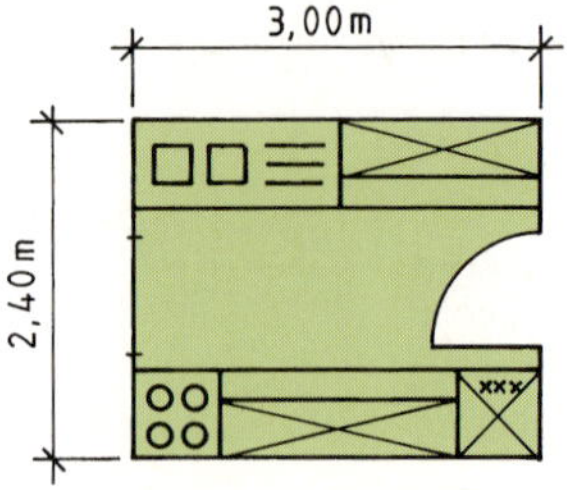

Verbesserter Grundriß:

388 Welche baulichen Gegebenheiten in einer Mietswohnung verhindern häufig eine gute Anordnung der Arbeitszentren?

a) Lage der Türen
b) Fenster
c) Wasseranschluß
d) Anzahl und Lage der Stromanschlüsse

389 Machen Sie mindestens drei Vorschläge zur Ausstattung der Arbeitszentren, um die belastenden Körperhaltungen Bücken und Stehen einzuschränken.

1. Sitzmöglichkeit schaffen durch ausziehbare Arbeitsplatte
2. Stehhilfe verwenden
3. Backofen in Sichthöhe einbauen
4. Kochtöpfe in ausziehbaren Schubladen aufbewahren

390 Welche Anforderungen sollten beim Gestalten des Arbeitszentrums „Vorbereiten" erfüllt werden?

a) Arbeitsfläche mindestens 60 cm breit, besser 90 cm
b) benötigte Arbeitsgeräte sollen griffbereit untergebracht werden
c) kurze Wege zu Kühlschrank, Spüle und Herd

391 Wählen Sie diejenigen Dinge aus, die im Spülzentrum untergebracht werden sollten:
a) Topflappen
b) Flaschenbürste
c) Geschirrabtropfkorb
d) Rührlöffel
e) Blumendünger

b) Flaschenbürste
c) Geschirrabtropfkorb

392 Welche Bestimmungen müssen bei der Einrichtung von Küchen im Großhaushalt beachtet werden?

gesetzliche Bestimmungen wie
- Arbeitsstättenverordnung
- Hygienerichtlinien
- Unfallverhütungsvorschriften

393 Beschreiben Sie kurz die drei Küchenarten in Großhaushalten, die vom jeweiligen Verpflegungssystem abhängen.

konventionelle Küche
Hier müssen alle notwendigen Arbeitsabläufe von der Lagerung bis zur Essensausgabe erledigt werden können.

Mischküche
Hier werden einzelne Menükomponenten selbst hergestellt, andere werden nur aufbereitet.

Aufbereitungsküche
Hier werden alle Speisekomponenten nur aufbereitet.

394 Zählen Sie die Arbeitszentren einer konventionellen Großküche auf.

a) Vorbereitungszentrum
b) Garzentrum
c) kalte Küche
d) Ausgabezentrum
e) Spülzentrum

395 Nennen Sie zwei Beispiele für Bewegungsräume, die bei der Einrichtung von Küchen bedacht werden müssen.

1. Verkehrswege ausreichend breit, damit zwei Personen aneinander vorbeigehen können
2. freie Bewegungsfläche am Arbeitsplatz

396 Welche Anforderungen soll ein Vorratsraum in einem Privathaushalt erfüllen?

- kühl, nicht wärmer als 12 °C
- dunkel
- gut belüftbar

397 Wählen Sie Lagerungsmöglichkeiten aus, die einen Vorratsraum ersetzen können:

a) Kühlschrank
b) Speisekammer
c) Vorratsregal auf dem Balkon
d) Schrank mit Luftschlitzen

b) Speisekammer
c) Schrank mit Luftschlitzen

398 Im Großhaushalt werden zur Lagerhaltung mehrere Räume benötigt.

Beschreiben Sie diese kurz.

Räume zur Lagerung von Trockenvorräten
Temperatur 4 bis 16 °C
Luftfeuchtigkeit 70–80 %

Räume für Feucht-/Frischvorräte
Temperatur 0 bis 8 °C
Luftfeuchtigkeit 80 %

Räume/Kammern zum Kühlen und Tiefkühlen
Temperatur Kühlen 4 °C
Temperatur Tiefkühlen –18 bis –25 °C

Räume zur Abfallbeseitigung

399 Welche Nebenräume müssen für die Mitarbeiter von Großküchen eingerichtet werden?

Sozialräume wie
Pausenraum, Eßraum, Stillraum (ab 50 weiblichen Beschäftigten)

Sanitärräume wie
Umkleideräume, Waschräume, Toiletten

400 Nennen Sie verschiedene Nutzungsmöglichkeiten für einen Hausarbeitsraum.

a) Wäsche waschen, trocknen, bügeln, ausbessern
b) Näharbeiten ausführen
c) Schreibarbeiten erledigen
d) evtl. als Gästezimmer nutzen

401 Stellen Sie die Vor- und Nachteile der Nutzung eines Raumes als Hausarbeitsraum gegenüber.

Vorteile:
Die notwendigen Betriebsmittel können in einem Raum untergebracht werden.
Kurze Wege, weil alle Arbeiten in einem Raum erledigt werden können.
Begonnene Arbeiten können liegen bleiben.

Nachteile:
Ein ganzer Raum fällt für die ständige Nutzung durch die Familie weg.
Anteilige Mietkosten müssen in der Kostenrechnung berücksichtigt werden.

402 Machen Sie Vorschläge, an welchen Stellen folgende Arbeiten ausgeführt werden können, wenn kein Hausarbeitsraum vorhanden ist:

a) Pullover von Hand waschen
b) Wäsche bügeln
c) mit der Nähmaschine nähen.

a) Bad/Waschbecken
Küche/Spüle

b) Kinderzimmer
Eßzimmer
Küche

c) Schlafzimmer
Eßzimmer
Küche

403 Worauf muß bei der Einrichtung von Arbeitsplätzen für unterschiedliche Tätigkeiten geachtet werden?

a) Lichteinfall
b) Beleuchtung
c) Bewegungsraum
d) Stellfläche
e) Stromzufuhr
f) Wasseranschluß

404 Ordnen Sie die aufgezählten Räume dem Sanitärbereich zu.

a) Garderobe
b) Schmutzschleuse
c) Gästetoilette
d) Flur
e) Badezimmer

c) Gästetoilette
e) Badezimmer

405 Welchen Zimmern einer Wohnung soll das Bad zugeordnet sein?

Schlafzimmer
Kinderzimmer

406 Nennen Sie die Vorteile, wenn sich die Toilette in einem eigenen Raum befindet.

- Familienmitglieder sind in der Nutzung unabhängiger.
- Kleiner Toilettenraum kann zur Aufbewahrung anderer Dinge genutzt werden.

407 Machen Sie Vorschläge für eine zweckmäßige Ausstattung des Badezimmers für eine Familie.

a) Kleiderhaken
b) Schrank zur Aufbewahrung von Handtüchern und Waschlappen
c) Halter zum Trocknen der Handtücher
d) Stuhl zum Ablegen der Kleidung, soweit möglich
e) Wandgestänge zum Trocknen kleiner Wäschestücke
f) Sammelsysteme für Schmutzwäsche

408 Welche besonderen Ausstattungen werden in einer Naßzelle in einem Altenheim benötigt?

a) Toilettensitz erhöht, mit Haltegriffen
b) schwellenfreier Übergang zur Dusche
c) Notrufanlage
d) ausreichend Bewegungsraum für Rollstühle
e) Einstieghilfen für Badewannen

2.6 Energie und Technik

Elektrizität

409 Wie wird beim elektrischen Strom Energie transportiert?

durch freie **Elektronen,** die sich aus dem Atomverband mancher chemischer Elemente lösen

410 Manche Materialien dienen als Ausgangsmaterial für stromführende Kabel, andere isolieren, d. h., sie blockieren den Durchgang von Strom und schützen somit den Nutzer.

Wie heißen die beiden gegensätzlichen Stoffgruppen?

Nennen Sie Beispiele.

Die beiden Stoffgruppen heißen Leiter und Nichtleiter.

Leiter: Kupfer, Aluminium, Gold, Silber, Eisen, Zink

Nichtleiter: Porzellan, Kunststoff, Glas

411 Wie lautet die Formel, die den Zusammenhang zwischen Strom, Spannung und Widerstand beschreibt?

Nennen Sie auch die physikalischen Maßeinheiten.

$$\textbf{Stromstärke} = \frac{\text{Spannung}}{\text{Widerstand}}$$

$$\textbf{Ampere} = \frac{\text{Volt}}{\text{Ohm}}$$

412 Wie errechnet sich die Leistung eines elektrischen Gerätes?

Wie heißen die Maßeinheiten?

Leistung = Stromstärke × Spannung
Watt (W) = Ampere (A) × Volt (V)

413 Skizzieren Sie einen geschlossenen Stromkreis, der Elektrizitätswerk und elektrisches Gerät beinhaltet. Benennen Sie auch alle weiteren Stationen.

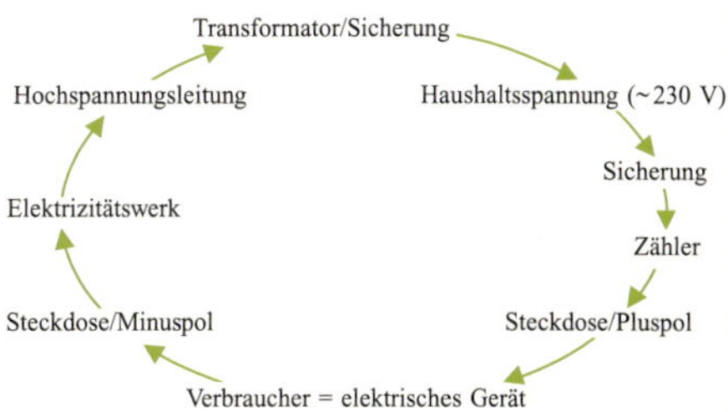

414 Wie hoch ist die normale Haushaltsspannung?

~230 Volt

415 Welchen Zweck hat die Sicherung?

Die Sicherung dient als **Überlastungs-** und **Überhitzungsschutz.** Sie begrenzt den Stromfluß durch eine Leitung, dessen Höhe ansonsten durch die angeschlossenen Geräte bestimmt wird. Würde die Stromstärke zu hoch, kann sich die Leitung erhitzen und evtl. einen Brand auslösen.

416 Erklären Sie die Schutzfunktion der Erdungsklammern in einer Schuko-Steckdose.

Die Erdungsklammern sind über die **Schutzleiter** des Kabels direkt mit der Erde verbunden. Gelangt durch einen Defekt Strom auf das Gerätegehäuse, wird er abgeleitet, d. h. geerdet. Die **Erdung** verursacht die Unterbrechung des Stromkreises.

417 Was bedeuten folgende Zeichen?

a) b) c)

a) schutzisoliertes Gerät, Schutzklasse II
b) Funkstörschutz
c) Verband Deutscher Elektrotechniker/Geprüfte Sicherheit

418 Welche Bedeutung haben die Ausstattungsqualitätsstufen?

Machen Sie konkrete Angaben zur Ausstattungsqualität einer Privatküche, Stufe 2.

Die Ausstattungsqualität sagt etwas über die **Gebrauchstauglichkeit** der Elektroinstallation aus, d. h. ob genügend Stromkreise und Anschlußmöglichkeiten installiert sind. Stufe eins entspricht **DIN-Ausstattungsumfang A,** der Mindestanforderung, Stufe zwei und drei sind Standard- und gehobene Ausstattung, entsprechend **DIN-Ausstattungsumfang B.**

sechs Steckdosen für Kleingeräte,
drei Lichtauslässe,
drei Anschlüsse für Herd, Grillgerät und Mikrowelle,
zwei Steckdosen für Kühl- und Gefriergeräte

419 In welchem Abstand von Decke oder Fußboden werden üblicherweise Leitungen verlegt?
Wo muß sonst noch mit Leitungen gerechnet werden?

30 cm unter der Decke und 30 cm über dem Fertigfußboden, außerdem senkrecht oder waagerecht von Schalter, Steckdosen oder Abzweigdosen

420 In welchen Energieformen wird elektrische Energie umgewandelt?
Geben Sie Beispiele.

mechanische Energie:
Küchenmaschine, Staubsauger

thermische Energie:
E-Herd, Heizung, Lampe

chemische Energie:
Aufladen von Batterien

Energieträger

421 Welche Vorteile hat Erdgas gegenüber Heizöl?

Erdgas benötigt keine **Lagerfläche** und hat wesentlich niedrigere **Emissionswerte** bei den wichtigsten Schadstoffen wie CO_2 und Schwefel.

422 Aus welcher chemischen Verbindung besteht Erdgas überwiegend?
Nennen Sie die Summenformel, da diese am deutlichsten zeigt, warum Erdgas so umweltfreundlich ist.

Erdgas besteht überwiegend aus **Methan** – CH_4.

423 Warum muß Heizöl mit rotem Farbstoff gekennzeichnet sein?

Er soll die mißbräuchliche Verwendung von leichtem Heizöl als Dieselkraftstoff verhindern. Aufgrund anderer Besteuerung ist Heizöl billiger, führt aber durch abweichende Zusammensetzung im Dieselmotor zu stärkerer Luftverschmutzung.

424 Nennen Sie den max. Schwefelgehalt für extra leichtes Heizöl.

0,2 %

425 Erklären Sie den Unterschied zwischen leuchtender und entleuchteter Gasflamme.

Berücksichtigen Sie auch die Anwendung in der Küche.

Die leuchtende Gasflamme entsteht durch Entzünden ausströmenden Gases, sie enthält unverbrannten Kohlenstoff, der zu Rußniederschlägen führt. Diese Flammenart wird in der Küche nicht mehr verwendet.

Die entleuchtete oder Bunsenflamme entsteht beim Entzünden eines Gas-Luft-Gemisches. Ein blaugrüner Flammenkern zeigt an, daß die Verbrennung gut läuft. Der heißere violette Flammenmantel soll nicht über den Topfboden herausragen, da sonst die größte Hitze verlorengeht.

426 Brennstoffe verbrennen in der Regel nicht völlig rückstandsfrei:

a) Welchem Gesetz unterliegen die Rauchgaszusammensetzungen aller Brennstoffe?

b) Welche kritische und gesundheitsgefährdende Situation versucht dieses Gesetz in den Griff zu bekommen?

a) Bundesimmissionsschutzgesetz
b) Smog

427 Nennen Sie die natürlichen Energieträger, die zur Strom- und Wärmeerzeugung genutzt werden.

Sonne, Wind, Wasser und Erdwärme

428 „Kohle“ ist eine Sammelbezeichnung für unterschiedliche Brennstoffe.

Nennen Sie drei konkrete Handelsformen für „Kohle“.

1. Anthrazit-Steinkohle-Nußbriketts
2. Steinkohlen-Koks
3. Braunkohle-Briketts

429 Welches Hauptproblem entsteht bei der Verbrennung von Kohle?

Rußteilchen aus unverbranntem Kohlenstoff und Asche sind gesundheitsgefährdend und verschmutzen Gebäude.

430 Nennen Sie zwei Verfahren, mit denen Kohle zu umweltfreundlichen Energieträgern oder einem Ausgangsprodukt der chemischen Industrie (Synthesegas) umgewandelt wird.

Kohlevergasung mit Wasserdampf bei hohem Druck und Temperatur

Kohleverflüssigung bei 400 °C und 200 bar führt zur Aufspaltung in kleine Kohlenwasserstoffmoleküle, Ausgangsprodukt für Heizöl u. a. Kraftstoffe

431 Beschreiben Sie die energieübertragenden Systeme.

solare Stromversorgung
Durch Solarzellen, die z. B. aus verschieden leitenden Siliziumschichten entstehen, wird Sonnenlicht direkt in Strom umgewandelt, indem es Elektronen und Protonen mobilisiert, die zwischen den Siliziumschichten wandern. Sonnenlicht kann auch direkt zur Wassererwärmung eingesetzt werden, wenn Wasserleitungen in dichten Schlangen unter einer lichtabsorbierenden Schicht liegen.

Windkraft
Windkraftwerke sind in windreichen Regionen rentabel und kommen immer häufiger zum Einsatz. Die Rotorblätter treiben direkt einen Generator an.

Wasser- oder Gezeitenkraftwerke
Sie sind im Küstenbereich nur bei ausreichendem Tidenhub rentabel, wenn bei Flut in einer Bucht oder Mündung angestaut werden kann, und durch kontrolliertes Ablassen bei Ebbe Turbinen angetrieben werden. Die Errichtung künstlicher Stauseen im Binnenland liegt meist nicht im Interesse des Umweltschutzes.

Erdwärmepumpen
Sie arbeiten nach dem gleichen Prinzip wie ein Kühlschrank, nur wird die Wärme nicht in die Umgebung abgegeben, sondern über Wärmetauscher z. B. für die Heizung genutzt.

432 Skizzieren Sie den biologischen Kreislauf der Biogasgewinnung.

a) Wo werden Biogasanlagen eingesetzt?

b) Wo werden Zersetzungsgase in größerem Umfang genutzt?

a) besonders in landwirtschaftlichen Betrieben, wo größere Mengen organischer Abfälle anfallen (Misthaufen, Küchenabfälle, Stroh, Alkoholtrester)

b) **Deponiegasgewinnung, Kläranlagen** als Biogasanlagen

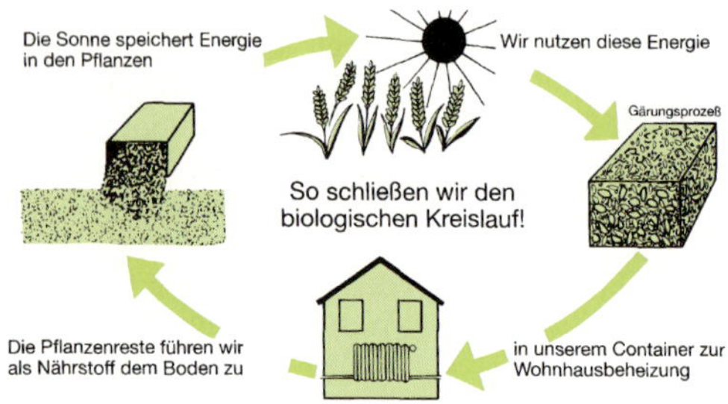

433 Energieträger werden in Zentralheizungsanlagen oder Einzelfeuerstätten genutzt.

Nennen Sie Vor- und Nachteile der unterschiedlichen Heizungssysteme.

Einzelfeuerstätten sind preiswert und können gezielt eingesetzt werden. Nachteilig ist der Transport der Brennstoffe, die Rückstandsbeseitigung und die teilweise aufwendige Reinigung der Einzelöfen.

Zentralheizungen sind die Lösung der o. g. Probleme, dafür sind die Investitionskosten wesentlich höher, und es entstehen Leitungsverluste.

Hausgeräte – Haustechnik

434 Nennen Sie mindestens fünf Elektrogeräte, die die Arbeiten im Familienhaushalt und Großhaushalt erleichtern.

1. Waschmaschine
2. Mangel/Bügeleisen
3. Staubsauger
4. Küchenmaschine
5. Geschirrspüler
6. Aufschnitt- und Brotschneidemaschine

435 Mechanische Küchengeräte dienen der Vorbereitung im Rahmen der Speisenzubereitung. Vom kleinen Privathaushalt bis zum Großhaushalt gibt es vier Stufen universell einsetzbarer, erweiterungsfähiger Universalgeräte.

Nennen Sie die Geräte mit der allgemein üblichen Bezeichnung, und geben Sie die möglichen Funktionen an.

1. **Handrührgerät**
   zum Schlagen, Rühren, Kneten, Pürieren, Passieren; bei Zusatzausstattung mit Ständer auch zum Schnitzeln und Mixen
2. **Kompaktküchenmaschine**
   mit kleiner Rühr- und Knetschüssel, Schnitzelwerk und Mixer
3. **Universalküchenmaschine**
   zum Rühren, Schlagen, Mixen; mit Schnitzelwerk, Fleischwolfvorsatz, Getreidemühle und Fruchtpresse
4. **Großhaushaltsküchenmaschine**
   zum Rühren, Schlagen, Kneten, Schnitzeln, Reiben, Mixen, Passieren, Pürieren, Wolfen großer Mengen

436 Beschreiben Sie die Funktion einer Kartoffelschälmaschine, und erklären Sie, wie zu hohe Nahrungsmittelverluste vermieden werden können.

Eine schräg zur Achse taumelnd rotierende Scheibe mit Schälwerkzeugen wirft die Kartoffeln gegen eine ebenso ausgerüstete sich drehende Trommelwand, wodurch die Schalen abgeschabt werden. Hohe Verluste werden vermieden, wenn nicht zu weit geschält wird und die Augen von Hand ausgestochen werden.

437 Im Privathaushalt sind Kochstelle und Kochgefäße in der Regel getrennt, Gargefäße in der Großküche verfügen oft über ein eigenes Heizsystem.

Nennen Sie dafür zwei Beispiele und ihre Anwendung in der Kochpraxis.

Kippbratpfanne
zum Kurzbraten mittlerer Mengen
zur Herstellung von Grundsoßen
zum Schmoren mehrerer Braten
für Bratkartoffeln u. ä.

großer Kochkessel
für Suppen, Eintöpfe, Gulasch, Flammeri, Kartoffeln, Reis, Gemüse

438 Fast in jeder Großküche steht ein Convectomat.

a) Welche Garverfahren sind möglich und

b) welche Zusatzeinrichtung vereinfacht das Einstellen mehrerer Bleche oder Saftpfannen?

a) Im Convectomat wird bei Umluft warmgehalten, gebacken, gebraten, geröstet und evtl. gegrillt. Häufig ist zusätzlich ein Dampferzeuger integriert, was das Heißumluftdämpfen, Dünsten, Garziehen und Pochieren ermöglicht.

b) Beschickungswagen

439 Welche Arten der Wärmeübertragung sind in modernen Backöfen möglich?

Strahlung:
Ober- und Unterhitze
Grillen

Konvektion:
Umluft/Heißluft

440 Beschreiben Sie die beiden Arten der Selbstreinigung im Backofen.

pyrolytische Reinigungshilfe
Die Pyrolyse ist die Zersetzung organischer Substanzen bei hohen Temperaturen (500 °C). Dafür ist als Zusatzausstattung eine Extra-Isolierung, Kühlung und Türverriegelung ab 300 °C nötig.

Die katalytische Reinigungshilfe arbeitet mit Katalysatoren, die auf Spezialplatten aufgebracht sind. Ab 200 °C zersetzen diese Stoffe Verschmutzungen mit überwiegendem Fettanteil. Bei massiven Fettverschmutzungen, Zucker oder Säure versagt das System. Die Platten müssen nach einer gewissen Zeit ausgewechselt werden.

441 Der Schalter einer Normalkochzone verfügt über eine Einteilung von 0 bis 3 mit jeweils einer Zwischenstufe.

Geben Sie an, für welche Garmethoden die einzelnen Stufen geeignet sind.

0 Ausquellen, Ausgaren mit Restwärme
- Warmhalten, Fortkochen

1 Gardünsten, Schmoren, Dämpfen
- schwaches Braten

2 Andünsten
- langsames Ankochen

3 Ankochen, Anbraten, Andünsten größerer Mengen

442 Wie funktioniert eine Automatikkochstelle, und welche Vorteile hat sie?

Die Automatikkochstelle hat in der Mitte einen **Energieregler** oder **Wärmefühler,** der die Temperatur am Topfboden oder in der Kochstelle erfaßt und bei Erreichen der gewünschten Temperatur (je nach Schalterstellung) abschaltet. Ist eine gewisse Abkühlung eingetreten, wird die Kochstellenheizung wieder eingeschaltet. Von Vorteil ist, daß nicht von Hand geregelt werden muß, und falls kein Topf auf der Platte steht, kann es nicht zur Überhitzung kommen.

443 Nennen Sie Vorteile des Glaskeramikkochfeldes gegenüber herkömmlichen Kochstellen.

Das Kochfeld hat Kochzonen in den üblichen Plattengrößen, aber auch zu- und abschaltbare Heizkreise, so daß die Zonengröße variiert werden kann. Auch Bräterzonen sind schaltbar. Das Glaskeramikkochfeld läßt sich besser pflegen und ist ziemlich robust, so daß es als zusätzliche Arbeits- und Abstellfläche genutzt werden kann.

444 Wie erfolgt die Erwärmung und damit verbundene Garung im Mikrowellengerät?
Welche Vorsichtsmaßnahmen ergeben sich daraus besonders für die Kleinkindkost?

Mikrowellen gehören zu den elektromagnetischen Wellen mit einer Frequenz von 2450 MHz. Mikrowellen versetzen die Moleküle eines Stoffes in Schwingungen, bei wasserhaltigem Gargut entsteht dadurch Reibungswärme für den Garprozeß. Da die Garung von innen her erfolgt, muß während des Garens oder Erwärmens ab und zu gerührt werden, damit durch Hitzenester keine Verbrennung erfolgt.

445 Wie funktioniert der Ionenaustauscher in der Geschirrspülmaschine?
Wozu dient das Regeneriersalz?

Der Ionenaustauscher entkalkt das Wasser, indem Calcium-Ionen aus dem Wasser gegen an Kunstharzkügelchen gebundene Natrium-Ionen ausgetauscht werden. Der Einsatz von **Regeneriersalz** löst die Ca-Ionen aus und erneuert das Na-Ionen-Depot.

446 Beschreiben Sie

a) Gemeinsamkeiten und
b) mögliche Unterschiede

in Funktion und Bedienung von Haushalts- und Gewerbegeschirrspülmaschinen.

a) Alle Spülmaschinen verfügen über einen **Ionenaustauscher** zur Entkalkung des Wassers, sie waschen in der Regel mit **alkalischen Reinigern,** deren Wirkung durch den heißen Wasserstrahl der Sprüharme unterstützt wird.

b) Während Haushaltsspülmaschinen von vorne mit unterschiedlichem Geschirr beladen und nach Ablauf des Spülvorgangs auch wieder ausgeräumt werden (zeitliche Trennung der Programmschritte), sind Gewerbemaschinen oft als Band- oder Korbdurchschubgeräte konzipiert, was das effektive und schnelle Bedienen mit zwei Personen ermöglicht (räumliche Trennung der Programmschritte).

447 Welche Vorteile hat das Spülen mit der Maschine gegenüber dem Spülen von Hand?

- Es werden höhere Temperaturen erreicht und insgesamt bessere und hygienischere Spülergebnisse erzielt.
- Das gebrauchte Geschirr kann immer gleich in die Spülmaschine eingeräumt werden, so daß die Küche stets aufgeräumt erscheint.
- Geschirrspüler sind umweltfreundlicher, da sie bei höheren Temperaturen weniger Spülmittel benötigen und auch durch die Umwälzung weniger Wasser.
- Wichtig ist auch die Zeitersparnis durch die Geschirrspülmaschine.

448 Welche Zusatzausstattung der Gewerbegeschirrspülmaschine schützt das Abwasser vor übermäßig hoher Belastung?

Welche physikalische Eigenschaft der Fette wird hierbei genutzt?

der Fettabscheider

Da Fette immer oben auf wäßrigen Lösungen schwimmen, können sie mit Hilfe einer Trennwand zurückgehalten werden und gelangen nicht in die Kanalisation.

449 Nennen Sie mindestens fünf Regeln für die optimale und störungsfreie Nutzung der Spülmaschine.

1. Für einen reibungslosen Arbeitsablauf gehört die Spülmaschine links neben Herd und Spüle.
2. Leichtes, empfindliches Geschirr oben, schweres, robustes Geschirr unten einordnen.
3. Bestecke im Korb nicht sortieren, da sie sonst ineinanderfallen und nicht richtig gereinigt würden.
4. Vorratsbehälter für Klarspülmittel und Regeneriersalz rechtzeitig auffüllen.
5. Schalten Sie bei nur leicht verschmutztem Geschirr das Sparprogramm ein.
6. Auf die Bezeichnung „spülmaschinengeeignet" achten, geleimte Holzartikel, Porzellan mit Aufglasurdekor u. a. sind nicht geeignet.

Haushaltstechnik

450 Um Kühlgeräte energiesparend zu nutzen, müssen bei Aufstellung und Betrieb einige Grundregeln beachtet werden.

Nennen Sie mindestens drei Regeln.

1. Kühlschrank nicht neben dem Herd aufstellen.
2. Fertige Speisen erst abkühlen lassen – bei Zimmertemperatur einordnen.
3. Kühlschranktür nicht unnötig öffnen oder lange offenstehen lassen.
4. Thermostat richtig einstellen.

451 Beschreiben Sie die Funktion des Verdampfers im Kühlgerät.

Der Verdampfer verdampft das flüssige **Kältemittel** und entzieht damit dem Innenraum und den darin gelagerten Lebensmitteln Wärme, er kühlt sie ab. Der Kältemitteldampf wird im **Kondensator** wieder verflüssigt, wobei Wärme frei wird und in die Umgebung abgegeben wird. Deshalb müssen links und rechts oder nach oben **Belüftungsschlitze** sein.

452 Beschreiben Sie die Vorgänge beim automatischen und teilautomatischen Abtauen und begründen Sie die Notwendigkeit des Abtauens.

Durch Reifansatz – besonders wenn neu eingefroren werden soll – erhöht sich der Energieverbrauch deutlich. Beim automatischen Abtauen wird bei Bedarf der Verdampfer abgeschaltet, das Abtauwasser sammelt sich in einer Schale auf dem Kondensator, wo es durch die Wärme verdunstet, anschließend schaltet der Verdampfer wieder ein. Beim teilautomatischen Vorgang wird das Abtauen von Hand begonnen (Abtauschalter), automatisch beendet und die Abtauwasserschale von Hand entleert.

453 Erklären Sie das Prinzip der No-Frost-Tiefkühlgeräte.

Durch ein **Umluftkühlsystem** wird die Luftfeuchtigkeit ständig aus dem Innenraum abtransportiert, so daß sie sich nicht als Reifschicht absetzen kann.

454 Beim Kochen entstehen Dünste/Schwaden, die zur Aufrechterhaltung einer gesunden Arbeitsplatzatmosphäre entfernt oder gereinigt werden müssen.

Nennen und beschreiben Sie die dafür üblichen beiden Gerätetypen.

Dunstabzugshaube im Umluftbetrieb:
ein Spezialvlies, Metallfilter oder Aktivkohle reinigt die angesaugten Schwaden von Gerüchen und Fett. Feuchtigkeit wird nicht entfernt.

Ablufthaube:
Schwaden werden über den Kamin, Lüftungsschacht oder den Außenwandanschluß abtransportiert. →

▷ *Fortsetzung der Antwort* ▷

Vorher werden sie durch ein Filtersystem gereinigt, um die Abluftwege nicht zu verunreinigen.

455 Das Raumklima ist abhängig von verschiedenen Faktoren. Es kann gezielt durch den Einsatz von Pflanzen verbessert werden.

Welche Geräte können die Aufgabe der Pflanzen übernehmen, wenn keine oder nicht genügend Pflanzen eingebracht werden können?

Beschreiben Sie das Geräteprinzip.

Luftbefeuchter können u. U. die Aufgaben der Pflanzen übernehmen. Diese Geräte saugen Raumluft an, reinigen sie von Staub u. a. und befeuchten sie, indem sie entweder durch eine wassergetränkte Verdunstermatte geleitet werden (Matte regelmäßig reinigen!) oder mit zerstäubtem Wasser gemischt werden. Optimal ist ein **Bio-Absorber** im Gerät, der Bakterien und Pilzsporen aus der Luft abtötet.
Wichtig ist eine vorschriftsmäßige **Wartung** aller Gerätetypen, damit es nicht zu Geruchsbelästigungen oder Bakterienvermehrungen in der Luft kommt.

456 Der Heißwasserbedarf pro Tag und Person liegt im Mittel bei 20 bis 40 Litern. Ist die Heißwasserversorgung nicht an die Heizung gekoppelt, werden unterschiedliche elektrische Systeme eingesetzt.

a) Erklären Sie den Unterschied zwischen Speicher- und Durchlaufgeräten.

b) Nennen Sie Vorteile des Durchlaufsystems und stellen Sie Gesichtspunkte gegenüber, die einer Anschaffung evtl. widersprechen.

a) **Speichergeräte** halten unterschiedliche Mengen Warmwasser mit vorgegebener Temperatur bereit.

Durchlaufgeräte erwärmen das Wasser unmittelbar beim Zapfen, indem es beheizte, dünne Rohrschlangen durchläuft.

b) **Durchlauferhitzer** sind besonders **wirtschaftlich,** da das Wasser erst bei Bedarf erhitzt wird und keine Verluste auftreten. Außerdem sind die Mengen nicht begrenzt. Allerdings sind diese Geräte technisch aufwendiger und dementsprechend teurer. Es muß überprüft werden, ob die benötigten hohen elektrischen **Anschlußleistungen** vorhanden sind.

Haushaltstechnik

457 Die Nachtspeicherheizung ist eine relativ günstige Art, Wohnungen elektrisch zu beheizen, wenn z. B. kein Öllagerplatz oder Erdgas vorhanden ist. Sogenannte Heizlüfter dienen oft als Ergänzungsheizung oder als Heizung für selten genutzte Räume.

a) Erklären Sie kurz das Funktionsprinzip der beiden Gerätetypen, und stellen Sie Gemeinsamkeiten und Unterschiede heraus.

b) Nennen Sie einen gemeinsamen Nachteil, besonders für Allergiker und Asthmatiker.

a) **Speicherheizgeräte** heizen über Nacht mit **Niedrigtarifstrom** einen keramischen Speicherkern auf, die Intensität der Aufladung ist je nach Außentemperatur regelbar.
Der Wärmespeicher strahlt eine Grundwärme ab, kann aber durch Zuschaltung des **Ventilators** auch erhöhten Wärmeansprüchen genügen.

Heizlüfter haben keinen Speicher, sie ziehen durch die Ventilation hinten Luft an, leiten diese über Heizwendeln und blasen sie vorne – erwärmt – wieder heraus.
Beide Geräte arbeiten mit **Wärmeströmung,** das Speichergerät überwiegend mit **Strahlung.**

b) Problematisch ist die durch die Ventilatoren erzeugte starke **Luftbewegung** und die **sehr trockene Luft.** In Bodennähe werden **allergieauslösende Substanzen** aufgewirbelt und können so zu gesundheitlichen Beeinträchtigungen führen.

2.7 Garten und Pflanzen

Nutzgarten

458 Vor der Anlage eines Nutzgartens, aber auch vor jeder Bestellung im Herbst oder Frühjahr, steht die Planung.

Nennen Sie einige wichtige Planungsschritte, und führen Sie aus, was jeweils berücksichtigt werden muß.

- Beetausrichtung am besten Nord-Süd-Richtung
- evtl. nötige **Bodenverbesserung** (Bodenanalyse oder Zeigerpflanzen) planen, d.h. Kalk, Phosphat oder andere Bodenverbesserer bestellen und zur rechten Zeit ausbringen
- Auswahl der Pflanzen (Bedarf, Zeitaufwand, **Mischkulturplan,** Anzuchtmöglichkeiten)
- Anschaffung eines Frühbeetkastens oder **Gewächshauses** rentabel?
- **Hügelbeetanlage** möglich oder empfehlenswert?
- Sollte eigener **Kompost** vor dem Frost ausgebracht werden, oder muß Kompost oder Muttererde bestellt werden?

459 Beschreiben Sie die Kastenaussaat von Sellerie.

1. **Drainage** einfüllen (Kies oder Tonscherben),
2. **Erdmischung** daraufgeben ($^1/_3$ Torf, $^1/_3$ Sand, $^1/_3$ Kompost) und andrücken,
3. Saatkörner aufstreuen,
4. Erde **dünn** darübersieben (dreifache Kornstärke) und andrücken,
5. mit Wäschesprenger o.ä. anfeuchten und mit Glasplatte oder Folie **abdecken.**

460 Nennen Sie Geräte zur Vorbereitung und zum Richten der Beete für folgende Tätigkeiten:

a) lockern
b) feinkrümelig machen
c) Beetreihe markieren (wie breit?)

a) Grubber, Kultivator, Sauzahn, Kreil/Karst
b) Harke, Rollkrümler (Stern)
c) Gartenschnur (1,0 bis 1,2 m)

461 Wann werden Pflanzen pikiert?

Beschreiben Sie in vier Schritten das Pikieren, und begründen Sie evtl. die Vorgehensweise.

Sie werden pikiert, wenn sich das erste **Laubblatt** gebildet hat.

Kasten und Töpfe vorbereiten, **Pflanzlöcher** im Abstand von 4 cm einstechen,
Pflanzen voneinander lösen, die Hauptwurzel abkneifen, um die Pflanze zu vermehrter **Wurzelbildung** anzuregen,
Pflanzen in die Pflanzlöcher setzen und andrücken, dabei Tomaten und Kohl tiefer setzen, da sie am Stengel neue Wurzeln bilden und kräftiger werden, gut **angießen** und regelmäßig für Feuchtigkeit und Belüftung sorgen.

462 Beschreiben Sie die Vorteile der Mischkultur, und geben Sie Beispiele für gute Nachbarn.

- Die Mischkultur nutzt Gartenland und Nährstoffe optimal aus.
- Mischkultur mit guten Nachbarn verhindert starken Schädlingsbefall, indem Wurzelausscheidungen oder Gerüche der einen Pflanze – z. B. Zwiebel – den Schädling der anderen Pflanze abschreckt – z. B. Möhrenfliege.
- Gute Nachbarn sind auch Buschbohnen und Sellerie, Tomaten und Kohlrabi, Dill und Rote Bete.

463 Mulchen ist eine wichtige Bodenpflegemaßnahme im naturnahen Garten.

a) Erklären Sie die Vorteile/den Sinn des Mulchens.

b) Welche Materialien eignen sich für das Mulchen?

a) Mulchen, d. h.
   - Bodenabdeckung zwischen den Kultur- oder Zierpflanzen,
   - verringert die Bodenwasserverdunstung, die Verkrustung und Erosion,
   - verhindert Wildkrautwuchs und fördert das Bodenleben. →

▷ *Fortsetzung der Antwort* ▷

b) Zum Mulchen eignen sich vor allem organische Substanzen wie halbverrotteter Stallmist, Strohhäcksel, Rasenschnitt, gesunde Ernterückstände, Rindenkompost oder Lauberde. Möglich ist auch das Mulchen mit dunkler Folie, die zwischen die Reihen gelegt wird oder vor der Bepflanzung flächig ausgelegt und an der Pflanzstelle kreuzweise eingeschnitten wird.

464 Einige Gemüsesorten reichern Nitrat von Natur aus leichter an als andere.

a) Von welchen Faktoren ist die Nitratkonzentration abhängig?

b) Nennen Sie drei besonders nitrathaltige und drei besonders nitratarme Gemüsesorten.

c) Für wen sind hohe Nitratkonzentrationen gesundheitlich bedenklich?

a) von der Sonneneinstrahlung (weniger Nitrat bei hoher Sonneneinstrahlung), von der Düngung und Lagerung

b) **nitrathaltig:**
Chinakohl, Grünkohl, Fenchel, Rote Bete, Spinat, Weißkohl, Radieschen

nitratarm:
Tomaten, Erbsen, Gurken, Paprika

c) für Säuglinge

465 Mit den Erdbeeren beginnt im Nutzgarten die Obstsaison.

a) Welche Regeln sind bei der Auswahl von Erdbeerjungpflanzen aus eigener Zucht zu beachten?

b) Worauf muß beim Pflanzen von Erdbeerjungpflanzen geachtet werden?

a) Es sollten nur von einjährigen Pflanzen Ableger genommen werden und nur die **erste Pflanze** am Ausläufer.

b) Beim Pflanzen muß ein genügend großes Pflanzloch gegraben werden, damit die Wurzeln nicht abknicken. Die Pflanze muß so tief gesetzt werden, daß die **Herzknospe** über der Erde ist (sonst verfault sie) und der Wurzelhals mit Erde bedeckt ist (sonst trocknet er aus).
Pflanzenabstand 25 bis 30 cm
Reihenabstand 60 bis 80 cm

466 Ein Komposthaufen gehört in jeden Garten.

a) Welche Abfälle gehören auf den Kompost?

b) Welche besser nicht? Begründen Sie.

c) Welche Faktoren sorgen für optimale Verrottung und gute Komposterde? Welche Pflegemaßnahmen ergeben sich daraus?

a) **Küchenabfälle:**
Obstschalen, Gemüseschalen, Essensreste (sofern der Kompost nicht in direkter Nähe des Hauses ist – Ratten), Teeblätter, Kaffeefilter

Pflanzenabfälle:
Unkraut, Blumenreste, kleiner Strauchschnitt

außerdem:
Haarschnitt, Küchenpapier, Eierkartons (wenn nicht wieder befüllbar), Papiertaschentücher, Katzenstreu

b) Asche und Zigarettenkippen wegen der **Schwermetallbelastung,** Folien und andere Kunststoffe (sie sind unverrottbar), Orangenschalen und andere Zitrusschalen (sie sind meist mit **Orthophenylphenol** behandelt)

c) **Feuchtigkeit,** d. h. im Halbschatten anlegen und bei Trockenheit wässern

Sauerstoffbedarf der Mikroorganismen erfordert begrenzte Haufenhöhe und -breite, groben Schnitt dazwischenschichten, evtl. zwischendurch umsetzen

Wärme entsteht durch Mikroorganismen, wenn die anderen Faktoren stimmen, aber auch durch Sonne, deshalb **Halbschatten.**

Nährstoffe für Mikroorganismen optimal bei gut gemischter Zusammensetzung, pH 5,5 bis 7,5 evtl. durch Kalken oder Zusatz von Kalkstickstoff erreichen.

467 Küchenkräuter verfeinern die Speisen und ergänzen Vitamine und Mineralstoffe. Deshalb sollte – wo immer möglich – ein kleiner Kräutergarten in der Nähe der Küche angelegt werden.

a) Wie groß sollte ein Kräuterbeet für einen Vierpersonenhaushalt mindestens sein?

b) Welche gängige Kräuter (ein- und mehrjährige) können angepflanzt werden?

c) Beschreiben Sie die Pflege des Kräuterbeetes.

a) mindestens 2 m^2, lockerer nährstoffreicher Boden in sonniger Lage

b) Petersilie, Schnittlauch, Dill, Kresse, Zitronenmelisse, Bohnenkraut, Liebstöckel (Maggikraut), Borretsch, Sauerampfer, Basilikum, Pimpinelle

c) gießen, Unkraut entfernen, dabei Boden lockern, regelmäßig ernten, um die Pflanze zum Treiben anzuregen, Blüten entfernen, im Herbst Kompost einarbeiten, einjährige Kräuter untergraben, Stauden 10 cm über dem Boden abschneiden

Topfpflanzen

468 Artgemäße Wasserversorgung ist die Grundlage des Gedeihens von Zimmerpflanzen.

a) Was sollte beim Gießen von Zimmerpflanzen beachtet werden

b) Welche Faktoren erhöhen den Wasserbedarf?

a) Fingerprobe machen, um Erdfeuchte zu testen – braucht die Pflanze wirklich Wasser? Abgestandenes, weiches Wasser verwenden, um Kälteschock und Kalkverkrustungen an Topf und Erde zu vermeiden.

b) Hohe Raumtemperatur, niedrige Luftfeuchte, große Blätter erhöhen den Bedarf.

469 Nennen Sie verschiedene Pflegemaßnahmen, die Krankheiten und Schädlingen an Zimmerpflanzen vorbeugen.

- Ausputzen, d. h. kranke und welke Blätter sorgfältig entfernen.
- Untersetzer regelmäßig säubern.
- Schädlinge im Anfangsstadium bekämpfen, z. B. mit Leimfallen oder Schmierseife – abduschen oder Tauchbad.

470 Wann sollte eine Zimmerpflanze umgetopft werden?

- wenn das Verhältnis zwischen Topf und Pflanze nicht mehr stimmt
- wenn Wurzeln unten oder oben aus dem Topf drängen
- wenn die Erde verbraucht ist, d. h. kein Wasser mehr hält, oder Mangelerscheinungen an der Pflanze auftreten

471 Beschreiben Sie das Umtopfen einer Zimmerpflanze.

a) **Austopfen:**
Pflanze zwischen die Finger nehmen, Topf umdrehen und durch Klopfen Wurzelballen lösen. Wurzeln lockern, alte Erde abschütteln, Wurzeln mit scharfem Messer kürzen.

b) **Topf vorbereiten:**
gereinigten oder neuen Topf geeigneter Größe wählen, Scherben über Ablaufloch legen, wenig neue Erde einfüllen.

c) **Einpflanzen:**
Pflanze in der Topfmitte halten und unter leichtem Aufstoßen Erde anfüllen, damit die Wurzelräume ausgefüllt werden, ohne daß die Wurzeln knicken. Am Schluß Erde andrücken, **Gießrand** formen, reichlich angießen und Blumentopf abwischen.

472 Nennen Sie je zwei Zimmerpflanzen für sonnigen (Süden), schattigen (Norden) und halbschattigen (West oder Ost) Standort.

Südfenster: Ananasgewächse, Kalanchoe (flammendes Kätchen), Christusdorn, Kakteen, Orangenbäumchen

Nordfenster: Alpenveilchen, Farne, Efeu, Bubikopf, Zimmerlinde

Ost-/Westfenster: Clivia, Birkenfeige, Gummibaum, Begonie, Osterkaktus, Usambaraveilchen

473 Balkonkästen oder Blumenkübel auf der Veranda leisten einen wichtigen Beitrag zur Wohnraumgestaltung im weiteren Sinne.

a) Stellen Sie eine bunte Sortenmischung für den Balkonkasten im Sommer zusammen.

b) Von welchen Balkonpflanzen kann man besonders gut Stecklinge ziehen und diese überwintern, so daß die Bepflanzung im nächsten Jahr preisgünstiger wird?

a) Pantoffelblume, Fuchsie und Blaukissen oder
Petunien, Hängegeranien (Pelargonien) und Lobelien

b) Pelargonien/Geranien eignen sich hervorragend für die Anzucht von **Kopfstecklingen,** das sind weiche Triebenden, die in Torf-Sand-Gemisch unter einer Folienhaube bewurzelt und im Keller überwintert werden.

Schnittblumen

474 Schnittblumen leben auch nach dem Schnitt weiter.

a) Nennen Sie die Erntevoraussetzungen für lange Haltbarkeit.

b) Welche Pflegemaßnahmen verlängern die Freude am Schnittblumenstrauß?

a) Blumen müssen schnittreif sein, was von der Sorte abhängt:
- Rosen und Tulpen z. B., wenn die Farbe der Knospe sichtbar ist,
- Levkojen und Löwenmaul, wenn sie halberblüht sind,
- Margeriten, Nelken und Dahlien, wenn sie voll erblüht sind. Es sollte generell nach dem Regen oder frühmorgens geschnitten werden, wenn die Pflanzen mit Wasser gesättigt sind.

b) Mit scharfem Messer schräg anschneiden, überflüssige Blätter im unteren Stieldrittel entfernen und sofort in nicht zu kaltes Wasser – evtl. mit etwas Zuckerzusatz – stellen.
Täglich Wasser wechseln und frisch anschneiden.

475 Sträuße und Gestecke sind beliebte Dekorationen. Um die gewünschte Wirkung zu erzielen, müssen einige Regeln beachtet werden.

a) Nennen Sie die gängigen Grundformen für Arrangements.

b) Was ist beim Arrangement zu beachten – wie gehen Sie vor?

a) Dreiecksform, Kugelform (Biedermeier), rhythmisch gegliederte Sträuße, asymmetrische Form

b) Wichtig ist ein **optischer Mittelpunkt,** der aus einer Blüte, einer Gruppierung mehrerer Blüten, aus Früchten, Laub oder Zweigen gebildet werden kann. Mit den ersten Stengeln wird die Form festgelegt, die Basis sollte dunkler, die Spitze heller und lockerer sein. Pinholder oder Steckschwamm am Schluß abdecken, Strauß mit Grün einfassen, damit der obere Vasenrand etwas verdeckt wird.

Pflanzenkrankheiten und Schädlingsbekämpfung

476 Pilzerkrankungen richten jedes Jahr große Schäden im Nutzgarten und in der Landwirtschaft an.

a) Nennen Sie einige Pilzerkrankungen im Nutzgarten.

b) Durch welche Maßnahmen kann dem Pilzbefall vorgebeugt werden?

a)
- echter **Mehltau** bei Rosen, Stachelbeeren, Gurken und Äpfeln
- **Grauschimmel** bei Erdbeeren
- **Kraut- und Braunfäule** (Phytophthora) bei Tomaten und Kartoffeln
- **Monilia** bei Stein- und Kernobst
- Wurzelfäule als Schwächeparasit bei Sämlingen

b)
- durch Auswahl pilzresistenter Sorten
- durch ausreichende Abstände beim Pflanzen
- durch vorbeugende Spritzungen im Winter oder zeitigen Frühjahr
- durch sorgfältige Entfernung und Vernichtung befallener Pflanzenteile

477 Wenn biologischer Pflanzenschutz versagt, muß – wenn ansonsten existenzgefährdende Einbußen drohen – auf chemische Pflanzenschutzmittel/Pestizide zurückgegriffen werden.

a) Welche Aufgabe hat die Bienenschutzverordnung?

b) Warum werden sogenannte Wartezeiten angegeben?

c) Nennen Sie einige wichtige „Vorschriften beim Umgang mit chemischen Pflanzenschutzmitteln".

a) Sie klassifiziert alle Pestizide aufgrund ihrer mehr oder weniger bienengefährdenden Eigenschaften. Sie gibt **Anwendungszeiten** an, um Bienen bestmöglich zu schützen.

b) Wartezeiten sind für Obst, Gemüse und Kräuter wichtig, damit evtl. eingesetzte **Pestizide** wieder **abgebaut** sind und der Nutzer keinen Schaden nimmt.

c) – Gebrauchsanweisung beachten.
- **Dosierung** einhalten.
- Schützende Kleidung tragen.
- Nur bei **Windsstille** spritzen.
- Geräte nach der Anwendung säubern.
- Mittel in Originalverpackung und vor Kindern **gesichert aufbewahren.**

478 Nennen Sie das Grundprinzip und konkrete Maßnahmen des biologischen Pflanzenschutzes.

Grundprinzip ist die Förderung von **Nützlingen,** d.h. Tieren, die bei der Bestäubung mitwirken oder deren Nahrung überwiegend aus Schädlingen besteht.

Nistmöglichkeiten
- für Vögel, z.B. Nisthöhlen, Nistplätze, Holz- und Reisighaufen
- für Schlupfwespen u.a. Nisthölzer
- für Ohrwürmer mit Holzwolle gefüllte Tontöpfe
- Nützlinge fürs Gewächshaus, den Wintergarten und das Blumenfenster erhält man im Handel (Raubmilben, Florfliegen, Gallmücken).

Biologische Spritzmittel sind z.B. Schmierseifenbrühe, Brennessel- oder Schachtelhalmbrühe/-jauche, Kamillentee oder Baldrianblütenextrakt.

2.8 Umwelt

479 Umweltschutz fängt im Haushalt an.

Nennen Sie dazu mindestens vier konkrete Beispiele aus dem Bereich „Wasser".

1. Wasch- und Reinigungsmittel sparsam dosieren.
2. Keine Lösemittel oder Motoröl in den Abfluß schütten.
3. Wasserspar-Hilfen einbauen, z. B. Stop-Taste beim WC, Einhandhebelmischer bei der Dusche oder Durchflußbegrenzer beim Handwaschbecken.
4. Wäsche nicht unnötig oft wechseln.
5. Wo möglich, Regenwassernutzung für den Garten.

480 Nennen Sie die wichtigsten Maßnahmen im Kampf gegen die Müllberge.

- Abfallvermeidung
- Abfalltrennung
- Abfallrecycling

481 Nicht jeder Müll läßt sich problemlos entsorgen.

Welche Produkte gehören in den Sondermüll?

- Farbreste und Lösemittel
- Batterien und Leuchtstoffröhren (wegen des Quecksilbergehaltes)
- Reste von Pestiziden
- alte Spraydosen (FCKW)

482 Was versteht man unter thermischer Müllverwertung?

Welche Probleme können dabei entstehen?

Thermische Müllverwertung ist **die Verbrennung von Müll im Müllheizkraftwerk,** wodurch die darin enthaltene Energie für die Stromerzeugung oder als Fernwärme genutzt werden kann. Problematisch ist die Entstehung von Giftstoffen, z. B. Dioxinen aus Kunststoffen, so daß eine wirksame Abgasreinigung und -filterung notwendig ist.

483 Welche Umweltschutzgrundsätze sind im Abfallgesetz verankert?

Die Entsorgung von Abfällen darf das Wohl der Allgemeinheit nicht beeinträchtigen, d. h., Mensch und Tiere dürfen nicht gefährdet, Pflanzen, Gewässer und Erdreich nicht negativ beeinflußt werden.

484 Abfallverwertung ist inzwischen ein wichtiger Industriezweig.

a) Beschreiben Sie die Hintergründe des Dualen Systems Deutschland (DSD).

b) Welche Abfallkomponenten erfaßt das DSD, wie sind sie gekennzeichnet, und wo liegen die Probleme dieses Systems?

a) Das DSD ist aus den Anforderungen der Verpackungsverordnung entstanden. Demnach müssen die Händler auch Verkaufsverpackungen zurücknehmen, wenn kein flächendeckendes Recyclingsystem existiert. Deshalb wurde das DSD gegründet; die Verpackungshersteller zahlen Gebühren, die sie an die Verbraucher weitergeben. Damit soll zur Abfallvermeidung motiviert und das Recycling gefördert werden.

b) Alle mit **dem grünen Punkt** gekennzeichneten Verpackungsmaterialien: Glas, Metalle, Papier – hierfür ist Recycling schon lange üblich – aber auch Verbundmaterialien und Kunststoffe, deren Wiederverwertung noch nicht zufriedenstellend und wirtschaftlich läuft. Probleme macht auch die Trennung der gemischten Wertstoffe.

485 Nennen Sie fünf der wichtigsten luftverschmutzenden Substanzen und einige der Verursacher.

1. Schwefeldioxid
   – Industrie und Kraftwerke
2. Kohlendioxid
   – Kraftwerke, Industrie, Straßenverkehr
3. Staub
   – Industrie, Straßenverkehr
4. flüchtige organische Verbindungen (z.B. FCKW)
   – Haushalt, Gewerbe, Straßenverkehr
5. Stickstoffoxide
   – Straßenverkehr

486 Zeigen Sie stichwortartig den Zusammenhang zwischen Luftverschmutzung und Verschlechterung der Trinkwasserqualität auf.

Stickstoffoxide und Schwefeldioxid in der Luft oxidieren zu Säuren – saurer Regen – Versauerung des Bodens – Freisetzung sonst im Erdreich gebundener Metallionen – Metalle werden ins Grundwasser gewaschen und verändern die Trinkwasserqualität.

487 Welche Maßnahmen zur Schadensbegrenzung sind bei Smogalarm nötig?

- Fahrverbot für Fahrzeuge ohne geregelten Katalysator
- Appell an alle Autofahrer, auf öffentliche Verkehrsmittel umzusteigen
- gedrosselte Industrieproduktion
- Umstellung der Heizkraftwerke auf schwefelarme Kohle oder leichtes Heizöl

488 Für welche Personengruppen ist Smog besonders kritisch?

- für Kleinkinder
- für ältere Menschen
- für Asthma-, Herz-Kreislauf- und Bronchial-Patienten

489 Was versteht man unter Sommersmog?

Unter Sommersmog versteht man eine **erhöhte Ozonkonzentration** in Bodennähe, die durch photochemische Reaktionen von Abgasen (Kohlenwasserstoffen, Stickstoffoxiden) mit Ozon entstehen.

490 Geräusche sind Bestandteil unserer Umwelt, aber Lärm kann krank machen. Stellen Sie Lärmverursacher und Schutzmaßnahmen bzw. Alternativen gegenüber.

Verkehrsmittel:

- Mindestabstände von Wohngebieten zu großen Verkehrsadern, Start- und Landebahnen und Schnellbahnstrecken
- Lärmschutzwälle und -mauern
- Schallschutzfenster
- Grenzwerte für die Geräuschemission von Pkws und schweren Lkw

→

▷ *Fortsetzung der Antwort* ▷

Haushalts-, Garten- und Heimwerkergeräte:
- gesetzliche Ruhezeiten zum Schutz der Nachbarschaft
- geräuscharme Ausführung der Geräte

Unterhaltungselektronik:
- Ruhezeiten
- Anlagen auf Zimmerlautstärke betreiben
- Fenster schließen

Industrie:
- keine Produktionsstätten in Wohngebieten

491 Innenräume sind die längste Zeit des Tages unsere Umwelt.

Welche Umweltverschmutzer gibt es im Haus?

Formaldehyd, PER und andere flüchtige organische Verbindungen aus
- Kältemitteln
- Spraydosen
- chemisch gereinigten Kleidungsstücken
- geschäumten Verpackungsmitteln (inzwischen weniger)
- Baustoffen

Pestizide aus
- Tabakerzeugnissen
- Holzschutzmitteln

Mineral- und Metallstäube aus
- Isolationsmaterial und Maschinenabrieb

492 Welches sind die zwei für den Menschen wichtigsten Nahrungsketten?

Warum ist gerade bei Umweltgiften das Prinzip der Nahrungskette so problematisch?

Nennen Sie zwei Beispiele.

1. Pflanze – Tier – Mensch
2. Plankton – Krebse/Kleinfische – Speisefische – Mensch

Umweltgifte reichern sich im Verlauf der Nahrungskette an, d. h., die Konzentrationen werden immer größer. Besonders kritisch sind Schwermetalle und schwer abbaubare Pestizide, die sich im Fettgewebe und den Innereien ablagern.

493 Da die Erzeugung nutzbarer Energie die Umwelt belastet und wertvolle Primärenergieträger verbraucht, hat Energiesparen einen hohen Stellenwert im Umweltschutz. Und: Energiesparen spart Geld.

Stellen Sie mindestens ein 7-Punkte-Programm zum Energiesparen auf.

1. Heizungsanlagen kontrollieren, Thermostate optimal einstellen – nachts absenken, maßvoll heizen.
2. Wärmedämmung optimieren – z. B. Wärmeschutzverglasung der Fenster, Wand- und Deckenisolierung, Fugen abdichten.
3. Warmwasserbereitung im Sommer von der Heizung trennen, bei langen Leitungswegen evtl. Heißwasserspeicher dezentral für einzelne Zapfstellen.
4. Wäsche in der Regel bei max. 60 °C waschen, nur stark verschmutzte Wäsche mit Vorwäsche waschen.
5. Beim Kochen immer den richtigen Temperaturbereich einstellen, Restwärme nutzen und mit gut schließenden, plan geschliffenen Töpfen arbeiten.
6. Dampfdrucktopf und Dampfgarer einsetzen – spart bis zu 50 % Energie.
7. Kühl- und Gefriergeräte kühl aufstellen, nicht unnötig öffnen und regelmäßig abtauen.
8. Beim Kauf von Elektrogeräten – besonders Großgeräten – den Energieverbrauch (siehe Produktinfo) vergleichen.
9. Gezielt beleuchten, z. B. nur den Arbeitsplatz und nicht den ganzen Raum, Energiesparlampen einsetzen und Zeittaster für Flure und Außenanlagen.

3 Wirtschafts- und Sozialkunde

3.1 Berufliche Bildung

1 In welchen Gesetzen sind die Berufsausbildung und die Inhalte des Ausbildungsvertrages geregelt?

a) Berufsbildungsgesetz (BBiG) für Industrie, Handel, Dienstleistungen, Land-/Forstwirtschaft
b) Handwerksordnung (HWO) für alle handwerklichen Berufe

2 Welche Punkte müssen in einer Ausbildungsordnung enthalten sein (§ 25 BBiG)?

- Bezeichnung des Ausbildungsberufes
- Ausbildungsdauer
- Ausbildungsberufsbild (Fertigkeiten und Kenntnisse, die in der Ausbildung zu vermitteln sind)
- Ausbildungsrahmenplan (Anleitung zur sachlichen und zeitlichen Reihenfolge)
- Prüfungsanforderungen

3 Wer überwacht die Einhaltung der Ausbildungsordnung in den Bereichen
a) Hauswirtschaft,
b) Landwirtschaft,
c) Handwerk,
d) Industrie/Handel/Dienstleistungen?

a) Landwirtschaftskammer oder eine Stelle, die vom Bundesminister für Arbeit und Soziales festgelegt wird
b) Landwirtschaftskammer
c) Handwerkskammer
d) Industrie- und Handelskammer (IHK)

4 Die Ausbildung zum/zur Hauswirtschafter/Hauswirtschafterin erfolgt im dualen System. Was bedeutet das?

Die Berufsausbildung erfolgt an zwei Lernorten:
- im ausbildenden Betrieb/Haushalt
- in der Berufsschule

5 Für Ausbildungsverträge gibt es die Probezeit (BBiG).
a) Was kann in dieser Zeit erfolgen?
b) Wie lange muß sie mindestens, wie lange darf sie höchstens sein?

a) In dieser Zeit kann das Ausbildungsverhältnis ohne Angabe von Gründen fristlos gekündigt werden.
b) – mindestens: ein Monat
– höchstens: drei Monate

Wirtschafts- und Sozialkunde

6 Nennen Sie fünf Rechte der Auszubildenden.

1. Vergütung
2. Urlaub
3. Freistellung zur Berufsschule
4. kostenlose Ausbildungsmittel
5. Zeugnis

7 Welche zwei Gesetze regeln berufliche Förderungsmaßnahmen?

1. Bundesausbildungsförderungsgesetz (BAFöG)
2. Arbeitsförderungsgesetz (AFG)

8 Von wem muß ein Ausbildungsvertrag unterschrieben werden?

- vom Ausbildenden
- vom Auszubildenden
- vom gesetzlichen Vertreter, wenn der Auszubildende minderjährig ist

9 Nennen Sie mindestens fünf Punkte, die in einem Ausbildungsvertrag enthalten sein müssen.

1. Art und Ziele der Berufsausbildung
2. Beginn und Dauer
3. Vergütung
4. Probezeit
5. Arbeitszeit
6. Urlaub
7. Kündigungsregelungen
8. Rechte und Pflichten beider Vertragspartner

10 Nennen Sie sechs Pflichten des Auszubildenden.

1. Berufsschule besuchen
2. Berichtsheft führen
3. Ausbildungsmaßnahmen wahrnehmen
4. Weisungen (im Rahmen der Ausbildung) befolgen
5. Sorgfaltspflicht – Geräte usw. sorgsam behandeln
6. Betriebsgeheimnisse wahren

11 Beschreiben Sie bei den Pflichten des Auszubildenden

a) die Sorgfaltspflicht,

b) die Wahrung von Betriebsgeheimnissen.

a) Der Auszubildende hat alle ihm aufgetragenen Arbeiten, die im Zusammenhang mit der Ausbildung durchzuführen sind, sorgfältig auszuführen. Auch ist mit den Arbeitsmaterialien, den Geräten und Einrichtungen sorgsam umzugehen. →

▷ *Fortsetzung der Antwort* ▷

b) Der Auszubildende darf Außenstehenden gegenüber keine Angaben über datengeschützte Zahlen (z. B. Einkommens- und Vermögensverhältnisse des Ausbildenden, personenbezogene Daten aus dem Ausbildungsbetrieb) machen.

12 Wodurch kann das Ausbildungsverhältnis beendet werden?

a) **während der Probezeit jederzeit**

b) **nach der Probezeit**
- fristlose Kündigung aus wichtigem Grund
- Aufgabe/Wechsel der Berufsausbildung unter Einhaltung der 4-Wochen-Frist

c) **mit Bestehen der Abschlußprüfung**

3.2 Arbeitsrecht

[13] Welche Art von Vertrag ist der Arbeitsvertrag?

Er ist ein **Dienstvertrag,** in dem die Pflichten und Rechte von Arbeitgeber und Arbeitnehmer festgelegt sind.

[14] In welcher Form ist ein Arbeitsvertrag abzuschließen?

Es ist keine bestimmte Form vorgeschrieben, er kann daher mündlich vereinbart werden. Aus Beweisgründen sollte er jedoch schriftlich abgeschlossen werden.

[15] Nennen Sie wichtige Punkte, die in einem Arbeitsvertrag enthalten sein sollen.

- Art der Tätigkeit
- Probezeit
- Höhe der Vergütung
- Arbeitszeit, Pausenregelung
- Urlaub
- soziale Leistungen
- Beginn und Ende der Tätigkeit
- Kündigungsregelungen
- Zuschläge, z. B. für Sonntagsarbeit

[16] Nennen Sie mindestens fünf Gesetze, die die freie Gestaltung des Arbeitsvertrages einschränken.

1. Arbeitszeitordnung (AZO)
2. Jugendarbeitsschutzgesetz (JArbSchG)
3. Mutterschutzgesetz (MuSchG)
4. Gewerbeordnung (GewO)
5. Bundesurlaubsgesetz (BUrlG)
6. Kündigungsschutzgesetz (KSchG)
7. Schwerbehindertengesetz (SchbG)

[17] Welche drei Pflichten haben jeweils Arbeitgeber und Arbeitnehmer aus dem Arbeitsvertrag?

Arbeitgeber:

1. Fürsorgepflicht
2. Beschäftigungspflicht
3. Lohnzahlungspflicht

Arbeitnehmer:

1. Arbeitspflicht
2. Weisungsgebundenheit
3. Treuepflicht

18 Welcher Personenkreis darf nach dem Jugendarbeitsschutzgesetz nicht beschäftigt werden?

Personen, die das 15. Lebensjahr noch nicht vollendet haben.

19 Wieviel Urlaub steht nach dem JArbSchG den Jugendlichen
a) unter 16 Jahren,
b) unter 17 Jahren,
c) unter 18 Jahren zu?

a) mindestens 30 Werktage
b) mindestens 27 Werktage
c) mindestens 25 Werktage

20 Wie ist nach dem JArbSchG der Besuch der Berufsschule geregelt?

- Die Berufsschulzeit gilt als Arbeitszeit (Vergütung).
- Beträgt der Unterricht sechs oder mehr Unterrichtsstunden, gilt der Berufsschultag als ganzer Arbeitstag (Teilzeitunterricht).

21 Wodurch kann ein Arbeitsverhältnis beendet werden?

a) ordentliche Kündigung
b) fristlose (= außerordentliche) Kündigung
c) in gegenseitigem Einvernehmen
d) Ablauf einer vereinbarten Frist des Arbeitsvertrages
e) Tod eines Vertragspartners

22 Nach § 21 KSchG muß jede Kündigung sozial gerechtfertigt sein. Was bedeutet das?

Es müssen Gründe vorliegen, die
a) **in der Person des Arbeitnehmers liegen** (z. B. längere, für den Arbeitgeber unzumutbare Krankheit, fehlende Einsatzfähigkeit),
b) **im Verhalten des Arbeitnehmers liegen** (z. B. Trunkenheit am Arbeitsplatz, Arbeitsverweigerung, Nichteinhaltung von Betriebsgeheimnissen),
c) **betrieblich bedingt sind** (z. B. unvermeidbare Rationalisierung).

23 Welche Gründe können
a) für den Arbeitnehmer,
b) für den Arbeitgeber vorliegen, daß eine fristlose Kündigung ausgesprochen wird?

a) **Der Arbeitnehmer** kann fristlos kündigen, wenn der Arbeitgeber z. B.
- seine Fürsorgepflicht verletzt hat (Sozialversicherungsbeiträge wurden nicht abgeführt),
- den Arbeitnehmer geschlagen, beleidigt oder (sexuell) belästigt hat,
- die Zahlung der Vergütung oder die Gewährung des Urlaubs verweigert hat,
- den Auszubildenden am Besuch der Berufsschule gehindert hat.

b) **Der Arbeitgeber** kann fristlos kündigen, wenn der Arbeitnehmer z. B.
- die Dienstpflicht verweigert hat,
- den Arbeitgeber geschlagen, beleidigt oder (sexuell) belästigt hat,
- Betriebsgeheimnisse nicht gewahrt hat,
- das Wettbewerbsverbot mißachtet hat (während der Ausbildung eine zweite Tätigkeit in einem anderen Betrieb ohne Zustimmung des Arbeitgebers ausübt).

Die Kündigung muß innerhalb von zwei Wochen nach der Kenntnisnahme des Kündigungsgrundes ausgesprochen werden.
Vor jeder – auch der fristlosen – Kündigung ist allerdings immer der Betriebsrat anzuhören.

24 Innerhalb welcher Frist kann ein Arbeitsverhältnis gekündigt werden?

- Für Angestellte und Arbeiter gilt eine einheitliche Frist von 4 Wochen zum 15. eines Monats oder zum Monatsende.
- Für langjährige Mitarbeiter, die länger als zwei Jahre beschäftigt sind, gelten stufenweise längere Fristen.

25 Nennen Sie fünf Personengruppen, für die ein besonderer Kündigungsschutz gilt.

1. Auszubildende
2. Betriebsratsmitglieder und Jugendvertreter
3. Wehr- und Zivildienstleistende
4. werdende und stillende Mütter
5. Schwerbehinderte (mindestens 50% Behinderung)

26 Welches Gericht ist für Streitigkeiten aus dem Arbeitsverhältnis zuständig?

das Arbeitsgericht;
hier kann sich der Arbeitnehmer selbst äußern oder durch seine Gewerkschaft vertreten lassen.

27 Was ist unter der Tarifautonomie zu verstehen?

Es bedeutet, daß die Tarifpartner (Gewerkschaften und Arbeitgeberverbände) ohne staatliche Beeinflussung über die Inhalte von Tarifverträgen verhandeln und die Verträge abschließen können.

28 Welche Vorteile bieten Tarifverträge

a) für die Arbeitnehmer,
b) für die Arbeitgeber?

a) – Sicherung von Mindestarbeitsbedingungen (z. B. Vergütung, Urlaub, soziale Leistungen)
   – Gleichstellung mit anderen Arbeitnehmern, die eine vergleichbare Tätigkeit ausüben

b) – sichere und verläßliche Kalkulationsgrundlage (Kostenkontrolle)
   – Sicherung eines allgemeinen Arbeitsfriedens durch die Friedenspflicht

29 Wie heißen die beiden Sozialpartner, die Tarifverträge abschließen?

auf der Arbeitgeberseite:
- Arbeitgeberverbände bzw.
- einzelne große Arbeitgeber

auf der Arbeitnehmerseite:
- Gewerkschaften

30 Welche zwei Arten von Tarifverträgen können die Tarifpartner abschließen?

1. **Lohn- und Gehaltstarifvertrag** (ein bis zwei Jahre)
2. **Mantel- bzw. Rahmentarifvertrag** (längerfristig)

31 Nennen Sie zu jedem der beiden Tarifvertragsarten mindestens zwei Punkte, die darin enthalten sind.

Lohn-/Gehaltstarifvertrag:
- Löhne und Gehälter mit Zulagen und Zuschlägen
- Lohnfortzahlung
- Akkordlohn
- Erfolgsbeteiligung

Manteltarifvertrag:
- vermögenswirksame Leistungen
- Urlaubsregelungen
- Arbeitszeiten/Ruhepausen
- Alterssicherung

32 Welche Möglichkeiten hat

a) eine Gewerkschaft,
b) ein Arbeitgeber,

ihre/seine Forderung legal bei einem Tarifstreit durchzusetzen?

a) Streik
b) Aussperrung

33 Eine Hausangestellte vereinbart mit einem Arbeitgeber ein Monatsgehalt von 1 050,00 DM brutto. Der Tarifvertrag sieht jedoch 1 850,00 DM vor.

Welches Gehalt ist zu zahlen,

a) wenn beide organisiert sind (Gewerkschaft bzw. Arbeitgeberverband),
b) wenn keiner von beiden organisiert ist?

a) Hier gilt auf jeden Fall das Tarifgehalt, so daß 1 850,00 DM zu zahlen sind.

b) Es sind normalerweise nur 1 050,00 DM zu zahlen, da Nichtorganisierte keinen Anspruch auf Tarifgehalt haben. Wenn der entsprechende Tarifvertrag jedoch – wie in der Praxis üblich – vom Bundesarbeitsminister für allgemeinverbindlich erklärt worden ist, so sind ebenfalls 1 850,00 DM zu zahlen.

Tarifliche Regelungen sind – vor allem für Organisierte – Mindestbedingungen, die **nicht unterschritten** werden dürfen.

3.3 Vertragsrecht

34 Unterscheiden Sie
a) Rechtsfähigkeit,
b) Geschäftsfähigkeit.

a) **Rechtsfähigkeit** ist die Fähigkeit, Träger von Pflichten und Rechten zu sein.

b) **Geschäftsfähigkeit** ist die Fähigkeit, Rechtsgeschäfte selbständig und rechtswirksam abzuschließen.

35 Welche drei Arten von Geschäftsfähigkeit gibt es, und welche Altersstufen gelten jeweils für sie?

1. **Geschäftsunfähigkeit:** bis zum 7. Lebensjahr
2. **beschränkte Geschäftsfähigkeit:** vom vollendeten 7. Lebensjahr bis zum 18. Lebensjahr
3. **volle Geschäftsfähigkeit:** ab dem vollendeten 18. Lebensjahr

36 Was bedeutet die Aussage „Rechtsgeschäfte beschränkt Geschäftsfähiger sind schwebend unwirksam"?

Damit diese Rechtsgeschäfte rechtswirksam werden, ist die Zustimmung der Eltern/des gesetzlichen Vertreters notwendig.

37 Welche Rechtsgeschäfte sind hiervon ausgenommen?

- Rechtsgeschäfte, die nach dem „Taschengeldparagraph" gelten: Eine Minderjährige kauft sich für 29,90 DM eine CD von ihrem Taschengeld.
- Rechtsgeschäfte, die dem Minderjährigen nur rechtliche Vorteile bringen: Der 17jährige Manfred bekommt von seiner Tante 500,00 DM geschenkt.
- Rechtsgeschäfte, die im Rahmen eines mit Zustimmung der Eltern zustande gekommenen Arbeitsvertrages (nicht Ausbildungsvertrages!) vorgenommen werden: Die 16jährige Conny eröffnet ein Bankkonto oder kündigt ihren Arbeitsvertrag.

38 Welche einseitigen Rechtsgeschäfte gibt es?

empfangsbedürftige,
z. B. Kündigung

nicht empfangsbedürftige,
z. B. Testament

39 Wie heißen die Rechtsgeschäfte, bei denen zwei übereinstimmende Willenserklärungen vorliegen?

Verträge,
z. B. Kaufvertrag, Mietvertrag, Arbeitsvertrag

40 Worin besteht der Unterschied zwischen nichtigen und anfechtbaren Rechtsgeschäften?

Nichtige Rechtsgeschäfte sind von Anfang an ungültig:
- Rechtsgeschäfte (RG) von Geschäftsunfähigen (ein 16jähriger kauft sich ein Auto),
- Scherz-, Scheingeschäfte (ein Grundstücksmakler verkauft ein Grundstück auf dem Mond),
- gesetzeswidrige RG (Verkauf von Drogen, Schwarzarbeit),
- RG, die gegen die guten Sitten verstoßen (Wucherzinsen, Ausnutzung einer Notlage),
- RG, die gegen Formvorschriften verstoßen (ein Grundstück wird ohne notarielle Beurkundung verkauft).

Anfechtbare Rechtsgeschäfte werden erst rückwirkend mit der Anfechtung unwirksam:
- Rechtsgeschäfte (RG), die durch arglistige Täuschung zustandegekommen sind (ein Autoverkäufer verkauft trotz besseren Wissens ein Fahrzeug als unfallfrei),
- RG, die durch Drohung entstanden sind (ein Vertreter droht einem Kunden, von dessen Vorstrafen zu erzählen, wenn er den Vertrag nicht unterschreibt),
- RG, die durch Irrtum entstanden sind (in einem Angebot steht ein Preis von 18,00 DM statt 180,00 DM).

41 Welche Form ist für Mietverträge, die länger als ein Jahr laufen, vorgeschrieben?

Vorgeschrieben ist die schriftliche Form; eine mündliche Vereinbarung reicht für diese Verträge nicht.

42 Aus welchen rechtlichen Bestandteilen besteht ein Kaufvertrag?

a) **Verpflichtungsgeschäft:**
Beide Vertragspartner gehen Verpflichtungen ein, die beide auch zu erfüllen haben.

b) **Erfüllungsgeschäft:**
- **Der Verkäufer** muß die vereinbarte Ware liefern und dem Käufer das Eigentum übertragen sowie den Kaufpreis annehmen.
- **Der Käufer** muß die ordnungsgemäß gelieferte Ware annehmen und den Kaufpreis bezahlen.

43 Wie heißen die beiden Willenserklärungen, die einen Kaufvertrag begründen?

a) **Antrag,** z.B.
Angebot, Bestellung, Lieferung ohne vorherige Bestellung

b) **Annahme,** z.B.
Bestellung nach einem Angebot,
Bestätigung/Lieferung nach einer Bestellung,
Bezahlung unbesteller Ware

44 Ein Haushalt bestellt bei einem Versandhaus mit einem Bestellschein Möbel.

Wodurch kommt ein verbindlicher Kaufvertrag zustande?

schriftliche Bestätigung der Bestellung oder
Lieferung der bestellten Möbel

45 Eine Hausangestellte sieht in einem Schaufenster eine Jacke für 119,00 DM. Im Laden wird ihr erklärt, es liege ein Schreibfehler vor; der Preis betrage 191,00 DM.

Hat die Hausangestellte einen Rechtsanspruch auf den Preis von 119,00 DM?

Nein, ein Rechtsanspruch besteht nicht:
die Auslage im Schaufenster ist kein rechtlich verbindliches Angebot, sondern lediglich eine Aufforderung zum Kauf. Ein Angebot ist immer an bestimmte Personen gerichtet und dadurch rechtswirksam. Dies liegt hier nicht vor.

46 Nennen Sie wichtige Punkte, die ein Kaufvertrag enthalten sollte.

- Art, Beschaffenheit, Güte der Ware
- Preis
- Lieferbedingungen/-termin
- Zahlungsbedingungen
- Erfüllungsort, Gerichtsstand
- evtl. Allgemeine Geschäftsbedingungen
- evtl. besondere Vereinbarungen

47 Unterscheiden Sie
a) Skonto und
b) Rabatt.

Skonto ist ein Preisnachlaß, wenn innerhalb einer bestimmten Frist bezahlt wird, z. B. „Zahlung in 10 Tagen 3 % Skonto, in 30 Tagen netto Kasse".

Rabatt ist ein Preisnachlaß aufgrund bestimmter Vorgaben, unabhängig vom Zahlungstermin, z. B. Mengenrabatt, Personalrabatt, Treuerabatt.

48 Welches Recht hat der Kunde bei Abzahlungs- und Haustürgeschäften?

Der Kunde kann den Vertrag innerhalb einer Woche ohne Angabe von Gründen schriftlich widerrufen.

49 Wann ist dieses Widerrufsrecht bei Haustürgeschäften ausgeschlossen?

a) Wenn es ein Versicherungsvertrag ist,
b) ein Bagatellgeschäft vorliegt (bis 80,00 DM),
c) der Kunde einen Vertreter selbst bestellt hat.

50 Ein Angebot ist mit dem Vermerk „unverbindlich" abgegeben worden.
a) Welche Wirkung hat dies?
b) Nennen Sie weitere Freizeichnungsklauseln.

a) Der Verkäufer ist rechtlich an sein Angebot nicht gebunden.
b) – Preise freibleibend
   – solange Vorrat reicht
   – ohne Gewähr

51 Wer übernimmt die Transportkosten bei folgenden Lieferbedingungen?
a) ab Werk
b) frei Haus
c) unfrei
d) frei (dort)

a) Der Käufer zahlt alle Kosten.
b) Der Verkäufer zahlt alle Kosten.
c) Der Käufer zahlt alle Kosten ab der/dem Versandstation/-bahnhof des Verkäufers.
d) Der Käufer zahlt die Kosten ab seiner/seinem Empfangsstation/-bahnhof.

52 Welche Arten von Vertragsstörungen gibt es?

- Mangelhafte Lieferung
- Lieferungsverzug
- Annahmeverzug
- Zahlungsverzug

53 Welche Art der mangelhaften Lieferung liegt in den beschriebenen Fällen vor?

a) verdorbene Lebensmittel; eine Jacke hat einen gerissenen Ärmel

b) Lieferung einer Seidenbluse statt einer Seidenjacke

c) beim Waschen färbt ein als farbecht gekauftes Wäschestück aus

d) statt des bestellten 12teiligen wird ein 24teiliges Besteck geliefert

a) Mangel in der **Beschaffenheit** (fehlerhafte Ware)

b) Mangel in der **Art** (Falschlieferung)

c) Mangel in der **Qualität** (Güte)

d) Mangel in der **Quantität** (Menge)

54 Beschreiben Sie die Rechte, die ein Käufer bei mangelhafter Lieferung hat, jeweils an einem Beispiel.

Wandlung
Der Kaufvertrag wird rückgängig gemacht, wenn die fehlerhafte Ware nicht verwendbar ist, z. B. bei gesprungenem Porzellan.

Minderung
Der Kaufpreis wird bei kleineren Fehlern der Ware, die noch verwendbar ist, herabgesetzt, z. B. bei einem Lackkratzer an einem E-Herd.

Ersatzlieferung
Ein neues Fernsehgerät, das nicht funktioniert, wird an den Händler zurückgegeben, und ein neues Gerät wird gebracht. →

▷ *Fortsetzung der Antwort* ▷

Schadenersatz wegen Nichterfüllung, wenn

a) eine zugesicherte Eigenschaft fehlt, z. B., wenn Schüsseln, als spülmaschinenfest verkauft, in der Spülmaschine ihre Farbe verlieren,

b) der Käufer arglistig getäuscht wurde, z. B., wenn beim Kauf eines Gebrauchtwagens der Kilometerstand zu niedrig angegeben wird,

c) die gekaufte Ware vom Muster abweicht, z. B., wenn die gelieferten Tapeten mit dem Muster im Musterbuch nicht übereinstimmen.

55 Unter welchen Voraussetzungen gerät ein Käufer in Annahmeverzug?

Er gerät in Annahmeverzug, wenn er die Ware, die ihm ordnungsgemäß, d. h. zur rechten Zeit am rechten Ort und ohne Mängel, geliefert wurde, nicht oder nicht rechtzeitig annimmt.

56 Welche Rechte hat der Verkäufer beim Annahmeverzug?

Er kann

a) vom Vertrag zurücktreten, d. h., die Ware zurücknehmen,

b) die Ware auf Kosten des Käufers einlagern und auf Abnahme klagen,

c) einen Selbsthilfeverkauf vornehmen, d. h., die Ware zum Marktpreis verkaufen oder öffentlich versteigern lassen (Käufer informieren).

57 Eine Familie hat ein Sofa bestellt, das rechtzeitig ohne Mängel geliefert wurde. Als Zahlungstermin war der 05-29 (bisher 29. 05.) vereinbart. Die Rechnung wurde nicht bezahlt.

Wann gerät der Kunde in Zahlungsverzug?

Der Kunde gerät am 05-30 (bisher 30. 05.) in Zahlungsverzug, da hier ein kalendermäßig bestimmter Tag als Zahlungstermin vereinbart wird.

58 Welche Rechte hat der Verkäufer bei Zahlungsverzug des Käufers?

Er kann

a) Zahlung verlangen,
b) Zahlung und Schadenersatz verlangen (entstandene Kosten, z. B. Auslagen, Verzugszinsen),
c) vom Vertrag zurücktreten,
d) Schadenersatz wegen Nichterfüllung verlangen.

59 Wieviel Prozent Verzugszinsen, vom Tage der Fälligkeit der Rechnung an gerechnet, sind in folgenden Fällen zu zahlen?

a) Ein Handwerksbetrieb hat bei einem Baustoffgroßhändler Material gekauft,
b) Peter verkauft seine gebrauchte HiFi-Anlage an seinen Freund Mark,
c) Frau Schneider hat bei einem Versandhaus einen Kühlschrank gekauft.

mindestens
a) 5 % (zweiseitiger Handelskauf)
b) 4 % (bürgerlicher Kauf)
c) 4 % (einseitiger Handelskauf)

60 Was ist unter einem
a) einseitigen,
b) zweiseitigen,
Handelskauf zu verstehen?
Nennen Sie je ein Beispiel.

a) Hier ist einer der Vertragspartner Kaufmann, der andere Privatmann, oder beide sind Privatleute: Ein Privathaushalt kauft einen neuen Fernseher.
b) Hier sind beide Vertragspartner Kaufleute: Ein Automobilhändler kauft bei einem Reifenhersteller 40 Winterreifen.

61 In Kaufverträgen sind häufig die Allgemeinen Geschäftsbedingungen (AGB) enthalten.
Welcher Grundsatz gilt für die AGB?

Der Verbraucher darf durch die AGB nicht einseitig und unangemessen benachteiligt werden. Seine Interessen sind angemessen zu berücksichtigen.

62 Ein Haushalt bestellt eine neue Waschmaschine. Bei der Lieferung sagt der Händler, er werde ein Jahr lang regelmäßig zur Wartung des Gerätes kommen, die zu bezahlen sei. Der Käufer ist überrascht darüber, da auf der Bestellung nichts davon stand. Der Händler erläutert ihm, dies stünde auf der Rückseite der Rechnung in den AGB.

Muß der Kunde diese Bedingung annehmen?

Der Kunde muß die Wartungen nicht durchführen lassen und auch nicht bezahlen, da er nicht auf die AGB aufmerksam gemacht worden ist. Die AGB werden nur dann Vertragsbestandteil, wenn sie dem Kunden beim Kauf bekanntgegeben werden. Außerdem dürfen die ABG nicht auf der Rückseite der Rechnung stehen. Es handelt sich außerdem hier um eine „Überraschungsklausel", mit der der Käufer nicht gerechnet hat.

63 Was bedeutet „Eine Forderung ist verjährt"?

Es bedeutet, daß eine Forderung zwar bestehen bleibt, aber nicht mehr gerichtlich durchgesetzt werden kann.

64 Welches sind die wichtigsten Verjährungsfristen?

a) **30 Jahre,** beginnend am Tag der Fälligkeit (Ansprüche von Privatleuten untereinander, aus rechtskräftigen Urteilen, aus Darlehen, Zinsen)
b) **4 Jahre,** beginnend am 12-31 (bisher 31. 12.) des Jahres, in dem der Anspruch entstand (Ansprüche von Kaufleuten untereinander, aus Miete, Pacht, Rente und regelmäßig wiederkehrenden Leistungen)
c) **2 Jahre,** beginnend am 12-31 (bisher 31. 12.) des Jahres, in dem der Anspruch entstand (Ansprüche von Kaufleuten und Handwerkern gegen Privatleute, von Gastwirten und Freiberuflern, von Lohn- und Gehaltsempfängern)

65 Erläutern Sie die
a) Unterbrechung,
b) Hemmung,
der Verjährung.

Bei der Unterbrechung beginnt die Verjährungsfrist von vorn an zu laufen, z. B. durch
- Gläubiger: Mahnbescheid, Vollstreckungsklage, Klage
- Schuldner: Bitte um Zahlungsaufschub, Teilzahlung, ausdrückliches Schuldanerkenntnis.

Bei der Hemmung wird die Frist um den Zeitraum der Hemmung verlängert, z. B. durch die Gewährung der Stundung.

66 Welches Gericht ist – je nach Höhe des Streitwertes – jeweils zuständig?

Bei einem Streitwert

a) bis 10 000,00 DM: Amtsgericht,
b) über 10 000,00 DM: Landgericht.

67 Wie lange hat ein Schuldner, gegen den ein Mahnbescheid erhoben wurde, Zeit, dagegen Widerspruch einzulegen?

zwei Wochen

68 Nach erfolglosem Verlauf des gerichtlichen Mahnverfahrens wird beim Schuldner die Zwangsvollstreckung durch Pfändung durchgeführt.

Was darf u. a. nicht gepfändet werden?

- Gegenstände, die für die Lebensführung notwendig sind, z. B. Kleidung, Haushaltsgeräte, Möbel
- Lebensmittel, die für den folgenden Monat bestimmt sind bzw. das Geld dafür
- Gegenstände, die für die Ausübung des Berufes erforderlich sind
- Grundbeträge von Lohn/Gehalt

69 Nennen Sie wichtige Vertragsarten, die im täglichen Leben häufig vorkommen.

a) Kaufvertrag
b) Ausbildungsvertrag
c) Mietvertrag
d) Darlehnsvertrag
e) Pachtvertrag
f) Leihvertrag
g) Werkvertrag
h) Werklieferungsvertrag

70 Um welche Vertragsarten handelt es sich bei den folgenden Beispielen?

a) Frau Gilbert bringt Stoff zu ihrem Schneider, um sich ein Kostüm daraus nähen zu lassen.

b) Eine Familie zieht in eine neue Wohnung ein, die ihr nicht gehört.

c) Ein Wohnungsmakler nutzt in einem Mietshaus einige Räume beruflich.

d) Herr Findig läßt sich in einer Tischlerei eine Regalwand anfertigen; das Material wird vom Tischler besorgt.

e) Frau Fuhrmann benutzt kostenlos einige Tage das Auto ihrer Nachbarin, da ihr eigenes in der Werkstatt ist.

f) Eine Hauswirtschafterin tritt im August eine Stelle in einem Altenwohnheim an.

a) Werkvertrag
b) Mietvertrag
c) Pachtvertrag
d) Werklieferungsvertrag
e) Leihvertrag
f) Dienstvertrag

71 Herr Peters kauft sich einen neuen Rasierapparat. Schon nach wenigen Tagen ist das Gerät defekt.

Wie lang ist die gesetzliche Gewährleistungspflicht (Garantiezeit) für das Gerät?

Die gesetzliche Frist beträgt **sechs Monate ab Kaufdatum.** Herr Peters kann das Gerät zurückbringen und muß den Kaufbeleg vorlegen.

72 Was kann der Verkäufer tun, damit Herr Peters ein einwandfreies Gerät hat?

a) **Bei geringen Mängeln** kann er das Gerät kostenlos reparieren (Nachbesserung).
b) **Ist das Gerät unbrauchbar,** muß er Herrn Peters das Gerät kostenlos durch ein neues ersetzen.

3.4 Soziale Sicherung

73 Wie heißen die fünf Versicherungszweige der gesetzlichen Sozialversicherung?

1. Krankenversicherung
2. Rentenversicherung
3. Arbeitslosenversicherung
4. Unfallversicherung
5. Pflegeversicherung

74 Welche Institution gibt Unfallverhütungsvorschriften heraus und wacht u. a. darüber?

Berufsgenossenschaften

75 Wer ist jeweils der Träger der
a) gesetzlichen Krankenversicherung,
b) Arbeitslosenversicherung,
c) Rentenversicherung,
d) Unfallversicherung,
e) Pflegeversicherung?

a) Allgemeine Ortskrankenkassen, Innungskrankenkassen, Betriebskrankenkassen, Ersatzkassen, landwirtschaftliche Krankenkassen, Bundesknappschaft
b) Bundesanstalt für Arbeit
c) Bundesversicherungsanstalt für Angestellte (BfA), Landesversicherungsanstalten für Arbeiter (LVA)
d) Berufsgenossenschaften
e) Krankenkassen (wie gesetzliche Krankenversicherung)

76 Welchen Anteil zu den Sozialversicherungszweigen zahlen die Arbeitnehmer bzw. Arbeitgeber?

Die Arbeitgeber zahlen die Beiträge zur Unfallversicherung allein. Alle anderen Beiträge zahlen jeweils Arbeitnehmer und Arbeitgeber zur Hälfte.

77 Welcher Personenkreis ist in der gesetzlichen Krankenversicherung pflichtversichert?

- Arbeiter und Angestellte, deren Bruttoeinkommen die Beitragsbemessungsgrenze nicht übersteigt
- Auszubildende
- Rentner
- Studenten
- Arbeitslose, die Geld von der Arbeitslosenversicherung erhalten
- Praktikanten
- selbständige Landwirte, Künstler

78 Nennen Sie einige Leistungen der gesetzlichen Krankenversicherung.

- Vorsorgeuntersuchungen
- ärztliche/zahnärztliche Behandlung
- Entbindungskosten
- Mutterschaftsgeld
- Medikamente
- Krankenhauskosten
- Hilfsmittel (z. B. Brille)
- Kuren

79 In der Pflegeversicherung gibt es drei Pflegestufen.

Nach welchen Merkmalen sind die Stufen unterteilt?

Stufe 1:
erheblich pflegebedürftig, Hilfebedarf einmal pro Tag (mindestens 1,5 Std./Tag)

Stufe 2:
schwerpflegebedürftig, Hilfebedarf dreimal pro Tag bzw. mindestens 3 Std./Tag

Stufe 3:
schwerstpflegebedürftig, durchgehender Hilfebedarf (mindestens 5 Std./Tag)

80 Welche drei Aufgaben hat die Pflegeversicherung?

1. Leistungen bei häuslicher Pflege
2. Leistungen bei stationärer Pflege
3. Leistungen zur Rehabilitation, damit die Pflegebedürftigen ihre Situation besser bewältigen

81 Wie hoch ist der Beitragssatz für die Pflegeversicherung ab dem 95-01-01 (bisher 01.01.95) und ab dem 96-07-01 (bisher 01.07.96)?

1,0 % des Bruttoeinkommens
1,7 % des Bruttoeinkommens

82 Was ist bei der Rentenversicherung unter dem Generationenvertrag zu verstehen?

Es bedeutet, daß die versicherten Personen, die zur Zeit erwerbstätig sind, die Rentenbeiträge für die leisten, die nicht mehr erwerbstätig sind.

83 Welche wichtigen Leistungen bringt die Rentenversicherung?

- **Rehabilitation**
  - medizinische Leistungen, z.B. ärztliche Behandlung, Krankengymnastik
  - berufsfördernde Leistungen, z.B. Umschulung
  - sonstige Leistungen, z.B. Zahlung eines Übergangsgeldes
- **Rentenzahlungen**
  z.B. Altersrente, Erwerbsunfähigkeitsrente, Hinterbliebenenrente

84 Für welchen Personenkreis werden Leistungen von der Arbeitslosenversicherung erbracht?

a) für Arbeitslose
b) für Kurzarbeiter

85 Nennen Sie mindestens sieben Leistungen, die aus den Beiträgen der Arbeitslosenversicherung finanziert werden.

1. Berufsberatung
2. Arbeitsvermittlung
3. Förderung der beruflichen Bildung (z.B. Fortbildung, Umschulung)
4. Rehabilitationsmaßnahmen
5. Kurzarbeiter-, Schlechtwettergeld
6. Arbeitslosengeld
7. Arbeitslosenhilfe
8. Zahlung der Krankenversicherung für Arbeitslose
9. Konkursausfallgeld

86 In welchen Fällen tritt die gesetzliche Unfallversicherung ein?

a) bei einem Arbeitsunfall
b) bei Unfällen in der Berufsschule
c) bei einem Wegeunfall zur Arbeit/Berufsschule oder zurück
d) bei einer Berufskrankheit, z.B. Allergie

87 Wann zahlt die Unfallversicherung eine Verletztenrente?

Sie wird gezahlt, wenn der Verletzte durch einen Arbeitsunfall mindestens 20% seiner Erwerbsfähigkeit verliert oder völlig erwerbsunfähig wird.

[88] Nennen Sie mindestens drei weitere Leistungen der Unfallversicherung.

1. Heilbehandlung
2. Verletztengeld (während einer unfallbedingten Arbeitsunfähigkeit)
3. Sterbegeld
4. Hinterbliebenenrente
5. Rehabilitationsmaßnahmen zur Wiederherstellung der Erwerbsfähigkeit eines Unfallverletzten

[89] Ein Hauswirtschafter verunglückt auf dem Weg zur Arbeit. Die Unfallversicherung lehnt jedoch jede Leistung ab.

Bei welchem Gericht kann gegen diese Ablehnung geklagt werden, wenn ein Widerspruch erfolglos bleibt?

Sozialgericht (1. Instanz)
(neue Bundesländer: Kreisgericht)

[90] Welche rechtlichen Schritte können gegen das Urteil dieses Gerichtes unternommen werden?

Zunächst erfolgt eine Berufung gegen das Urteil des Sozialgerichtes beim Landessozialgericht (Bezirksgericht) (2. Instanz);
danach kann gegen dessen Urteil Revision beim Bundessozialgericht in Kassel (3. Instanz) eingelegt werden.

3.5 Private Versicherung

91 Neben den gesetzlichen Sozialversicherungen gibt es die privaten Versicherungen (Individualversicherungen).

Welche Aufgaben haben diese?

- Sie ergänzen und erweitern den Schutz der Sozialversicherungen (z.B. zusätzliche Altersversorgung).
- Sie versichern gegen Schadensfälle, die durch die Sozialversicherungen nicht gedeckt werden können (z.B. Kfz-Versicherung).
- Sie bieten Versicherungsschutz für Personen, die von der Sozialversicherung nicht erfaßt werden oder Zusatzleistungen erhalten wollen.

92 In welche Hauptgruppen werden die Privatversicherungen gegliedert?

- Personenversicherungen
- Sachversicherungen
- Vermögensversicherungen

93 Nennen Sie zu jeder Gruppe einige Beispiele.

Personenversicherungen:
- Lebensversicherung
- private Unfallversicherung
- Berufs- bzw. Arbeitsunfähigkeitsversicherung
- private Krankenversicherung

Sachversicherungen:
- Hausratversicherung
- Kfz-Versicherung (Kasko)
- Reisegepäckversicherung

Vermögensversicherungen:
- Haftpflichtversicherung
- Rechtsschutzversicherung

94 Wie heißt die Urkunde, die von dem Versicherungsunternehmen ausgestellt wird und die alle Punkte des Versicherungsvertrages enthält?

(Versicherungs-)Police

95 Wonach richtet sich die Beitragshöhe bei

a) der gesetzlichen,

b) bei der privaten Krankenversicherung?

a) nach dem Bruttoeinkommen

b) nach dem Eintrittsalter, dem Geschlecht, dem ausgeübten Beruf und möglichen Zusatzvereinbarungen (z. B. Krankenhaustagegeld, Hilfsmittel, Kuren)

96 Welche Versicherung deckt jeweils den Schaden bzw. Kosten folgender Situationen ab?

a) Frau Pech fährt mit ihrem Auto gegen ein anderes, das stark beschädigt wird. Am eigenen Auto entsteht kein Schaden.

b) Eine Hauswirtschafterin beschädigt versehentlich während ihrer Arbeitszeit eine Lampe bei ihrem Arbeitgeber.

c) In einer Wohnung wird eingebrochen; einige Bilder werden gestohlen.

d) Durch den Widerspruch gegen einen Bußgeldbescheid in einer Verkehrssache entstehen Anwaltskosten.

e) Nach dem Tod von Herrn Weber wird seiner Ehefrau eine bestimmte Geldsumme ausgezahlt.

f) Für die Dauer des 10tägigen Krankenhausaufenthaltes von Frau Klinker erhält sie Krankenhaustagegeld.

a) Kfz-Haftpflichtversicherung
b) Berufshaftpflichtversicherung
c) Hausratversicherung
d) Rechtsschutzversicherung
e) Lebensversicherung
f) private Krankenversicherung

97 Welche Folgen hat es, wenn der Hausrat unterversichert ist?

Wenn die Versicherungssumme kleiner als der Wert des Hausrates ist, wird ein entstandener Schaden nur in dem entsprechenden prozentualen Anteil ersetzt.

98 Was bedeutet die Dynamisierung einer Lebensversicherung?

Die Versicherungssumme wird jährlich um einen bestimmten Prozentsatz erhöht. Dadurch erhöht sich auch der zu zahlende Beitrag (Prämie).

3.6 Organisation, Verbände allgemein

99 Wie heißt die Organisation, in der die selbständigen Handwerker des gleichen Handwerkes im gleichen Bezirk zusammengeschlossen sind?

Innung

100 Welche Organe hat eine Innung?

a) Innungsversammlung
b) Vorstand
c) Ausschüsse

101 In jedem Kreis gibt es eine Kreishandwerkerschaft. Wer ist Mitglied dieser Organisation?

In der Kreishandwerkerschaft sind alle Handwerksinnungen einer bestimmten Region, z.B. eines Landkreises, zusammengefaßt.

102 In welcher Organisation sind alle Handwerksbetriebe eines Kammerbezirkes sowie ihre Arbeitnehmer mit abgeschlossener Berufsausbildung und Auszubildenden zusammengeschlossen?

Sie sind in den Handwerkskammern zusammengeschlossen.

103 Nennen Sie mindestens vier Aufgaben der Handwerkskammern.

1. Vertretung der Interessen der Mitglieder
2. Abnahme der Gesellen- und Meisterprüfungen
3. Führung der Handwerksrolle (Verzeichnis aller selbständigen Handwerker)
4. Führung des Verzeichnisses aller Auszubildenden („Lehrlingsrolle")
5. Überwachung der beruflichen Ausbildung
6. Beratung/Unterstützung der Mitglieder, wie z. B. Vermittlung bei Streitigkeiten

104 In welchem Verband sind die fachlichen Spitzenverbände der Industrieunternehmen zusammengeschlossen?

Es ist der Bundesverband der deutschen Industrie e. V. (BDI).

105 Die Arbeitgeberverbände (z. B. Gesamtmetall) sind im BDA zusammengefaßt.

Was bedeutet diese Abkürzung?

Es ist die Bundesvereinigung der Deutschen Arbeitgeberverbände e. V. Die BDA kümmert sich um alle über einen Bereich hinausgehenden Angelegenheiten der Wirtschafts- und Sozialpolitik, die alle Arbeitgeber aller Branchen betreffen. Es ist die „Generalinteressenvertretung" aller Arbeitgeber.

106 Beschreiben Sie die Aufgaben der Stiftung Warentest in Berlin.

Die Stiftung Warentest

- führt unabhängig von Herstellern und Anbietern vergleichende Warentests von Gütern und Dienstleistungen durch,
- prüft und vergleicht u. a. Preise, Qualitäten, Umweltfreundlichkeit, Bedienerfreundlichkeit, Kundendienste.

107 Wie heißt die berufsständische Organisation der Landwirtschaft?

Deutscher Bauernverband e. V. (DBV)

108 Nennen Sie mindestens vier Einrichtungen, die öffentlich über Verbraucherthemen informieren.

1. Arbeitsgemeinschaft der Verbraucherverbände e. V. (AgV) in Bonn
2. Deutsche Gesellschaft für Ernährung (DGE), Frankfurt/Main
3. Arbeitsgemeinschaft Hauswirtschaft e. V. (AgH), Bonn
4. Deutscher Hausfrauen-Bund, Bonn
5. Verbraucherbeirat beim Deutschen Institut für Normung (DIN), Berlin
6. Arbeitsgemeinschaft Wohnberatung (AGWO), Bonn

109 Nennen Sie einige Punkte, über die sich der Verbraucher bei diesen Organisationen informieren kann.

- Preise
- Rechte des Verbrauchers
- Umweltgesichtspunkte
- Energiesparmöglichkeiten
- Kundendienstvergleiche
- Ernährungsfragen
- Qualitätsvergleiche

3.7 Zahlungsverkehr

[110] Nennen Sie die Funktionen des Geldes.

- Tauschmittel
- gesetzliches Zahlungsmittel
- Wertmesser
- Wertaufbewahrungsmittel (z. B. Sparen)
- Wertübertragungsmittel (z. B. Schenken)
- Kreditmittel

[111] Welche Banknoten gibt es?

5 DM/10 DM/20 DM/50 DM/100 DM/200 DM/500 DM/1 000 DM

[112] Welche Arten der Bargeldzahlung gibt es?

- persönliche Übergabe des Geldes
- Zahlung durch Boten
- Brief/Wertbrief
- Postanweisung

[113] Janine läßt sich von ihrem Vater einen 50-Mark-Schein in einem Einschreibebrief schicken.

Welchen Vorteil hat diese Versendungsart?

Der Vater erhält bei der Abgabe am Postschalter einen Beleg, daß der Brief abgegeben wurde. Bei Verlust des Briefes haftet die Post bis zu einem Betrag von 50,00 DM.

[114] Welche Versendungsform in einem Brief ist zu empfehlen, wenn ein Betrag von 200,00 DM in einem Brief verschickt werden soll und das Risiko bei Verlust ausgeschlossen werden soll?

Wertbrief
Der Wert des Inhaltes wird auf dem Brief angegeben, und die Post gibt auch hier einen Beleg über den Eingang aus. Bei Verlust wird der Wert, der auf dem Brief steht, ersetzt.

115 Wie heißt die Zahlungsart, bei der Bargeld am Postschalter eingezahlt, durch die Post übermittelt und dem Empfänger bar zugestellt wird (dreiteiliger Vordruck)?

Postanweisung
- rechter Abschnitt für den Einzahler
- mittlerer Abschnitt für die Post
- linker Abschnitt mit dem Bargeld für den Zahlungsempfänger

116 Manuela will auf das Konto ihrer Freundin 45,00 DM bei der Bank bar einzahlen.

Welches Formular muß sie verwenden?

Zahlschein

117 Die monatlich anfallenden Telefongebühren sollen vom Konto eines Haushaltes durch die Telekom abgebucht werden.

Welche Zahlungsart empfiehlt sich hier?

Einzugsermächtigung:
Der Zahlungsempfänger (Telekom) wird schriftlich ermächtigt, die unterschiedlichen Beträge zu verschiedenen Zeitpunkten vom Konto des Zahlungsverpflichteten abzubuchen; ein Kontoauszug dient dann als Zahlungsbeleg.

118 Was ist ein Dauerauftrag?

Es ist der Auftrag an eine Bank, vom Konto des Kontoinhabers immer zum gleichen Termin denselben Betrag auf das Konto desselben Empfängers zu überweisen (z. B. Miete).

119 Welche Angaben enthält ein Kontoauszug?

- Kontonummer
- Name/Anschrift des Kontoinhabers
- Datum des Kontoauszuges
- alter/neuer Kontostand
- Zahlungseingänge/-ausgänge mit Datum und Erläuterungen (z. B. Überweisung, Barauszahlung, Scheckeinreichung, Dauerauftrag)

120 Hans Geber aus Kassel hat am 95-11-02 (bisher 02.11.95) beim Porzellanhaus Anger in Hannover ein 72teiliges Besteck bestellt, das am 95-11-12 (bisher 12.11.95) geliefert worden ist. Hans Geber erhält die Rechnung vom 95-11-14 (bisher 14.11.95) am 95-11-15 (bisher 15.11.95) und überweist den entsprechenden Betrag einen Tag später auf das angegebene Konto.

Füllen Sie den Überweisungsauftrag auf S. 253 entsprechend aus, und berechnen Sie dabei den richtigen Überweisungsbetrag. (Kontonummer von Hans Geber: 567890-338).

Porzellanhaus Anger & Co.

Porzellan · Bestecke · Haushaltsartikel

Porzellanhaus Anger & Co., Weststraße 81, 30019 Hannover

Herrn
Hans Geber
Berner Weg 12

34121 Kassel

Telefon (05 11) 39 37 12
Telefax (05 11) 39 38 16

Rechnung Nr. 07411-09
Versanddatum 12. November 1995

Ihre Zeichen, Ihre Nachricht vom	Unsere Zeichen	Unsere Nachricht vom	30019 Hannover
Bestellung vom 95-11-02	A-Se	95-10-16	95-11-14

Sehr geehrter Herr Geber,

wir stellen Ihnen für die Lieferung vom 12. November 1995 folgende Artikel in Rechnung:

Menge	Artikel	Einzelpreis DM	Gesamtpreis DM
1	72teiliges Besteck „Gourmet“	1.200,00	1.200,00

Wir hoffen, daß Sie mit der gelieferten Ware zufrieden sind und danken für Ihren Auftrag.

Freundliche Grüße

Anger

Zahlung innerhalb von 10 Tagen 3% Skonto, 30 Tage netto Kasse.

Kontonummer 875429-206 bei Postbank Hannover BLZ (250 100 30)

Überweisungsauftrag an
506540 Nord-Bank
Aktiengesellschaft
NB

Bitte möglichst mit Schreibmaschine ausfüllen.
Bei Handausschreibung, in Druckschrift und »GROSSBUCHSTABEN«

Empfänger: Name, Vorname / Firma

Konto-Nr. des Empfängers

Bankleitzahl

bei (Kreditinstitut)

Betrag: DM, Pf

Verwendungszweck - z. B. Kunden-Referenznummer - (nur für Empfänger)

noch Verwendungszweck (ggf. Anschrift des Auftraggebers: Straße, PLZ, Ort)

Auftraggeber: Name, Vorname / Firma

Konto-Nr. des Auftraggebers

20

02-150 7 92 1

Datum

Unterschrift

Berechnung des Überweisungsbetrages:		
Rechnungsbetrag	100%	1 200,00 DM
– Skonto	3%	36,00 DM
Überweisungsbetrag	97%	1 164,00 DM

Überweisungsauftrag an
506542 Nord-Bank
Aktiengesellschaft
NB

Bitte möglichst mit Schreibmaschine ausfüllen.
Bei Handausschreibung, in Druckschrift und »GROSSBUCHSTABEN«

Empfänger: Name, Vorname / Firma
PORZELLANHAUS ANGER & CO, HANN

Konto-Nr. des Empfängers
875429-206

Bankleitzahl
25010030

bei (Kreditinstitut)
POSTBANK HANNOVER

Betrag: DM, Pf
1164,00

Verwendungszweck - z. B. Kunden-Referenznummer - (nur für Empfänger)
RECHN-NR. 07411-09 VOM

noch Verwendungszweck (ggf. Anschrift des Auftraggebers: Straße, PLZ, Ort)
14.11.95 ABZÜGL. 3% SKONTO

Auftraggeber: Name, Vorname / Firma
HANS GEBER, 34121 KASSEL

Konto-Nr. des Auftraggebers
567890-338

20

02-150 7 92 1

15.11.95
Datum

Hans Geber
Unterschrift

Wirtschafts- und Sozialkunde

121 Wie heißen die gesetzlichen Bestandteile des Schecks?

- Ort der Bank
- Name der Bank
- Zahlungsaufforderung mit Betrag – in Worten
- Scheckklausel (das Wort „Scheck“)
- Ausstellungsort und -datum
- Unterschrift des Ausstellers

122 Anne erhält einen Barscheck. Welche Möglichkeiten hat sie, das Geld zu bekommen?

a) Sie kann ihn als Barscheck der Bank vorlegen; dann bekommt sie den Betrag bar ausgezahlt.
b) Sie kann einen Verrechnungsscheck daraus machen (Vermerk links oben: „Nur zur Verrechnung“); dann wird der Betrag ihrem Konto gutgeschrieben.

123 Bis zu welchem Betrag garantiert die Bank die Auszahlung eines Eurocheques (EC)?

Bis 400,00 DM;
für das Ausland gilt ein ähnlich hoher Betrag in entsprechender Auslandswährung. Näheres ist bei den Banken zu erfahren.

124 Welche Punkte müssen auf einem EC und der EC-Karte übereinstimmen?

- Name des Kreditinstitutes
- Kontonummer
- Kartennummer
- Unterschrift des Ausstellers

125 Welche Vorteile bietet die Verwendung eines EC?

- Einlösegarantie bis 400,00 DM ist gewährleistet.
- EC und EC-Karte werden nur an kreditwürdige Kunden ausgegeben.
- Die EC-Karte kann nur zusammen mit den passenden Schecks verwendet werden.
- Die EC-Karte kann auch zur Barabhebung von Geldautomaten und zum direkten bargeldlosen Bezahlen, z. B. in Geschäften oder Tankstellen, verwendet werden (electronic cash).

126 Welche Kreditkarten sind die bekanntesten in Deutschland?

- Eurocard
- American Express
- Visa
- Diners Club

127 Nennen Sie Vor- und Nachteile von Kreditkarten.

Vorteile:
- Der Karteninhaber gilt als kreditwürdig.
- Sie ist vielseitig verwendbar: Beschaffung von Bargeld, problemloses Bezahlen bei vielen Unternehmen.
- Es müssen nicht ständig Bargeld oder Schecks mitgeführt werden.

Nachteile:
- Kontrolle über Ausgaben kann verlorengehen; Überschätzung des eigenen finanziellen Spielraums.
- Bei Verlust der Karte ist ein Mißbrauch durch Fälschung der Unterschrift möglich.

128 Welche Funktionen hat ein Wechsel?

- Zahlungsmittel
- Kreditmittel
- Sicherungsmittel

3.8 Einkommen, Kredit, Sparen

129 Wie heißt das Einkommen, das an
a) Arbeiter,
b) Beamte,
c) Angestellte,
d) Auszubildende/Lehrlinge
gezahlt wird?

a) Löhne
b) Besoldung
c) Gehälter
d) Ausbildungsvergütung („Lehrlingsgehalt")

130 Welche sieben Einkunftsarten werden im Einkommensteuergesetz aufgeführt?

Einkünfte aus
1. Land- und Forstwirtschaft
2. Gewerbebetrieb
3. selbständiger Arbeit
4. nichtselbständiger Arbeit
5. Kapitalvermögen
6. Vermietung und Verpachtung
7. sonstigen Einkünften

131 Für die Berechnung des zu versteuernden Einkommens können unter anderem Werbungskosten vom Bruttoeinkommen abgezogen werden.
Was ist darunter zu verstehen?

Werbungskosten sind alle Aufwendungen, die der Erwerbung, Erhaltung und Sicherung der beruflichen Tätigkeit dienen, z. B. Fahrtkosten zur Arbeit/Berufsschule, Berufsbekleidung, Fach-/Schulbücher, Fortbildungskosten, Gewerkschaftsbeiträge.

132 Wer stellt die Lohnsteuerkarte aus?

die zuständige Gemeinde

133 Welche Angaben enthält die Lohnsteuerkarte?

- ausstellende Gemeinde
- zuständiges Finanzamt
- Name/Adresse/Geburtsdatum
- Steuerklasse
- Zahl der Kinder
- Kinderfreibeträge
- Konfession, auch des Ehepartners

134 Ein Hauswirtschafter heiratet und will die Steuerklasse auf seiner Steuerkarte ändern lassen.
a) Welche Steuerklasse galt bisher für ihn?
b) Welches ist die neue Steuerklasse (seine Ehefrau ist nicht berufstätig)?
c) Wer ändert die Steuerkarte?

a) **Steuerklasse I**
(gilt u.a. für Ledige)
b) **Steuerklasse III**
(gilt für Verheiratete, deren Ehegatten keinen Arbeitslohn beziehen)
c) das zuständige Finanzamt

135 Nach dem Steuergegenstand werden drei Steuerarten unterschieden. Welche sind diese?

1. **Besitzsteuer,** z.B.
Lohn- und Einkommensteuer, Gewerbesteuer, Grundsteuer
2. **Verkehrsteuer,** z.B.
Kfz-Steuer, Versicherungsteuer, Hundesteuer
3. **Verbrauchsteuer,** z.B.
Tabaksteuer, Mineralölsteuer, Getränkesteuer

136 Beschreiben Sie den Unterschied zwischen direkten und indirekten Steuern.

Direkte Steuern werden vom Steuerpflichtigen unmittelbar an das Finanzamt gezahlt; der „Steuerträger ist der Steuerzahler", z.B. Lohnsteuer, Hundesteuer.

Indirekte Steuern werden über den Preis bezahlt, z.B. Umsatzsteuer, die der Kunde (Steuerträger) an den Kaufmann (Steuerzahler) bezahlt.

137 Welche Steuern fließen
a) nur dem Bund,
b) nur den Ländern,
c) nur den Gemeinden,
d) diesen Gebietskörperschaften gemeinsam zu?

a) z.B. Tabaksteuer, Mineralölsteuer
b) z.B. Kfz-Steuer, Vermögensteuer, Grunderwerbsteuer
c) z.B. Grundsteuer, Hundesteuer, Gewerbesteuer
d) z.B. Umsatzsteuer, Lohn- und Einkommensteuer, Kapitalertragsteuer

138 Unterscheiden Sie die Kreditarten nach dem Verwendungszweck.

- Investitionskredite
- Konsumkredite

139 Welches sind die Merkmale eines Dispositionskredits (Dispo)?

- Das Gehaltskonto kann ohne formellen Kreditvertrag kurzfristig überzogen werden.
- Es sind keine besonderen Sicherheiten erforderlich.
- Zinsen werden nur berechnet, wenn das Konto überzogen wird.
- Kredithöhe beträgt meist das Zwei- bis Dreifache des Monatseinkommens.
- Der Kontoausgleich erfolgt meistens bei der nächsten Gehaltszahlung.

140 Wählen Sie die Kreditart aus, die sich vor allem für größere Anschaffungen im Haushalt eignet.

Raten- bzw. Anschaffungskredit:
- Laufzeit 1 bis ca. 6 Jahre
- fest vereinbarte Zinsen
- Zahlung fest vereinbarter Tilgungsraten (daher Ratenkredit)
- zusätzliche Kosten: einmalige Bearbeitungsgebühr

141 Welche Überlegungen sind vor Aufnahme eines Kredits zu machen?

- Ist das Sparen für eine Anschaffung günstiger (Ausnutzung von Skonto bei Barzahlung möglich)?
- Vergleich der Konditionen bei verschiedenen Banken/Sparkassen (Zinsen, Gebühren, Laufzeit usw.)
- Kann die Kreditbelastung finanziell und psychologisch über längere Zeit getragen werden?
- Ist ein Abzahlungskauf bei einer Anschaffung evtl. günstiger?

142 Wie ist ein Kredit bei einer Bürgschaft abgesichert?

Bei einer Bürgschaft verpflichtet sich eine andere Person (Bürge) vertraglich, für die Rückzahlung des Kredits einzustehen, falls der Hauptschuldner nicht bezahlt.

143 Welche Gesichtspunkte beeinflussen die Spartätigkeit?

Ertrag:
Wie verzinst (rentiert) sich das gesparte Kapital?

Verfügbarkeit:
Kann das angelegte Kapital schnell wieder in Bargeld umgewandelt werden?

Sicherheit:
Ist das Gesparte sicher, d. h. ohne Risiko, angelegt?

144 Nennen Sie vier wichtige Sparmöglichkeiten.

- Kontosparen (z. B. Sparbuch)
- Bausparen (Bausparvertrag)
- Versicherungen (z. B. kapitalbildende Lebensversicherung)
- Wertpapiere (z. B. Aktien, Anleihen, Sparbriefe, Pfandbriefe)

145 Wodurch unterstützt der Staat das Sparen?

– **Arbeitnehmersparzulage** (bei vermögenswirksamen Leistungen/VL)

– **Wohnungsbauprämie** (beim Bausparen)

– **steuerliche Förderung,** z. B. keine Versteuerung bestimmter Zinseinkünfte; Möglichkeit des Abzugs von Bausparbeiträgen bei der Einkommensteuererklärung

146 Erläutern Sie den Begriff Kaufkraft.

Die Kaufkraft (Realwert) ist der Tauschwert des Geldes und gibt an, wieviel Güter/Dienstleistungen für einen Geldbetrag zu bekommen sind.

147 Was ist das Merkmal einer Inflation?

Inflation bedeutet den Verlust von Kaufkraft. Sie entsteht, wenn die nachgefragte Gütermenge größer ist als das Angebot. Dadurch ist die umlaufende Geldmenge größer als die Gütermenge. Die Folge sind Preiserhöhungen der Güter (Inflation).

148 Wie wirkt sich eine Gehaltserhöhung von 5% einer Hauswirtschafterin auf die Kaufkraft aus, wenn im gleichen Jahr die Preise um 2% steigen?

Die Kaufkraft ist nur um 3% gestiegen, da ein Teil der Gehaltserhöhung von der Inflation wieder „verzehrt" wird.

149 Wie heißt die Summe aller Güter, die ein durchschnittlicher Haushalt in einem Jahr verbraucht?

Diese Gütermenge heißt **Warenkorb.** Im Warenkorb sind über 700 Positionen erfaßt, von der Stecknadel bis zur Waschmaschine, von der Zahncreme bis zum Heizöl. Der Gesamtpreis, der vom Statistischen Bundesamt (Wiesbaden) monatlich neu berechnet wird, ändert sich in der Regel von Monat zu Monat. Steigt der Gesamtpreis, so sind die Lebenshaltungskosten gestiegen. Der Preis des Warenkorbes drückt also die Kaufkraft des Einkommens eines Durchschnittshaushaltes aus.
Da sich die Lebensgewohnheiten ständig ändern, wird auch der Warenkorb von Zeit zu Zeit den geänderten Bedarfsstrukturen der Haushalte angepaßt: Einige Güter wurden 1995 herausgenommen (z.B. Mofa, Spaghetti), andere neu aufgenommen (z.B. Körnerbrot, PC).
Die Verbrauchsausgaben werden in einem Basisjahr gleich 100 gesetzt, damit der Lebenshaltungskosten-Index ermittelt werden kann. Ist der Index z.B. 1991 = 100 und 1995 = 112, sind die Lebenshaltungskosten für Güter des Warenkorbes in diesem Zeitraum insgesamt um 12% gestiegen.

3.9 Volkswirtschaftliche Grundlagen

150 In welche Arten werden die Bedürfnisse unterteilt?

Grund-, Existenz- bzw. Primärbedürfnisse (Nahrung, Kleidung, Wohnung)

Sekundärbedürfnisse:
a) Kulturbedürfnisse (Theater, Museum, Bildung, Kino usw.)
b) Luxusbedürfnisse (Schmuck, Motorboot, Luxusvilla usw.)

151 Definieren Sie den Begriff Bedarf?

Der Bedarf sind alle Bedürfnisse, die mit einem nachfragewirksamen Einkommen (Kaufkraft) befriedigt werden können.

152 Wovon kann der Bedarf eines Haushaltes abhängig sein?

- Höhe des Einkommens
- Größe der Familie
- soziale Schicht und Umgebung
- Lebensgewohnheiten/Ansprüche
- Alter, Bildung
- persönliche Situation der Familie (z. B. Arbeitslosigkeit)

153 Was bedeutet „Wirtschaften"?

Wirtschaften bedeutet die planende Tätigkeit, die knappen Güter so zu nutzen, daß die Bedürfnisse befriedigt werden können. Es sollen also die knappen Mittel möglichst sinnvoll verwendet werden.

154 Beschreiben Sie den Unterschied zwischen dem erwerbswirtschaftlichen und dem gemeinwirtschaftlichen Prinzip mit einem Beispiel.

Beim erwerbswirtschaftlichen Prinzip soll ein möglichst hoher Gewinn erzielt werden (Unternehmen), z. B. bei einem Reinigungsunternehmen oder Caterer.

Beim gemeinwirtschaftlichen Prinzip soll der öffentliche Bedarf gedeckt werden, z. B. bei gemeinnützigen Einrichtungen der freien Wohlfahrtsverbände oder Staatsbetrieben.

155 Wie werden Güter nach der Nutzungsdauer unterschieden?

a) **Gebrauchsgüter** (Auto, Möbel)
b) **Verbrauchsgüter** (Lebensmittel, Kosmetika, Benzin)

156 Ein Haushalt ist bestrebt, mit dem vorgegebenen Einkommen so viele und so gute Güter wie möglich zu bekommen.

Welches Prinzip liegt hier vor?

Maximalprinzip:
Mit gegebenen Mitteln soll ein möglichst hoher (maximaler) Nutzen erreicht werden.

157 Wie heißen die Funktionen, die ein lebensmittelverarbeitender Industriebetrieb im Rahmen der Gesamtwirtschaft erfüllt?

- Beschaffung
- Produktion
- Lagerung
- Absatz

158 Nennen Sie die drei volkswirtschaftlichen Produktionsfaktoren.

1. Arbeit
2. Natur/Boden
3. Kapital

159 Beschreiben Sie den Begriff Markt.

Der Markt ist das Aufeinandertreffen von Angebot und Nachfrage.

160 Nennen Sie einige Märkte.

a) Wertpapiermarkt (Börse)
b) Devisenmarkt (Börse)
c) Flohmarkt
d) Immobilienmarkt
e) Arbeitsmarkt
f) Rohstoffmarkt (z. B. Kaffee, Öl)
g) Wochenmarkt

161 Welche Marktformen werden nach der Anzahl der Marktteilnehmer unterschieden?

a) **Monopol:**
Es gibt nur einen Anbieter, z. B. Briefmarken – Post.

b) **Oligopol:**
Nur wenige Unternehmen bieten bestimmte Produkte an, z. B. Benzin – Mineralölkonzerne. →

▷ *Fortsetzung der Antwort* ▷

c) **Polypol:**
Viele Anbieter verkaufen bestimmte Produkte, z. B. Bekleidung – Textilhersteller.

162 Welche Merkmale gelten für den Idealtyp eines Marktes – den vollkommenen Markt?

- Alle Marktteilnehmer haben eine vollständige Übersicht über Mengen, Qualitäten und Preis aller Güter (Transparenz des Marktes).
- Alle Güter sind gleichartig hinsichtlich Größe, Qualität usw. (Homogenität der Güter).
- Es gibt keine Bevorzugungen, wo bestimmte Güter gekauft werden (keine Präferenzen).
- Alle Marktteilnehmer handeln nur nach wirtschaftlichen Gesichtspunkten (ökonomisches Prinzip).
- Es gibt keine zeitlichen Verzögerungen zwischen dem Zustandekommen von Nachfrage und Angebot (keine time-lags).

163 Beschreiben Sie die Situation des Gleichgewichtspreises.

Beim GG-Preis werden alle angebotenen Güter verkauft, und die gesamte Nachfrage nach Gütern wird zufriedengestellt. Das Angebot ist genauso hoch wie die Nachfrage.

164 Welche Begriffe passen zu den Ziffern in dem einfachen Wirtschaftskreislauf?

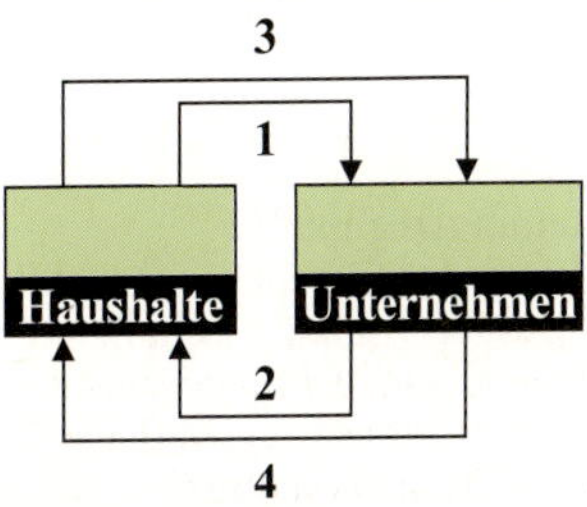

1 = Produktionsfaktor Arbeit
2 = Einkommen
3 = Konsumausgaben
4 = Güter und Dienstleistungen

165 Wie heißen die beiden Ströme, die in einem Wirtschaftskreislauf – in entgegengesetzte Richtung – fließen?

Güterströme
Geldströme

166 Wer ist außer den privaten Haushalten und Unternehmen noch in einem erweiterten Wirtschaftskreislauf beteiligt?

- Kreditinstitute (z. B. Banken, Sparkassen, Versicherungen)
- Staat
- Ausland

167 Haushalte und Unternehmen zahlen Steuern an den Staat.

Welche Gegenleistungen leistet der Staat dafür?

- Einkommen (z. B. Gehälter für Angestellte des Staates)
- öffentliche Einrichtungen (z. B. Schulen, Krankenhäuser, Altenheime)
- Infrastruktur (z. B. Straßen, Versorgungsnetze, Kommunikation)
- öffentliche Sicherheit (z. B. Polizei)
- soziale Leistungen (z. B. Arbeitslosengeld, BAföG, Renten, Kindergeld, Wohngeld)
- Subventionen an Unternehmen (z. B. für die Landwirtschaft, Werften)

168 Definieren Sie den Begriff Bruttosozialprodukt (BSP).

Das Bruttosozialprodukt ist die in DM bewertete Summe aller Güter und Dienstleistungen, die innerhalb eines Jahres von einem Volk erstellt wird.

169 Auf welche drei Arten wird das BSP errechnet?

Es gibt die

1. **Entstehungsrechnung:**
   Wer ist an der Erstellung des BSP beteiligt (z. B. Landwirtschaft, Industrie, Handwerk, Dienstleistungsbetriebe, Handel, Verkehr, Staat, private Haushalte)? →

▷ *Fortsetzung der Antwort* ▷

2. **Verteilungsrechnung:**
   An wen wird das Volkseinkommen (= Teil des BSP) verteilt (z. B. Einkommen aus unselbständiger Arbeit, Einkommen aus selbständiger Arbeit und Einkommen aus Vermögen)?
3. **Verwendungsrechnung:**
   Wie wird das BSP verwendet (z. B. privater oder staatlicher Verbrauch, Investitionen, Exporte und Importe)

170 Erläutern Sie den Unterschied zwischen dem nominalen und dem realen Sozialprodukt (SP).

Das nominale SP enthält alle Güter und Dienstleistungen, die für einen bestimmten Zeitraum zu Marktpreisen bewertet werden. Hierin sind also auch die Preissteigerungen enthalten. Wenn das nominale SP um die Preissteigerungen bereinigt wird, ergibt sich das reale SP.

Das reale SP gibt also eine genauere Auskunft darüber, in welchem Umfang die Menge an Gütern und Dienstleistungen gestiegen ist.

171 Welche Leistungen sind im Sozialprodukt nicht enthalten?

- Leistungen, die in privaten Haushalten unentgeltlich erbracht werden (Hausfrauenarbeit)
- Leistungen von Heimwerkern, Hobbybastlern usw.
- Schwarzarbeit

172 Seit 1992 wird in Deutschland der Begriff Bruttoinlandsprodukt verwendet.

Was ist darunter zu verstehen?

Es ist die in DM bewertete Menge an Gütern und Dienstleistungen, die in einem Jahr innerhalb eines Landes, also in Deutschland, erstellt werden. Dabei spielt es keine Rolle, ob die Leistungen von Deutschen oder Ausländern erbracht wurden.

173 Welche wirtschaftspolitischen Ziele sind im Stabilitätsgesetz festgelegt?

- **Preisniveaustabilität:** geringe Inflationsrate
- **Vollbeschäftigung:** niedrige Arbeitslosigkeit
- **stetiges und angemessenes Wirtschaftswachstum:** Steigerung des realen Sozialproduktes
- **außenwirtschaftliches Gleichgewicht:** Der Wert der Exporte soll dem Wert der Importe entsprechen.

174 Um welche zwei Ziele wurden die Ziele dieses „magischen Vierecks" erweitert?

1. gerechte(re) Verteilung des Einkommens und des Vermögens
2. lebenswerte Umwelt

175 Die Deutsche Bundesbank spielt im Rahmen der Wirtschaftspolitik eine entscheidende Rolle.

Nennen Sie hierzu drei wichtige Aufgaben der Deutschen Bundesbank.

1. Sicherung der Geldwertstabilität durch Regelung des Geldumlaufes und der Geldmenge
2. Versorgung der Haushalte, der Unternehmen und des Staates mit Krediten
3. Abwicklung des Zahlungsverkehrs mit dem Ausland

176 Was ist unter dem Begriff „Konjunktur" zu verstehen?

Konjunktur ist die ständig veränderte wirtschaftliche Situation eines Landes. Für die Konjunktur können verschiedene Indikatoren (Merkmale) genommen werden: Veränderungen des realen Sozialproduktes, Preise, Beschäftigungslage, Auftragseingänge, Gewinne der Unternehmen, Löhne/Gehälter, Zinsen, Auslastung der Produktionsanlagen usw.

177 Wie heißen die von 1 bis 4 bezeichneten Konjunkturphasen?

Geben Sie zu jeder Phase mindestens zwei Merkmale an.

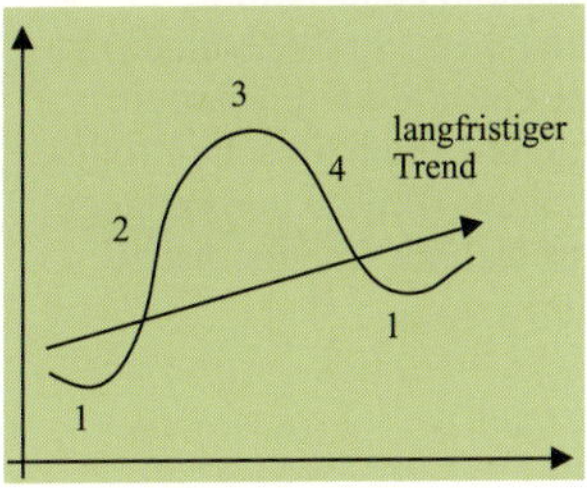

1 = Tiefstand (Depression)
- hohe Arbeitslosigkeit
- sehr geringe Produktion
- relativ stabile Preise und Zinsen
- kaum Lohnsteigerungen, Verluste bei den Unternehmen

2 = Aufschwung (Expansion)
- sinkende Arbeitslosigkeit
- steigende Produktion
- steigende Preise und Zinsen
- steigende Löhne, Unternehmen erzielen wieder Gewinne

3 = Hochkonjunktur (Boom)
- sehr geringe Arbeitslosigkeit, viele offene Stellen (Überbeschäftigung)
- volle Auslastung der Produktion, evtl. Überstunden
- hohe Preissteigerungen und Zinsen
- sehr hohes Lohnniveau, hohe Gewinne bei den Unternehmen

4 = Abschwung (Rezession)
- Entlassungen, steigende Arbeitslosigkeit
- Produktion geht zurück
- erste Preissenkungen und Zinsrückgang
- Löhne steigen kaum noch, Gewinne der Unternehmen schrumpfen bis zu Verlusten

178 Nennen Sie mindestens vier Gründe dafür, daß Außenhandel betrieben wird, und geben Sie jeweils ein typisches Beispiel an.

- ungleiche Verteilung von Rohstoffen und Energievorräten (z. B. Erdöl aus Saudi-Arabien, Erdgas aus Rußland, Gold aus Südafrika)
- bestimmte Fertigkeiten der Bevölkerung (z. B. Schweizer Uhren, Teppiche aus dem Orient)
- Klima und Beschaffenheit des Bodens (z. B. Kaffee aus Kolumbien, Tee aus Indien) →

▷ *Fortsetzung der Antwort* ▷

- Strukturen der Wirtschaft (z. B. landwirtschaftliche Produkte aus den Agrarstaaten)
- technischer Standard (z. B. Elektronik aus Japan)

179 Nennen Sie vier Produkte, die die Bundesrepublik Deutschland exportiert.

1. Straßenfahrzeuge (Autos, Eisenbahnen, Straßenbahnen)
2. chemische Produkte (Farben, Kosmetika, medizinische Produkte)
3. Maschinen (Produktionsanlagen)
4. Elektrotechnik (medizinische Geräte)

180 Welche drei Länder sind wichtigste Handelspartner Deutschlands
a) innerhalb der EU,
b) außerhalb der EU?

a) Frankreich
Italien
Niederlande

b) USA
Japan
Schweiz

3.10 Haushaltsstrukturen

181 Nennen Sie einige Beispiele von Dienstleistungsbetrieben.

a) **Groß- und Einzelhandel:** Lebensmittelmärkte, Textilfachgeschäfte, Drogerien

b) **Transport und Verkehr:** Reisegesellschaften, Speditionen, Taxiunternehmen, Busunternehmen

c) **Banken, Versicherungen, Bausparkassen:** Geschäftsbanken, Lebensversicherungen

d) **Freie Berufe:** Ärzte, Rechtsanwälte, Steuerberater, Architekten, Künstler, EDV-Berater

e) **öffentliche Betriebe:** Bahn, Krankenhäuser, Theater, Museen, Schwimmbäder, Verwaltungen, Versorgungsbetriebe (Strom, Gas, Wasser)

f) **Nachrichtenbetriebe:** Fernsehen, Rundfunk, Zeitungen

g) **Haushalte:** Altenheime, Kindertagesstätten, Privathaushalte

182 Nach welchen vier Merkmalen werden die verschiedenen Haushaltstypen untergliedert?

1. der Anzahl der Personen
2. der Anzahl der Personen und dem Haushaltseinkommen
3. den Phasen des Lebenszyklus
4. dem Grad der Marktabhängigkeit (= Haushaltsstrukturtypen)

183 Nennen Sie die Haushaltstypen, die nach den Phasen des Lebenszyklus unterschieden werden, in der logisch richtigen Reihenfolge.

1. Junggesellen- bzw. Single-Haushalt
2. kinderloser Junghaushalt
3. Familienhaushalt mit Kleinkind(ern)
4. Familienhaushalt mit Jugendlichen
5. kinderloser Altenhaushalt
6. Witwen- bzw. Witwerhaushalt

184 Durch welche wesentlichen Merkmale sind
a) der kinderlose Altenhaushalt,
b) der Witwen- bzw. Witwerhaushalt
gekennzeichnet?

a)
- weniger Arbeitsanfall, außer, wenn ein Partner pflegebedürftig wird
- Einkommen wird geringer (Rente)
- Ansprüche und Ausgaben vermindern sich
- „Pensionsschock" kann eintreten (Gefühl, nicht mehr gebraucht zu werden; Schwierigkeiten, die Freizeit sinnvoll auszufüllen)
- mögliche Kontaktverluste zu den Kindern (Kinder sind aus dem Haus gegangen)

b)
- geringer Arbeitsanfall
- Pflegebedürftigkeit (oft auf fremde Hilfe angewiesen)
- geringes Einkommen
- geringe Ansprüche und Ausgaben
- Vereinsamung möglich (Kinder, Bekannte, Nachbarn wenden sich ab oder der/die Verwitwete zieht sich zurück)

185 Welche drei Haushaltsstrukturtypen werden unterschieden?

1. Selbstversorgungshaushalt
2. Dienstleistungshaushalt
3. Vergabehaushalt

186 Beschreiben Sie das Wesen des Selbstversorgungshaushaltes.

- Güter/Dienstleistungen werden in eigener Arbeit (Eigenproduktion) nur für den eigenen Gebrauch hergestellt.
- Ein Einkommen wird in der Erwerbswirtschaft für diesen Zweck nicht verdient.
- Es sind handwerkliche und landwirtschaftliche Fertigkeiten erforderlich.
- Dieser Haushaltsstrukturtyp ist vom Markt weitgehend unabhängig.

187 Nennen Sie je drei Vor- und Nachteile des Dienstleistungshaushaltes.

Vorteile:
1. Die technische Ausstattung des Haushaltes erleichtert die Arbeit.
2. Das Angebot der verschiedenen Märkte kann genutzt werden.
3. Ein Teil der benötigten Güter und Dienstleistungen kann mit Hilfe der technischen Ausstattung selbst erstellt werden.

Nachteile:
1. Das für die Versorgung notwendige Geld muß durch Erwerbstätigkeit verdient werden.
2. Es besteht eine recht hohe Marktabhängigkeit, da nicht alles, was im Haushalt benötigt wird, selbst erstellt werden kann.
3. Es muß der Umgang mit den technischen Geräten bekannt sein.

188 Nennen Sie mindestens sechs Beispiele von Gütern/Dienstleistungen, die ein Vergabehaushalt vom Markt bezieht.

1. Fertiggerichte
2. Essen in Kantinen/Gaststätten
3. Pflege von Kranken durch eine Sozialstation
4. Hausarbeiten werden durch eine Hauswirtschafterin durchgeführt
5. Obstbäume ausschneiden lassen durch einen Gärtner
6. Reinigung und Bügeln der Wäsche durch eine Wäscherei
7. Die schulpflichtigen Kinder besuchen ein Ganztagsinternat
8. Wagen in einer Waschanlage waschen lassen

189 Erläutern Sie die Marktabhängigkeit des Vergabehaushaltes.

Da der Vergabehaushalt alle Güter und Dienstleistungen vom Markt bezieht, ist er völlig abhängig. Änderungen des Marktes (z. B. Preiserhöhungen) wirken sich unmittelbar aus. Es sind ein hohes Einkommen und gute Marktkenntnisse erforderlich.

190 Welcher Haushaltsstrukturtyp gehört jeweils zu den Buchstaben in der Skizze?

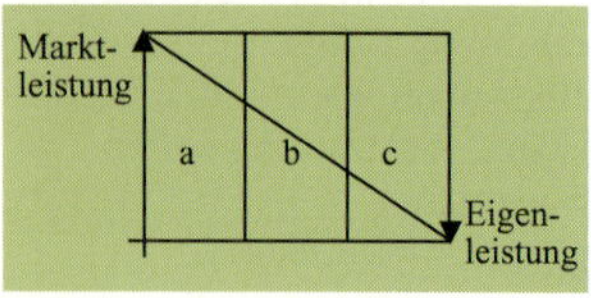

a) Vergabehaushalt
b) Dienstleistungshaushalt
c) Selbstversorgungshaushalt

191 Von welchen Bedingungen kann die Zugehörigkeit zu einem Haushaltsstrukturtyp abhängig sein?

- soziales Umfeld
- gewünschter Lebensstandard
- Anzahl der Personen
- zur Verfügung stehendes Einkommen
- Welche Arbeit können und wollen die Haushaltsmitglieder im Haushalt leisten?

3.11 Politische Grundfragen

192 Wie heißen die beiden Stimmen, die bei den Wahlen zum Deutschen Bundestag abgegeben werden, und welche Bedeutung haben sie jeweils?

1. **Erststimme**
   Mit dieser Stimme wird der Direktkandidat des Wahlkreises gewählt.
2. **Zweitstimme**
   Diese Stimme gilt für die Landesliste einer Partei und bestimmt die Gesamtanzahl der Abgeordneten einer Partei.

193 Worin besteht der Unterschied zwischen dem öffentlichen Recht und dem Privatrecht?

Das öffentliche Recht regelt die Rechtsbeziehungen zwischen dem Staat und den Bürgern/Bürgerinnen, **das Privatrecht** regelt die Rechtsbeziehung der Menschen untereinander.

194 In welchem Gesetz sind überwiegend die privatrechtlichen Beziehungen der Menschen geregelt?

im Bürgerlichen Gesetzbuch (BGB)

195 In der Bundesrepublik ist die Staatsgewalt dreigeteilt.

Welche drei Teile sind dies?

- **gesetzgebende Gewalt/Legislative** (Bundestag, Bundesrat, Parlamente der Länder)
- **vollziehende, ausführende Gewalt/Exekutive** (Bundesregierung, Länderregierungen)
- **rechtsprechende Gewalt/Judikative** (Bundesverfassungsgericht, oberste Gerichtshöfe, Gerichte der Länder)

196 Wie heißen die obersten Gerichtshöfe des Bundes?

- Bundesgerichtshof
- Bundesarbeitsgericht
- Bundesverwaltungsgericht
- Bundessozialgericht
- Bundesfinanzhof

197 Aus welchen Mitgliedern besteht die Bundesversammlung?

je zur Hälfte aus Mitgliedern des Bundestages (662) und der Länderparlamente (662)

198 Nennen Sie sechs Aufgaben des Bundespräsidenten.

1. Repräsentation nach innen und nach außen
2. Prüfung, Unterzeichnung und Verkündigung von Bundesgesetzen
3. Vorschlag, Ernennung und Entlassung des Bundeskanzlers
4. Ernennung und Entlassung der Bundesminister
5. Ernennung und Entlassung der Bundesrichter, Bundesbeamten und Offiziere
6. Begnadigungsrecht

199 Durch welches Organ können die Bundesländer bei der Gesetzgebung und Verwaltung des Bundes mitwirken?

Bundesrat; die Mitglieder des Bundesrates werden von den Länderparlamenten gestellt

200 Wer wählt den Bundespräsidenten?

die Bundesversammlung

201 Welche Amtsbezeichnung und welchen Namen trägt der/die zweithöchste Bürger(in) in Deutschland?

Bundestagspräsident(in)
Rita Süssmuth

202 Was ist unter „passivem Wahlrecht" zu verstehen?

Wählbar ist, wer
- wahlberechtigt ist,
- das 18. Lebensjahr vollendet hat,
- seit mindestens einem Jahr ein Deutscher ist.

203 Wie heißen die fünf Wahlgrundsätze, nach denen die Abgeordneten des Deutschen Bundestages gewählt werden?

1. allgemein
2. unmittelbar
3. frei
4. gleich
5. geheim

204 Nennen Sie die Hauptstädte zu folgenden Bundesländern:

a) Rheinland-Pfalz

b) Sachsen-Anhalt

c) Niedersachsen

d) Sachsen

e) Hessen

f) Schleswig-Holstein

g) Mecklenburg-Vorpommern

h) Baden-Württemberg

a) Mainz
b) Magdeburg
c) Hannover
d) Dresden
e) Wiesbaden
f) Kiel
g) Schwerin
h) Stuttgart

3.12 Unternehmensformen

205 Welche Vorteile bietet die Rechtsform der Einzelunternehmung?

- Der Inhaber hat alleinigen Anspruch auf den Gewinn.
- Der Inhaber leitet allein das Unternehmen.
- Entscheidungen können schnell und ohne Rücksprache getroffen werden.

206 Nennen Sie drei Arten von Personengesellschaften.

1. OHG
2. KG
3. GmbH & Co. KG

207 Welche Art von Unternehmen sind die AG und die GmbH?

Kapitalgesellschaften

208 Wie ist die Haftung bei der OHG geregelt?

- unbeschränkt
- unmittelbar
- solidarisch

209 Wie heißen bei der KG die Gesellschafter, die
a) nur mit ihrem Geschäftsvermögen
b) mit ihrem Geschäfts- und Privatvermögen haften?

a) Kommanditisten (Teilhaber)
b) Komplementäre (Vollhafter)

210 Wie heißt das Mindestkapital
a) bei der AG,
b) bei der GmbH,
und wieviel beträgt es?

a) Grundkapital
100 000,00 DM
b) Stammkapital
50 000,00 DM

211 Wie heißen die Organe einer Aktiengesellschaft?

- Vorstand
- Aufsichtsrat
- Hauptversammlung

212 Wie heißt der Gewinnanteil, der auf jede Aktie entfällt?

Dividende

213 Was ist eine Ein-Mann-GmbH?

Es ist eine GmbH, die nur einen Gesellschafter hat.

214 Wie wird der Gewinn bei der GmbH verteilt?

Der Gewinn wird nach den Anteilen der Gesellschafter am Stammkapital verteilt.

215 Der Vollhafter Bernd Weber und der Teilhafter Klaus Enger gründen eine KG.
Wie können sie firmieren?

- Bernd Weber & Co.
- Weber KG
- B. Weber KG

Der Name des Teilhafters darf in der Firma nicht erscheinen.

216 Welche wirtschaftliche Bedeutung hat die AG?

- geeignet für Großunternehmen
- Beschaffung hohen Kapitals über die Börse möglich
- Arbeitnehmer können durch Aktienkauf Eigentum an Produktivvermögen erwerben
- Aktionäre können die Grundlagen der Geschäftspolitik mitbestimmen

217 Wieviel Personen sind zur Gründung
a) einer AG,
b) einer Genossenschaft
erforderlich?

a) fünf
b) sieben

218 Welche grundsätzliche Zielsetzung hat eine e. G. (eingetragene Genossenschaft)?

- gemeinsames Handeln aller Mitglieder (Genossen)
- Erleichterung und Verbesserung der Erwerbsmöglichkeiten und anderer wirtschaftlicher Ziele der Genossen (wirtschaftliche Förderung)

219 Wie heißt das Gesetz, das die Zusammenschlüsse von Unternehmen regelt?

Gesetz gegen Wettbewerbsbeschränkungen (GWB) („Kartellgesetz")

220 Was ist ein Konzern?

Es ist ein Unternehmenszusammenschluß unter einheitlicher Leitung von rechtlich selbständigen Unternehmen, die ihre wirtschaftliche Selbständigkeit teilweise aufgeben. Es gibt horizontale (gleiche Wirtschaftsstufen) und vertikale (verschiedene Wirtschaftsstufen) Konzerne.

221 Welche Gründe können für den Zusammenschluß von Unternehmen zu einem Konzern sprechen?

- Kapitalaufbringung
- dadurch höheres Kreditansehen
- gemeinsame Nutzung von Betriebsmitteln, z. B. Außendienst
- Zusammenarbeit bei technologischer Entwicklung
- besserer Einsatz von Spezialisten möglich

222 In welchen öffentlichen Registern wird

a) die „Süßwaren AG"
b) der Kegelverein „Alle Neune e. V."
c) die „Dachdecker-Einkauf e. G."

eingetragen?

a) Handelsregister (Abteilung B)
b) Vereinsregister
c) Genossenschaftsregister

4 Fachrechnen

4.1 Grundrechenarten

1 Nadine hat 513,25 DM auf ihrem Sparbuch und zahlt 65,50 DM, 25,00 DM und 29,30 DM ein. Wie hoch ist das Guthaben?	633,05 DM
2 Eine Stadt hatte 1994 45 965 Einwohner, 1995 noch 43 718. Wieviel sind es weniger geworden?	2 247 Einwohner
3 Maren besitzt 155,00 DM. Sie kauft einen Pullover für 49,90 DM, eine CD für 24,95 DM und Kuchen für 4,50 DM. Wieviel DM hat sie noch?	75,65 DM
4 Ein Schweinebraten kostet 14,60 DM/kg. Wieviel kostet ein Stück von 1,400 kg?	20,44 DM
5 Wieviel Gramm Kaffeepulver sind für 20 Personen notwendig, wenn jeder Gast 0,4 l Kaffee bekommen soll? (45 g für 1 Liter)	360 g
6 Kopfrechnen: **a) $13 \cdot 25$** **b) $11 \cdot 17$** **c) $12 \cdot 3 \cdot 5$** **d) $15{,}5 \cdot 6$** **e) $120 \cdot 0{,}6$**	 a) 325 b) 187 c) 180 d) 93 e) 72
7 Rechnen Sie im Kopf: **a) 60 : 12** **b) 119 : 17** **c) 625 : 25** **d) 66 : 16,5** **e) 45 : 18**	 a) 5 b) 7 c) 25 d) 4 e) 2,5

[8] Die Gesamtkosten für ein Auto betragen im Jahr bei 16200 gefahrenen Kilometern 9396,00 DM. **Was kostet ein Kilometer?**	0,58 DM je Kilometer
[9] Für einen 12tägigen Urlaub hat Jens 414,00 DM Taschengeld. **Wieviel kann er durchschnittlich am Tag ausgeben?**	34,50 DM
[10] Wieviel Gläser mit 0,2 l Inhalt können aus einer 1-l-Flasche Mineralwasser gefüllt werden?	5 Gläser
[11] Wieviel Portionen zu 150 g können aus einem Stück Fleisch von 1,100 kg zubereitet werden, wenn beim Braten ein Verlust von 200 g entsteht?	6 Portionen
[12] Für das Reinigen von vier Zimmern werden drei Stunden benötigt. **Wieviel Zeit wird für ein Zimmer gebraucht?**	0,75 Stunden = 45 Minuten
[13] Es soll eine Decke, für die 2,40 m Stoff benötigt werden, genäht werden. **Wieviel darf 1 m höchstens kosten, wenn 53,00 DM zur Verfügung stehen und für Kleinmaterial 9,80 DM anzusetzen sind?**	18,00 DM

4.2 Maße, Gewichte, Flächen

[14] Eine Kaffeekanne faßt 1,4 l.
Wieviel Becher zu 200 ml können ausgeschenkt werden?

7 Becher

[15] Wieviel Eimer Wasser mit 10 l Inhalt müssen in ein Bassin mit 2,5 m^3 Fassungsvermögen gefüllt werden?

250 Eimer

[16] Ein Topf hat einen Durchmesser von 20 cm und ist 30 cm hoch.
Wieviel Liter faßt der Topf, wenn er bis 5 cm unter den Rand gefüllt sein soll? (π = 3,14)

7,850 Liter

[17] Ein Wohnraum mit einer Breite von 5,40 m und einer Länge von 4,50 m soll mit Parkett belegt werden.
Für die Kaminecke ist eine Fläche von 1,50 m · 1,60 m auszusparen.
Wieviel Quadratmeter sind notwendig?

21,9 m^2

[18] Ein Garten mit dem abgebildeten Grundriß soll eingezäunt werden.
Wieviel Meter Zaun werden gebraucht?

41,80 m

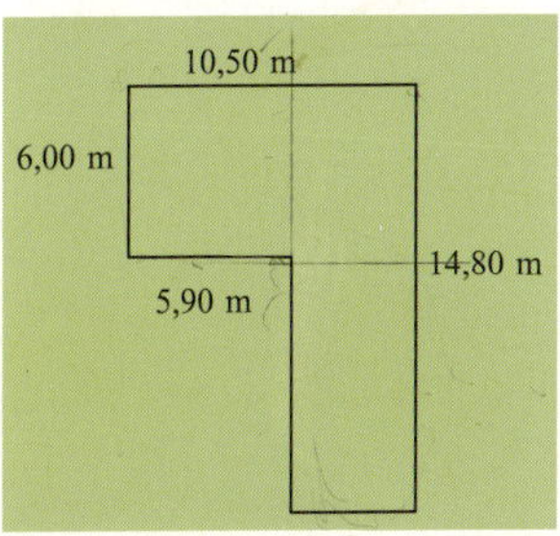

19 Wie groß sind der Umfang und die Fläche eines Rechtecks mit den Seitenlängen 16 cm und 5,5 cm?

Umfang: 43 cm
Fläche: 88 cm^2

20 Für ein Regal werden sieben Bretter mit den Maßen 80 cm · 25 cm benötigt. Ein Quadratmeter kostet 22,00 DM.

a) Wieviel Quadratmeter sind das insgesamt?

b) Wieviel DM müssen für die sieben Bretter bezahlt werden?

c) Wieviel Meter Umleimer werden für die sichtbaren Kanten der Bretter benötigt?

a) 1,4 m^2
b) 30,80 DM
c) 9,10 m

21 Ein Swimmingpool ist 6 m lang, 4,50 m breit und 2,20 m hoch.

a) Wieviel Liter Wasser sind einzulassen, wenn der Pool bis 40 cm unter den Rand gefüllt werden soll?

b) Wie lange dauert es, den Pool zu füllen, wenn pro Minute 90 l eingelassen werden können?

a) 48 600 l
b) 540 Minuten
= 9 Stunden

22 Aus einem runden Waschmitteleimer, der einen Durchmesser von 40 cm und eine Höhe von 50 cm hat, soll ein Papierkorb gemacht und mit Folie beklebt werden.

a) Welche Fläche hat der Mantel des Papierkorbes?

b) Welches Volumen hat der Papierkorb?

a) 6 280 cm^2
= 0,628 m^2
b) 62 800 cm^3
= 62,8 Liter

23 An einem Tisch mit einem Durchmesser von 2,10 m soll für eine Kaffeetafel eingedeckt werden.

Wieviel Personen haben an dem Tisch Platz, wenn pro Person 70 cm Platz gerechnet werden?

9 Personen

[24] In einem Restaurant wurden folgende Mengen Bier verkauft:

314 Gläser	**je 0,2 l**	**2,30 DM/Glas**
225 Gläser	**je 0,3 l**	**3,40 DM/Glas**
129 Gläser	**je 0,5 l**	**5,50 DM/Glas**

a) Wieviel Liter wurden insgesamt verkauft?

b) Welcher Gesamtumsatz wurde erzielt?

a) 194,80 l
b) 2 196,70 DM

[25] Aus einer 0,75-l-Flasche Himbeergeist sind bereits 6 Gläser mit je 4 cl ausgeschenkt.

Wieviel Gläser mit 4 cl wurden noch verkauft, wenn 19 cl übriggeblieben sind?

8 Gläser

4.3 Dreisatz

26 Ein Auto verbraucht auf einer Strecke von 260 km insgesamt 22,1 l Benzin. a) Wie hoch ist der Durchschnittsverbrauch auf 100 km? b) Wieviel Liter werden bei einer Strecke von 460 km verbraucht?	a) 8,5 l b) 39,1 l
27 100 g Aufschnitt kosten 0,98 DM. Wie teuer sind 375 g?	3,68 DM
28 Ein Getränkevorrat reicht 12 Tage, wenn täglich zwei Flaschen entnommen werden. Wie lange reicht derselbe Vorrat, wenn sich der Tagesverbrauch auf drei Flaschen erhöht?	8 Tage
29 Für Bauarbeiten brauchen sechs Arbeiter 24 Tage. Um wieviel Tage erhöht sich die Arbeitszeit, wenn wegen Krankheit nur vier Arbeiter zur Verfügung stehen?	12 Tage
30 Aus 12 Orangen können vier Gläser Saft gepreßt werden. Aus wieviel Orangen können sieben Gläser gepreßt werden?	21 Orangen
31 Sechs Personen verbrauchen in 20 Tagen insgesamt 30 kg Kartoffeln. Wieviel kg verbrauchen neun Personen in 35 Tagen?	78,750 kg
32 Ein Teppichboden für einen Raum, der 6,30 m lang und 5,50 m breit ist, kostet 866,25 DM. Wie teuer ist der gleiche Teppichboden für einen Raum mit 4,65 m · 3,60 m?	418,50 DM

33 Eine Reinigungskolonne mit neun Arbeitern bekommt bei einer täglichen Arbeitszeit von acht Stunden in 13 Tagen insgesamt 18 252,00 DM Arbeitslohn. **Wieviel bekommt eine andere Kolonne (elf Arbeiter), die täglich 7,5 Stunden arbeitet und zehn Tage beschäftigt ist?**	16 087,50 DM
34 Ein Kopf Rotkohl wiegt 1 280 g. **Was kostet er bei einem kg-Preis von 1,65 DM?**	2,11 DM
35 In einem Geschäft wird Zucker angeboten: **Das 1-kg-Paket kostet 1,79 DM, das 2,5-kg-Paket 4,69 DM. Es werden 5 kg gebraucht.** **Was kostet das günstigere Angebot?**	8,95 DM
36 Für das Nähen von 192 Kitteln benötigen sechs Näherinnen acht Stunden. **Wieviel Näherinnen müssen zusätzlich eingestellt werden, wenn 180 Kittel in fünf Stunden anzufertigen sind?**	3 Näherinnen
37 Meike fährt nach Holland in Urlaub und tauscht 370,00 DM in Gulden um. **Wieviel Gulden (NLG) erhält sie, wenn 100 NLG 31,25 DM kosten?**	1.184 NLG
38 Ein Stück Rindfleisch mit 2 450 g kostet 47,78 DM. **Wie hoch ist der Kilopreis?**	19,50 DM
39 Ein Stück Goldbarsch von 230 g hat 1 012 kJ. **Wieviel kJ hat ein Stück von 85 g?**	374 kJ
40 Der Energiebedarf eines Mannes (70 kg) beträgt 6 800 kJ. **Wieviel Gramm Vollkornbrot (100 g = 870 kJ) decken 1/4 seines Tagesbedarfs (auf volle Gramm abrunden)?**	195 Gramm

4.4 Durchschnitt, Verteilung, Mischungen

41 Peter tankt zunächst 55 l Benzin für 84,70 DM und dann noch einmal 38 l für 59,66 DM.

Was kostet ein l Benzin im Durchschnitt (auf ganze Pfennig abrunden)?

1,55 DM

42 In einem Sonderangebot kaufen wir verschiedene Küchengläser:

6 Stück zu je 1,60 DM
4 Stück zu insgesamt 11,00 DM
5 Stück zu je 3,70 DM.

Wie ist der durchschnittliche Preis für ein Glas?

2,61 DM

43 Es werden drei Sorten gemischt:

Sorte I	**5 kg zu je 8,40 DM**
Sorte II	**8 kg zu je 9,20 DM**
Sorte III	**12 kg zu je 7,65 DM**

Was kostet ein Kilogramm der Mischung?

8,30 DM

44 In einer Berufsschulklasse mit 21 Schülern wird in einer Klassenarbeit folgendes Ergebnis erzielt:

Vier Schüler haben die Note 1
Drei Schüler haben die Note 2
Sechs Schüler haben die Note 3
Fünf Schüler haben die Note 4
Drei Schüler haben die Note 5

Wie lautet die Durchschnittsnote?

3,0

45 Drei Personen haben gemeinsam im Lotto gespielt und 108,50 DM gewonnen. Der Gewinn soll nach dem Einsatz verteilt werden.
A hat 15,00 DM, B 7,00 DM und C 9,00 DM eingesetzt.

Wieviel erhält jeder?

A: 52,50 DM
B: 24,50 DM
C: 31,50 DM

46 Für die Herstellung einer Fruchtsaftmischung wird Pfirsichsaft, Orangensaft und Zitronensaft im Verhältnis 3 : 5 : 1 gemischt. **Wieviel Liter Pfirsichsaft sind zu nehmen, wenn insgesamt 13,5 l der Mischung hergestellt werden sollen?**	4,5 l
47 Zwei Sorten Kaffee sollen zu einer neuen Sorte gemischt werden. Sorte I kostet 16,20 DM je kg, Sorte II 20,10 DM je kg. Der Kilopreis der Mischung soll 17,50 DM betragen. **a) In welchem Verhältnis sind die Sorten I und II zu mischen?** **b) Wieviel kg sind von Sorte II zu nehmen, wenn von Sorte I 2,5 kg genommen werden?**	a) Mischungsverhältnis 2 : 1 b) 1,250 kg
48 Wieviel 0,75-l-Flaschen 80%igen Alkohols müssen zu 3 l 38%igem Himbeergeist hinzugefügt werden, um einen 52%igen Verschnitt zum Flambieren zu erhalten?	2 Flaschen
49 Ein Gewinn einer Gesellschaft wird verteilt. A bekommt $^1/_2$, B bekommt $^1/_3$ und C den Rest in Höhe von 2540,00 DM. **Welche Anteile erhalten A und B?**	A: 7620,00 DM B: 5080,00 DM
50 Die Heizkosten eines Dreifamilienhauses von insgesamt 3420,00 DM sind im Verhältnis der Wohnungsgrößen zu verteilen: **Erdgeschoß: 70 m²** **1. Etage: 65 m²** **Dachgeschoß: 45 m²** **Welcher Anteil entfällt jeweils auf die drei Wohnungen?**	Erdgeschoß: 1330,00 DM 1. Etage: 1235,00 DM Dachgeschoß: 855,00 DM

4.5 Prozentrechnung, Zinsrechnung

51 Von 56 Personen sind 14 Personen Brillenträger. Wieviel Prozent sind das?	25 %
52 Der Einkaufspreis eines Küchenschrankes beträgt einschließlich 15 % Umsatzsteuer 393,30 DM. Wie hoch ist der Nettoeinkaufspreis?	342,00 DM
53 Die Rechnung über einen Schrank wird nach Abzug von 15 % Rabatt noch mit 2 150,50 DM beglichen. Wie hoch war der ursprüngliche Rechnungspreis?	2 530,00 DM
54 Der Preis für ein Paket Waschmittel ist von 12,50 DM auf 13,20 DM erhöht worden. Wieviel Prozent beträgt die Preiserhöhung?	5,6 %
55 Beim Schälen von Kartoffeln wird mit einem Schälverlust von 20 % gerechnet. Wieviel Kartoffeln sind zu schälen, wenn neun Portionen mit je 120 g zubereitet werden sollen?	1,350 kg
56 Von einer Rechnung über 536,50 DM können 3 % Skonto abgezogen werden. Welcher Betrag muß noch bezahlt werden?	520,41 DM
57 Beim Putzen von Möhren ensteht ein Putzverlust von 15 %. Wieviel Portionen von je 125 g können zubereitet werden, wenn 1,700 kg eingekauft werden?	11 Portionen

58 **Ein Stück Schweinenacken von 1,400 kg wiegt nach dem Braten noch 1050 g.** **Wieviel Prozent beträgt der Bratverlust?**	25 %
59 **An einer Familienfeier nehmen 32 Gäste teil. Es werden 21 Gerichte zu je 22,00 DM und 11 Gerichte zu je 26,00 DM verzehrt.** **Wieviel DM beträgt der Anteil der Umsatzsteuer an der Gesamtrechnung (USt-Satz 15 %)?**	97,56 DM
60 **Für einen Kindergeburtstag sollen 30 Portionen Pommes frites zu je 160 g zubereitet werden. Der Schäl- und Schneideverlust beträgt insgesamt $33^1/_3$ %.** **Wieviel kg Kartoffeln müssen verarbeitet werden?**	7,200 kg
61 **Das Verpackungsgewicht (= Tara) beträgt 14 % = 420 g.** **Wie hoch ist das Nettogewicht des Paketes?**	2,580 kg
62 **Ein Jugendlicher hat einen Tagesbedarf von 1,8 g Kalium. In 100 g magerer Leberwurst sind 140 mg enthalten.** **Wieviel Prozent des Tagesbedarfs können damit gedeckt werden?**	7,8 %
63 **Das Gehalt eines Angestellten wird um 4 % auf 3660,80 DM erhöht.** **a) Wieviel DM beträgt die Gehaltserhöhung?** **b) Wie hoch war das alte Gehalt?**	a) 140,80 DM b) 3520,00 DM
64 **Der Preis eines Elektrogerätes wurde erst um 10 % erhöht, dann wieder um 15 % gesenkt und beträgt jetzt 748,00 DM.** **a) Wie hoch war der alte Preis?** **b) Wieviel Prozent, bezogen auf den alten Preis, beträgt die gesamte Preisveränderung?**	a) 800,00 DM b) 6,5 %

[65] Claudia legt 850,00 DM für 7 Monate zu 4 % Zinsen auf einem Sparbuch an. **Welchen Betrag hat sie insgesamt nach Ablauf dieser Zeit?**	869,83 DM
[66] Ein Kapital bringt in 50 Tagen 40,63 DM Zinsen. **Welcher Betrag war angelegt worden?**	6 500,80 DM
[67] Zu welchem Zinssatz war ein Betrag von 2 700,00 DM angelegt worden, für den in einem Vierteljahr 20,25 DM Zinsen gezahlt wurden?	3 %
[68] Für einen Kredit von 11 000,00 DM, der zu einem Zinssatz von 9 % ausgeliehen war, wurden 577,50 DM Zinsen berechnet. **Wie lange war der Kredit ausgeliehen?**	210 Tage bzw. 7 Monate
[69] Ein Unternehmen arbeitet mit einem Kapitaleinsatz von 1,4 Mio. DM. Der in einem Jahr erwirtschaftete Gewinn beträgt 86 800,00 DM. **Wieviel Prozent beträgt die Verzinsung des Kapitals (= Rentabilität)?**	6,2 %
[70] Sören nimmt bei seiner Bank einen Kredit von 4 000,00 DM zu 9 % auf. **Wieviel DM Zinsen sind monatlich zu bezahlen?**	30,00 DM
[71] Auf einem Sparbuch haben sich innerhalb von 8 Monaten 1 299,75 DM auf 1 317,08 DM vermehrt. **Welcher Zinssatz liegt zugrunde?**	2 %
[72] Berechnen Sie die Zinstage: **a) 05-16 (16.05.) – 07-31 (31.07.)** **b) 11-01 (01.11.) – 02-28 (28.02.)** **c) 04-13 (13.04.) – 06-30 (30.06.)** **d) 01-02 (02.01.) – Ende Februar**	a) 74 Tage b) 117 Tage c) 77 Tage d) 56 Tage

73 Am 03-29 (29.03.) werden 5900,00 DM zu 3,5 % auf ein Sparbuch eingezahlt. Welcher Betrag einschließlich 3,5 % Zinsen wird am 10-09 (09.10.) ausbezahlt?	6008,99 DM
74 Ein Kredit von 2950,00 DM wurde am 10-26 (26.10.) einschließlich 8 % Zinsen mit insgesamt 2979,50 DM zurückgezahlt. a) Wie lange war der Kredit ausgeliehen? b) Wann wurde der Kredit ausgeliehen?	a) 45 Tage b) am 09-11 (11.09.)
75 Herr Knausrig hat eine Rechnung über 835,90 DM, die am 07-14 (14.07.) fällig war, nicht bezahlt. Wieviel muß er am 09-12 (12.09.) bezahlen, wenn ihm 9,5 % Verzugszinsen und zusätzlich 4 % des Rechnungsbetrages als Mahngebühr berechnet werden?	Rechnungsbetrag: 835,90 DM Zinsen für 88 Tage: 19,41 DM Mahngebühr: 33,44 DM Gesamtbetrag: 888,75 DM
76 Wie lange müssen 8000 DM angelegt sein, wenn bei 5 % Zinsen 150,00 DM erzielt werden sollen und der Betrag am 12-21 (21.12.) eingezahlt wird?	135 Tage, also bis zum 05-06 (06.05.) nächsten Jahres
77 In einer Zeitungsannonce heißt es: „Sofortkredit 5000,00 DM. Rückzahlung nur 5300,00 DM nach 100 Tagen!“ Welcher Zinssatz liegt hier zugrunde?	21,6 %

4.6 Buchführung, Kostenrechnung (Rechnungswesen)

78 Welche drei allgemeinen Aufgaben des Rechnungswesens im privaten Haushalt gibt es?

1. **Buchführung:**
   Planung und Kontrolle von Einnahmen und Ausgaben
2. **Wirtschaftlichkeitsrechnung:**
   Kosten erfassen und vergleichen und günstige Alternativen ermitteln
3. **Bestandsrechnung:**
   Feststellung von Vermögen und Schulden

79 Welche Aufgaben hat ein Haushaltsplan?

- laufende Kontrolle über alle Einnahmen und Ausgaben
- Kontrolle des Bargeldbestandes
- Erfassung aller in Anspruch genommenen Güter/Dienstleistungen
- Preisvergleich zwischen den Monaten und Jahren möglich
- Möglichkeiten des Sparens werden erkannt
- Möglichkeiten der Eigenleistung werden erkannt

80 Welche Grundsätze (der ordnungsgemäßen Buchführung) sind bei der Führung eines Haushaltsplanes zu beachten?

- Alle Eintragungen müssen vollständig und richtig sein.
- Die Eintragungen müssen so bald wie möglich vorgenommen werden, d. h. die Aufzeichnungen müssen stets aktuell (= zeitnah) sein.
- Für die Eintragungen müssen Belege als Grundlage dienen („keine Buchung ohne Beleg“).
- Die Belege müssen – möglichst zwei Jahre – aufbewahrt werden.
- Belege und Aufzeichnungen dürfen nicht gefälscht werden (Radierungen, Tintenkiller usw.).

81 Für welchen Zeitraum soll ein Haushaltsplan erstellt werden?

- auf jeden Fall monatlich
- möglichst auch über einen längeren Zeitraum hinaus (Vierteljahr, Halbjahr, Jahr, damit auch einmalige bzw. unregelmäßige Einnahmen/Ausgaben erfaßt werden)

82 Wonach kann sich die Höhe der Ausgaben eines Haushaltes richten?

a) nach der Anzahl der Mitglieder des Haushaltes (hier vor allem Grundbedürfnisse wie Ernährung, Kleidung)
b) nach den persönlichen Bedürfnissen der einzelnen Haushaltsmitglieder (hier z. B. Auto, Freizeit, Bildung, Reisen)
c) nach dem Haushaltseinkommen (höheres Einkommen ermöglicht höhere Ausgaben)

83 In welche drei Arten lassen sich die Haushaltsausgaben untergliedern?

1. feste Ausgaben
2. veränderliche Ausgaben (verbrauchsbedingte Haushaltsausgaben)
3. Rücklagen

84 Nennen Sie zu jeder Kategorie aus Frage 83 mindestens drei Beispiele.

feste Ausgaben:
- Miete mit Nebenkosten (Strom, Gas, Wasser, öffentliche Abgaben)
- durchschnittliche Telefonkosten
- Zeitungsabonnement, Fernseh- und Rundfunkgebühren (GEZ)
- Vereinsbeiträge
- Fahrgeld, durchschnittliche Kfz-Kosten
- Versicherungsbeiträge, Bausparen
- Kreditrückzahlungen

Verbrauchsausgaben:
- Lebensmittel
- Kosmetika, Hygieneartikel
- Reinigungs-, Putz- und Pflegemittel
- Kleidung, Schuhe
- Schulbedarf →

▷ *Fortsetzung der Antwort* ▷

- Hausrat, Möbel, Geschenke
- Hobby
- Reparaturen (Auto, Wohnung usw.)

Rücklagen für

- Urlaub
- größere Anschaffungen (Auto, Möbel, teure Kleidung, Schmuck)
- Kauf einer Wohnung/eines Hauses

85 Was ist in der Bestandsrechnung unter einer Inventur zu verstehen?

Inventur ist die ausführliche mengen- und wertmäßige Erfassung aller Vermögens- und Schuldenteile zu einem Stichtag (Bestandsaufnahme).

86 Wie heißt das (Bestands-)Verzeichnis als Ergebnis der Inventur?

Inventar

87 Was ist eine Bilanz?

Die Bilanz ist die **kurzgefaßte Gegenüberstellung aller Vermögenswerte** (= Aktiva) **und des Kapitals** (= Passiva) in Kontenform.

88 Wie wird im Inventar das Reinvermögen ermittelt?

  Summe der Vermögenswerte
– Summe aller Schulden

= Reinvermögen

89 Tragen Sie die aufgeführten Begriffe in das nebenstehende Bilanzschema ein:

Geldvermögen, Aktiva, Fremdkapital, Anlagevermögen, Passiva, Eigenkapital, Vorräte, Rückstellungen

Aktiva	Bilanz	Passiva

Aktiva — Bilanz — Passiva

Aktiva	Passiva
Anlagevermögen	Eigenkapital
Vorräte	Fremdkapital
Geldvermögen	Rückstellungen

90 Beschreiben Sie, was unter Abschreibungen zu verstehen ist.

Durch den Werteverlust eines Gegenstandes entstehen für den Haushalt Kosten, die in der Buchhaltung erfaßt werden müssen. **Diese Korrektur des Anschaffungswertes heißt Abschreibungen.** Die Anschaffungskosten werden auf die (erwartete) Nutzungsdauer des Gegenstandes verteilt, so daß sich der (jährliche) Abschreibungsbetrag ergibt.

91 Ein Neuwagen hat 24 000,00 DM gekostet. Nach vier Jahren hat er noch einen Restwert (Anschaffungswert – Abschreibungen) von 14 400,00 DM.

a) Wie hoch ist die gesamte Abschreibung?

b) Welche erwartete Nutzungsdauer wurde zugrunde gelegt?

c) Welcher Betrag muß im Haushaltsplan monatlich als Ausgaben berücksichtigt werden?

a) 24 000,00 DM – 14 400,00 DM = 9 600,00 DM

b) 10 Jahre

c) 2 400,00 DM : 12 = 200,00 DM

92 Nennen Sie mindestens vier Gründe dafür, daß ein Gegenstand einer Wertminderung (= Werteverzehr) unterliegt.

1. Zeitablauf
2. Abnutzung
3. technischer Fortschritt
4. Beschädigung (z. B. Unfall)
5. modische Veränderungen
6. Umweltauflagen

93 Definieren Sie den Begriff Kosten.

Kosten sind der in Geld ausgedrückte Werteverzehr zur Erstellung betrieblicher Leistungen.

94 Nennen Sie Beispiele für Kosten.

- Löhne, Gehälter
- Energie
- Materialverbrauch
- Steuern
- Abschreibungen
- Reparaturen, Reinigung, Instandhaltung
- Zinsen

95 Welche Kostenarten werden nach der produzierten Menge (Beschäftigungsgrad) unterschieden?

- fixe Kosten
- variable Kosten

96 Was ist das wesentliche Merkmal von fixen Kosten?

Fixe Kosten sind immer gleichbleibend, unabhängig von einer produzierten Menge.

97 Nennen Sie Beispiele für
a) fixe Kosten
b) variable Kosten.

a) Miete, Grundsteuern, Abschreibungen, Zinsen, Versicherungsbeiträge, Grundgebühren (Telefon, Strom, Kanalanschluß, Müllabfuhr)

b) Materialverbrauch, Zeitlöhne

98 Wie verändern sich die gesamten Kosten für ein hergestelltes Stück (Stückkosten), wenn sich die Menge erhöht?

Die Stückkosten verringern sich; das liegt daran, daß die variablen Kosten/Stück gleichbleiben, die fixen Kosten/Stück mit zunehmender Menge jedoch abnehmen.

99 In der Graphik sind drei Kostengeraden abgebildet.
Welche ist jeweils die richtige Gerade für die
– fixen Kosten (Kf),
– Gesamtkosten (Kg),
– variablen Kosten (Kv)?

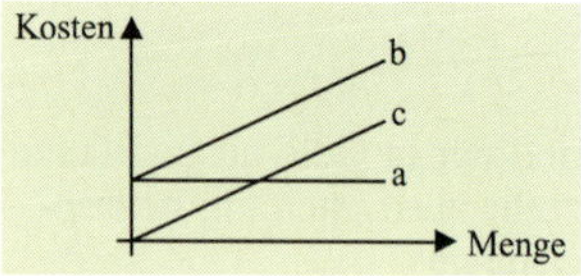

a) fixe Kosten (Kf)
b) Gesamtkosten (Kg)
c) variable Kosten (Kv)

100 Wie heißen die Kosten, die
a) einem Produkt direkt,
b) einem Produkt indirekt
zugeordnet werden können?

a) Einzelkosten
b) Gemeinkosten

101 Welche Punkte können dafür aufgeführt werden, daß Privatunternehmer einen Gewinn erzielen?

- Das eingesetzte Kapital soll sich verzinsen (rentieren).
- Die eingesetzte Arbeitskraft soll entlohnt werden.
- Das Risiko für Investitionen soll ausgeglichen werden.
- Es soll eine Reserve für weitere Investitionen geschaffen werden (Arbeitsplätze, Umweltschutz, technischer Fortschritt).

102 Wie heißt jeweils die Formel zur Berechnung der
a) Produktivität,
b) Wirtschaftlichkeit,
c) Rentabilität?

a) $\frac{\text{erzeugte Menge}}{\text{eingesetzte Menge}}$

b) $\frac{\text{Erträge}}{\text{Aufwendungen}} \cdot 100$

bzw.

$\frac{\text{Leistungen}}{\text{Kosten}} \cdot 100$

c) $\frac{\text{Gewinn}}{\text{eingesetztes Kapital}} \cdot 100$

103 Wie heißt die Formel zur Berechnung der Eigenkapitalrentabilität?

$\frac{\text{Gewinn}}{\text{Eigenkapital}} \cdot 100$

104 In einem Altenheim werden durch Nachlässigkeit jeden Tag 360 l Wasser verschwendet.
Ein Kubikmeter Wasser kostet 2,60 DM.
Wieviel DM könnten monatlich (30 Tage) bei sparsamem Umgang mit dem Wasser gespart werden?

$0{,}36\ m^3 \cdot 2{,}60$ DM $\cdot$ 30 Tage
$= 28{,}08$ DM

105 Durch nachlässigen Umgang mit den Elektrogeräten werden in einer Großküche täglich 4 kWh Strom vergeudet. Einerseits werden überflüssig Rohstoffe verbraucht und damit die Umwelt zusätzlich belastet. Außerdem könnten Kosten eingespart werden.

Wie hoch könnte die Kostenersparnis pro Jahr (= 365 Tage) sein, wenn 1 kWh 0,23 DM kostet?

335,80 DM

106 Es sollen die Kosten für das Wäschewaschen eines 4-Personenhaushalts ermittelt werden. Als Grundlage für die Kostenermittlung dienen folgende Angaben:

- **Anschaffungspreis der Waschmaschine (Top-Lader, 4,5 kg Fassungsvermögen): 1 300,00 DM**
- **Nutzungsdauer: 10 Jahre**
- **Instandhaltung: 4 % vom Kaufpreis**
- **Wasserverbrauch: 60 l pro Waschgang (60 °C)**
- **1 m^3 Wasser kostet 2,60 DM**
- **Waschmittelverbrauch: 140 ml (normal verschmutzte Wäsche, Härtegrad des Wassers 2–3)**
- **2 kg Waschmittel kosten 11,00 DM**
- **Stromverbrauch 1,8 kWh**
- **1 kWh kostet 0,45 DM**
- **Benutzung 4mal pro Woche**

→

Berechnen Sie

a) die Kapitalkosten,

b) die Betriebskosten

c) die Gesamtkosten je Waschgang und je kg zu reinigende Wäsche.

Waschmaschine
4mal wöchentlicher Einsatz = 208 Waschgänge im Jahr

I. Kapitalkosten

1.	Abschreibung 1 300,00 DM : 10		= 130,00 DM
2.	Zinsanspruch 3 % von 1 300,00 DM		= 39,00 DM
	Kapitalkosten insgesamt		**169,00 DM**

II. Betriebskosten

1.	Instandhaltung 4 % von 1 300,00 DM		= 52,00 DM
2.	Betriebsstoffe		
	Stromverbrauch	208 · 1,8 · 0,45 DM	= 168,48 DM
	Wasserverbrauch	208 · 0,06 · 2,60 DM	= 32,45 DM
	Waschmittelverbrauch	208 · 0,07 · 11,00 DM	= 160,16 DM
	Betriebskosten insgesamt		**361,09 DM**
		Gesamtkosten pro Jahr	**530,09 DM**

→ Kapitalkosten je Waschgang	0,81 DM
→ je kg Wäsche (∅ 4 kg)	0,20 DM
→ Betriebskosten je Waschgang	1,74 DM
→ je kg Wäsche	0,44 DM
→ Gesamtkosten je Waschgang	**2,55 DM**
je kg Wäsche	**0,64 DM**

Sachwortverzeichnis